最高人民检察院
第二十四批指导性案例
适用指引

—— 涉非公经济立案监督 ——

最高人民检察院第十检察厅　编著

中国检察出版社

图书在版编目（CIP）数据

最高人民检察院第二十四批指导性案例适用指引. 涉非公经济立案监督/最高人民检察院第十检察厅编著. —北京：中国检察出版社，2021.6
ISBN 978 - 7 - 5102 - 1647 - 3

Ⅰ. ①最… Ⅱ. ①最… Ⅲ. ①案例 - 汇编 - 中国②经济犯罪 - 案例 - 中国 Ⅳ. ①D920.5

中国版本图书馆 CIP 数据核字（2021）第 090283 号

最高人民检察院第二十四批指导性案例适用指引（涉非公经济立案监督）

最高人民检察院第十检察厅 编著

责任编辑：葛晓湄
技术编辑：王英英
美术编辑：曹 晓

出版发行：中国检察出版社
社 址：北京市石景山区香山南路 109 号 （100144）
网 址：中国检察出版社 （www.zgjccbs.com）
编辑电话：(010) 86423706
发行电话：(010) 86423726 86423727 86423728
　　　　　(010) 86423730 86423732
经 销：新华书店
印 刷：保定市中画美凯印刷有限公司
开 本：710 mm×960 mm 16 开
印 张：20.5
字 数：234 千字
版 次：2021 年 6 月第一版 2021 年 6 月第一次印刷
书 号：ISBN 978 - 7 - 5102 - 1647 - 3
定 价：68.00 元

充分发挥控告申诉检察职能作用
激发非公企业活力　促进非公经济高质量发展

徐向春[*]

2021 年 3 月 11 日，第十三届全国人民代表大会第四次会议通过《中华人民共和国国民经济和社会发展第十四个五年规划和 2035 年远景目标纲要》（以下简称《纲要》）。《纲要》第十九章将"激发各类市场主体活力"作为全面深化改革、构建高水平社会主义市场经济体制的重要任务。这是以习近平同志为核心的党中央立足坚持和完善社会主义基本经济制度，着眼全面建设社会主义现代化国家作出的重大部署。各级检察机关控告申诉检察部门要全面、深刻领悟《纲要》的丰富内涵和核心要义，把思想和行动统一到中央决策部署和要求上来，充分认识各类市场主体特别是非公企业的重要地位，切实增强主动性和责任感，当好民营企业的"老娘舅"[①]，将服务保障融入监督办案中，以更优的控申检察履职，更好激发非公企业活力，进一步保障和促进非公经济持续健康和高质量发展。

---

　　* 最高人民检察院第十检察厅厅长，一级高级检察官。

　　① 2020 年 10 月 30 日，最高人民检察院党组书记、检察长张军在第二届民营经济法治建设峰会上指出："如果说工商联是民营企业家的'娘家'，检察机关就是服务、保障民营经济健康发展的'老娘舅'，当好'老娘舅'就要真严管、真厚爱。"

一、非公经济是社会主义市场经济的重要组成部分，贯彻落实《纲要》精神和部署，就要充分激发非公企业活力，推动经济社会高质量发展

非公经济是社会主义市场经济发展的重要成果，是推动经济社会发展的重要力量。改革开放 40 多年来，我国非公企业蓬勃发展，在推动发展、促进创新、增加就业、改善民生和扩大开放等方面发挥了不可替代的作用。可以说，我国经济能够创造持续快速发展奇迹，非公经济功不可没。支持包括民营企业在内的非公企业发展，是党中央的一贯方针。"民营企业对我国经济发展贡献很大，前途不可限量""我国民营经济只能壮大、不能弱化""要不断为民营经济营造更好发展环境，帮助民营经济解决发展中的困难，支持民营企业改革发展"，在不同场合，习近平总书记多次肯定民营经济的地位和作用，关怀备至，充分体现了党中央对民营经济发展的重视与支持。

非公企业是非公经济的微观基础，是非公经济发展壮大的力量载体。扶持非公经济发展，需要不断激发非公企业活力和创造力，充分发挥非公企业重要作用，这也是"十四五"时期我国进入新发展阶段，增强经济社会发展动能，推动形成新发展格局的必然要求。2019 年 12 月，中共中央、国务院印发《关于营造更好发展环境支持民营企业改革发展的意见》，着眼于进一步激发民营企业活力和创造力，明确提出了营造更好发展环境，支持民营企业改革发展的一系列措施，让民营经济创新源泉充分涌流，让民营企业创造活力充分迸发。《纲要》进一步将"激发各类市场主体活力"作为全面深化改革、构建高水平社会主义市场经济体制的重要任务，为非公企业改革创新、转型升级、健康

发展提供了制度保障，注入了强劲动能。检察机关积极贯彻落实《纲要》精神和重要部署，就要做到：

第一，优化非公经济发展的法治环境。良好的法治环境，能够让非公企业专心创业、放心经营、安心发展。习近平总书记特别提出"五个着力"，指明了完善发展非公企业政策环境的具体路径，在深层次上涉及金融体制、投融资体制、公共服务体制、行政审批制度等重点部位、关键领域的改革。对于检察机关来说，着力点应是努力为非公经济发展营造公开公平公正的法治化营商环境，要充分考虑非公经济的特点，优先考虑企业生存发展，防止不讲罪与非罪界限、不讲法律政策界限、不讲方式方法，防止选择性司法，防止任意侵犯非公企业合法权益问题的发生。对于法律政策界限不明，罪与非罪、罪与错不清的，要慎重妥善处理，加强研究分析，注意听取行业主管、监管部门意见，坚决防止把一般违法违纪、工作失误甚至改革创新视为犯罪。同时，对于侵害非公企业及非公企业家人身权、财产权、知识产权的刑事犯罪，要依法严厉惩治，强化对涉非公经济诉讼活动的法律监督，着重监督纠正涉非公企业案件该立不立、违法立案、违规插手经济纠纷，适用强制措施、查封扣押冻结财物不当等问题，促进和优化非公经济法治环境，努力适应经济发展新常态。

第二，依法平等保护非公企业产权和企业家权益。公有制经济财产权不可侵犯，非公经济财产权同样不可侵犯。让有恒产者有恒心，要实施好民法典和相关法律法规，依法平等保护国有、民营、外资等各种所有制企业产权和自主经营权，依法保护企业家合法权益。在检察履职中，要加大对非公企业的刑事保护力度，提高办案质量和效率，保障非公企业家的人身和财产合法权益，及时甄别纠正侵犯非公企业产权和企业家人身财产权的冤错案件。① 要特别注意区分"八个界限"，即：经济纠纷与经济犯罪的界限，个人犯罪与企业违规的界限，企业正当融资与非法集资的界限，经济活动中的不正之风与违法犯罪的界限，执行和利用国家政策谋发展中的偏差与钻改革空子实施犯罪的界限，合法经营收入与违法犯罪所得的界限，非公有制企业参与国企兼并重组中涉及的经济纠纷与恶意侵占国有资产的界限，企业自主知识产权创新突破行政及行业管理规定与故意违反法律法规的界限。② 还要加强对中小微企业包括个体工商户③合法权益的保护，中小微企业和个体工商户是数量最多的市场主体，必须保护好、发展好，支持他们更好参与市场合作和竞争，进一步激发他们的活力和创造力，为经济发展留住青山、厚植基础。

第三，延伸职能为非公经济发展提供法律服务。要结合司法办案，加强法制宣传，采取普法讲座、以案释法等方式，帮助和促进非公企业、非公经济人士强化依法经营意识，明确法律红线和法律风险，促进非公企业及从业人员做到既依法办事、守法经营，又提高自我保护意识，有效防控重大法律风险，提高经营管理的法治化水平。要结合查办侵害非公企业合法权益的犯罪案件以及非公企业在生产经营活动中发生的犯罪案件，深入剖析典型

---

① 参见郝鹏：《激发各类市场主体活力》，载《〈中共中央关于制定国民经济和社会发展第十四个五年规划和二〇三五年远景目标的建议〉辅导读本》，人民出版社 2020 年版，第 262 页。

② 参见徐汉明：《以法治方式促进非公有制经济健康发展》，载《检察日报》2018 年 3 月 26 日，第 3 版。

③ 根据最高人民检察院第五检察厅《涉非公企业家羁押必要性审查专项活动中非公企业和非公企业家认定标准的参考意见》的界定，除国有独资、国有控股外，其他类型的内资企业中只要没有国有资本，或国有控股权未达 50% 以上的非公有制经济，及公有制经济中的集体经济等，均属于非公经济，以非公经济为表现形式的企业、单位、个体工商户等非自然人实体，统称为非公企业。

案件和发案规律，及时提出检察建议，帮助非公企业建章立制，堵塞漏洞，完善内部监督制约和管理机制，提高依法经营管理水平，增强非公企业在经济发展新常态下的竞争力和发展后劲，[①]夯实服务、保障和促进非公经济进一步健康发展的根基。

二、 当前检察机关接收的涉非公经济控告申诉案件情况

2020 年以来，新冠肺炎疫情对我国和世界经济产生巨大冲击，我国市场主体特别是非公企业发展面临前所未有的压力，以习近平同志为核心的党中央提出做好"六稳"工作、落实"六保"任务。各级检察院控告申诉检察部门认真贯彻落实中央决策部署，以高度的政治责任感和强烈的政治担当，坚持平等保护、全面保护、依法保护，将服务、保障非公经济发展列入当前围绕中心、服务大局的重要内容，积极转变司法理念，充分发挥 12309 检察服务中心作用，打造"信、访、网、电"四位一体的诉求表达体系，及时受理、办理涉非公经济的各类控告申诉案件，加强检察监督，提高办理效率，规范办理程序，努力做到"件件有回复，事事有着落"。

从当前检察机关接收的群众控告申诉案件类型看，反映涉非公经济纠纷的案件呈递增趋势，主要情形和表现形式包括：

（一） 请求刑事立案监督类事项

控告申诉人认为公安机关不应当立案而立案、以刑事手段插手经济纠纷等，或者认为公安机关对其控告应当立案侦查而不立

---

① 参见最高人民检察院《关于充分发挥检察职能依法保障和促进非公有制经济健康发展的意见》。

案侦查，向检察机关申请监督。

第一，越权管辖。主要表现为：有的反映办案机关违反管辖规定，越权管辖抓人，为利害关系人或者本地企业追款讨债；有的反映办案机关插手法院已裁判的经济纠纷，拘禁企业法人代表和有关经办人；有的反映办案机关介入民事纠纷。如河北省黄骅市某公司反映，该公司与某公司因买卖合同发生纠纷，虽然该案合同履行地、双方住所地均不在某省，但该省某市公安局仍以黄骅市某公司涉嫌销售伪劣产品立案，并将该公司董事长韩某某羁押，某市公安局还多次要求韩某某赔偿某公司886万元才能取保候审。又如安徽某机械股份有限公司法定代表人程某某反映，其与俞某因催讨货款、借款产生纠纷，俞某借机诬告陷害，使普通民事纠纷、治安案件上升为刑事案件，导致公安机关以非法拘禁、涉黑涉恶等罪名对其及两名公司员工进行立案侦查。

第二，推诿管辖。主要表现为：办案机关之间互相推脱，均以没有管辖权为由不予立案，或者以另一办案机关前期已经处理过为由，不予受理。如某胶业有限公司法定代表人韩某某反映，其向某县公安局举报张某某私刻公章，冒用其公司资质在网上销售假冒伪劣产品，某县公安局不予立案。之后韩某某又在隔壁某市发现刘某某冒充其公司公章、资质，销售假货，报案后，某市公安局查明刘某某的假章是张某某给的，就让韩某某回某县公安局报案。某县公安局称刘某某归某市公安局管辖，他们没有权利传唤刘某某，此案应由案发地某市公安局立案，遂不予受理，也不出具不予立案通知书。某市公安局认为，这是并案审理的法律程序，整个案子就应该归某县公安局管辖，决定不予受理，也不出具不予立案通知书。韩某某请求检察机关监督公安局依法受理其报案并立案办理。

第三，违规立案、撤销案件。主要表现为：有的反映办案机关把合同纠纷立为诈骗，把民事侵权纠纷立为职务侵占，把民间借贷纠纷立为非法吸收公众存款，把行业拆借纠纷立为挪用资金，把买卖纠纷立为强迫交易；有的反映办案机关立案后，长期搁置不办；有的反映办案机关对经济犯罪立案后，不深入侦查，不采取强制措施，造成证据灭失而撤案。如朱某某反映，其以每平方米2500元的价格购买了某公司10余万平方米的商铺，并办理了过户手续，某县公安局以朱某某涉嫌强迫交易立案，虽经上级机关审查认为此案属于经济纠纷，但办案机关不撤案。又如某公司反映，某实业公司伪造其公司营业执照、章程、法定代表人章、公章，并以其公司名下房产抵押贷款3500万元，某区公安分局立案侦查后办案消极，始终无实质进展，并于两年后撤案。

第四，违规干涉民事裁判、仲裁、执行。主要表现为：有的反映办案机关对正在审理或者正在执行的民事案件当事人或者牵连关系人立案，函告法院中止审理、执行；有的反映办案机关在侦查中扣押正在审理民事案件的一方当事人的关键证据。如宋某某反映，某县法院在审理其与金某某、张某甲买卖纠纷一案期间，金某某见判决结果可能对其不利，遂向某市公安局报案，某市公安局以张某甲涉嫌诈骗、职务侵占立案，并通知法院中止审理，2017年某市公安局终止该案刑事程序，随后某县法院判决宋某某胜诉，后因宋某某要求某市公安局赔偿损失，某市公安局又于2018年3月重启该案刑事程序，某县法院因此中止了民事执行程序。又如张某乙来信反映，河北邯郸某股权投资基金公司与河南安阳某银行支行民间借贷纠纷一案审理过程中，某市公安局对某银行支行工作人员李某进行刑事立案，侦查期间，公安机关多次要求法院中止民事案件审理，涉嫌以刑事手段插手经济纠纷，干扰民事诉讼正常进行。

（二）申请羁押必要性审查类事项

控告申诉人认为犯罪嫌疑人、被告人符合不需要继续羁押的情形，向检察机关申请解除或者变更强制措施，包括有的反映办案机关超期羁押、反复羁押；有的反映办案机关强制措施到期后，不依法解除。如华某某反映，其丈夫赖某某因涉嫌敲诈勒索罪被刑事拘留，该案起诉到法院后，2020年6月6日某区法院对赖某某决定逮捕羁押，赖某某系某新能源材料有限公司的法定代表人，已投入2000余万元的项目现因赖某某被羁押处于停建状态，请求办案机关能对赖某某取保候审，让企业恢复正常建设和生产运营。

（三）控告办案机关及其工作人员违法办案类事项

控告申诉人认为侦查等诉讼活动违法，向检察机关提出申诉或者控告。

第一，违规查封、扣押、冻结。有的反映办案机关及其工作人员对与案件无关的财物采取查封、扣押、冻结措施，或者应当解除查封、扣押、冻结而不解除。如湖北省武汉市张某通过网络来信反映，某股份有限公司因涉嫌犯罪被查封，加上新冠肺炎疫情影响，不仅公司贷款还不上，还导致近100人失业，2020年1月某市中级人民法院一审认定该公司不构成犯罪，要求法院及时解除查封，实现企业复工复产。有的反映办案机关超数额查封、扣押。如2020年3月江西省南丰县人民检察院12309检察服务中心收到某公司来信，反映公安机关办理该公司原股东胡某某涉嫌非法吸收公众存款案时，超范围违规冻结公司银行帐户全部资金，合计金额人民币 2220 余万元，致使公司资金无法周转，造成经营困难，请求检察机关予以监督。有的反映办案机关帮助一方当事人扣押民事纠纷主要证据。如耿某某反映，某市公安局插手其与某公司民间借贷合同纠纷，以其涉嫌诈骗立案，并扣押了某公司董事长郭某某出具给耿某某的借条原件四份，致其民事诉讼无法进行。还有的反映办案机关扣押个人合法财产和案外人财物。如韶关某再生资源有限公司反映，该公司是合法成立的民营企业，从事的贸易经营活动合法合规，某公安分局在侦查其他人员刑事案件的过程中冻结、扣押该公司财产的行为，无事实和法律依据，导致其无法以公司账户结算，无法以公司账户清缴税款等。

第二，违规变更强制措施。主要是反映办案机关不应当解除或者变更强制措施。如广州某创想文化科技有限公司来访反映，某区检察院在审查起诉阶段对被告人王某某、陈某某变更强制措施，予以取保候审，该公司认为二被告人不符合刑事诉讼法规定的取保候审情形，且该案与最高人民检察院公布的相关案例相似，不存在罪与非罪争议，应继续羁押，要求予以纠正。

第三，反映其他违法办案行为。有的反映办案机关及其工作人员采用刑讯逼供以及其他非法方法收集证据。如谢某某来信反映，某县检察院工作人员马某某等人在办理其父亲诈骗案过程中诱供、违法起诉，要求追究责任。有的反映办案机关及其工作人员阻碍当事人、辩护人、诉讼代理人、值班律师依法行使诉讼权利。如余某某通过 12309 网络平台反映，其丈夫刘某某因涉嫌合同诈骗罪被公安机关指定居所监视居住，其间，刘某某的辩护律师先后 3 次向某公安分局申请会见当事人，均被办案民警以犯罪嫌疑人不愿意会见、领导不批准等为由拒绝，且在一次会见期间有公安机关工作人员在场。还有的反映办案机关胁迫当事人同意解除查封。如某公司股东石某反映，其与潘某某等10人股权纠纷一案，法院判决潘某某等10人赔偿其5000万元，为确保判决顺利执行，石某申请法院查封了对方的两处房地产开发用地，随后，某县公安局在没有法律手续的情况下，以石某涉嫌敲诈勒索强制带到公安局，在石某签字同意解除查封的两块土地后才允许其离开。

（四）提出刑事申诉类事项

控告申诉人不服检察机关诉讼终结的刑事处理决定或者人民法院已经发生法律效力的刑事判决、裁定，向检察机关提出申诉。如浙江某实业投资有限公司对阙某某职务侵占一案提出申诉，不服某区人民检察院作出的法定不起诉，请求依法追究阙某某的刑事责任。又如某羊绒有限公司董事长王某某反映，某市法院于2017年10月作出刑事判决书，判决某羊绒有限公司犯走私普通货物罪，判处罚金100万元，判决王某某犯走私普通货物罪，判处有期徒刑3年，缓刑5年，王某某认为该案是某市办案机关地方保护，对外地民营企业打压胁迫，某羊绒有限公司、王某某跨境经营山羊绒的行为不构成犯罪，请求检察机关抗诉纠正。

（五）申请民事监督类事项

控告申诉人不服人民法院已经发生法律效力的民事判决、裁定、调解书，或者认为审判人员存在违法行为，以及认为民事执行活动存在违法情形，向检察机关申请监督。

第一，不服原审生效民事裁判。这类案件在民事申诉案件中占比较高，多是对原审生效民事判决或裁定不服，经向法院提出再审被驳回后，向检察机关提出监督请求。如甘肃省某钢结构有限责任公司来信反映，该公司诉甘肃某钢铁热轧有限公司建设工程施工合同纠纷一案，不服原审民事判决和裁定，向某市中级人民法院申请再审亦被驳回，申请人认为两级法院裁判错误，向检察机关申请抗诉。

第二，不服法院民事调解。从信访反映的情况看，主要是当事人以调解违反自愿原则为由提出监督申请。如云南省昭通市肖某某来信反映，在其与某煤矿确认合同无效纠纷一案中，某县人民法院在其没有参与法庭调解的情况下进行调解并作出民事调解书，其不服，向法院申请再审被驳回，请求检察机关进行监督。

第三，原审涉嫌虚假诉讼。这类案件呈上升趋势。如广西壮族自治区梧州市廖某某来访反映，某铸件有限公司法定代表人肖某某利用职务之便串通其女儿肖某向某县人民法院提起诉讼，以公司拖欠肖某 3 万余元工资为由进行虚假诉讼，某县人民法院以民事调解书结案，廖某某向某县人民法院和市中级人民法院提起诉讼、申请再审均被驳回。

第四，执行活动违法。如安徽某建工公司反映，某县人民法院就该公司与某担保公司保证合同纠纷一案作出民事判决书，判决某担保公司支付 150 万元保证金给该公司，判决书生效后，某担保公司未能按期履行金钱给付义务，安徽某建工公司于 2013 年 12 月申请强制执行，但此后 7 年，某县人民法院未作任何处理，向检察机关申请民事执行监督。

（六）申请行政监督类事项

控告申诉人不服人民法院已经发生法律效力的行政判决、裁定、调解书，或者认为审判人员存在违法行为，以及认为人民法院执行活动存在违法情形，向检察机关申请监督。

第一，不服原审生效行政裁判。如江西省南昌市某食品有限公司诉南昌市某区市场和质量监督管理局食品安全行政强制一案，来信人不服原审生效行政判决，向江西省高级人民法院申请再审被驳回后，向检察机关申请监督。

第二，需要及时化解的行政争议。有的表现为"过期之诉"。如贵州省铜仁市彭某某通过网络来信反映，其回乡投资创业生产养生产品，获得县市场监督管理局领导的口头同意，之后其泡制、分装人参补酒、三七酒、虫草补酒等约6000余瓶，被县市场监督管理局扣押、没收，并罚款60多万元。彭某某提起行政诉讼，经两级法院审理，判决将罚款金额变更为54万余元，彭某某对判决、裁定仍不服，但因处理专业合作社濒临破产问题没有及时申请再审。2019年7月，彭某某向贵州省高级人民法院申请再审，被以超过期限为由驳回再审申请，彭某某向检察机关申请监督。有的表现为"潜在之诉"。如甘肃省临夏回族自治州马某某通过网络来信反映，其经营的养鸡场总投资180万元，占地面积8亩，年存栏蛋鸡18000只，经营状况良好，手续齐全，2019年8月县生态环境局以养鸡场粪污染为事由，对其下发行政处罚决定书，罚款5万元，并将其移送公安机关行政拘留，迫使其将经营中的养鸡场关停，蛋鸡全部赔本销售处理，直接经济损失41万元，养鸡场永久性关闭。马某某根据相关规定向县政府申请国家补偿，但经多次交涉未果，请求检察机关帮助解决。

（七）国家赔偿类事项

控告申诉人认为检察机关侵犯其合法权益造成损害，向检察机关请求国家赔偿，或者不服人民法院赔偿委员会作出的赔偿决定、人民法院生效行政赔偿裁判，向检察机关申请监督。如赔偿请求人大连市某有机溶剂处理有限公司向赔偿义务机关某县检察院寄送赔偿申请书，请求解除对其人民币 437.4 万元的违法扣押，全额返还扣押款，并赔偿违法扣押期间财产损失，某县检察院作出《审查刑事赔偿申请通知书》，赔偿请求人不服，申请复议。再如申诉人张某、某模型艺术有限公司因与被申请人某市某经济开发区城北现代产业园管委会行政赔偿一案，不服某市中级人民法院行政赔偿判决书，请求检察机关予以监督。

以上控告申诉反映的违法违规办案行为、司法活动如果属实，将对当事人和当事企业造成很大伤害，有的甚至难以弥补，严重损害司法权威和司法公信力，破坏公平竞争、健康有序的市场秩序，也将影响和动摇人民群众对公平正义的信心。检察机关应当立足监督本职，及时受理，依法办理，对违规违法行为和活动，坚决予以监督纠正。

三、 稳扎稳打开展涉非公经济控告申诉案件清理和监督活动，充分激发非公企业活力，为依法平等保护非公经济健康发展作出实打实的控申检察贡献

2020 年 7 月，最高人民检察院出台《关于充分发挥检察职能服务保障"六稳""六保"的意见》（以下简称《意见》），强调要求加大对涉民营企业各类案件的法律监督力度，加强控告申诉案件办理答复工作，对涉及民营企业的控告申诉案件进行集中清理和统一管理，做到逐案交办、逐案督办，件件有回音，事事有着落。《意见》还特别强调加强刑事立案监督，着重纠正涉及非公企业案件不应当立而立和应立不立等突出问题，坚决防止和纠正以刑事案件名义插手民事纠纷、经济纠纷等各类违法行为。

为落实《意见》部署，服务保障"六稳""六保"，努力营造非公经济发展最佳营商环境，最高人民检察院2020年下半年决定开展涉非公经济控告申诉案件清理和监督活动，着力加强对各类涉非公经济控告申诉案件的专项监督。

（一）精心组织，周密部署，多措并举，深入推进专项活动

第十检察厅制定实施方案，明确方法步骤，压实各项措施。一是畅通案件来源渠道，要求各级检察机关充分利用12309检察服务中心非公企业法律服务"绿色通道"，快速受理、依法处理、重点办理涉非公经济控告申诉案件，积极发挥法律咨询、以案释法功能，促进非公企业提高法治意识。二是通过全国检察机关网上信访信息系统2.0，逐案排查涉非公经济控告申诉案件线索，属于高检院管辖的，及时转相关业务部门办理；属于下级院管辖的，交办督办。三是建立健全涉非公经济案件专项立案监督常态化工作机制，重点监督纠正办案机关应立不立、不应立乱立和违法使用刑事手段插手民事纠纷等突出问题。四是在12309中国检察网开通"涉非公经济司法保护专区"，针对当前非公企业反映较为强烈的诉求，设置"请求刑事立案监督""申请变更强制措施"等6个分区，为非公企业控告申诉提供更为便捷渠道。五是主动向全国工商联通报有关情况，争取支持，全国工商联下发《关于配合检察机关开展涉非公有制经济控告申诉案件清理和监督活动的通知》，并先后两次向高检院移送19件涉非公企业控告申诉案件线索，审查后交办管辖省份或交由管辖业务部门办理。六是集中交办案件，先后四次集中交办602件涉非公经济控告申诉案件线索，并逐案督办，限期结案。

各地检察机关提高政治站位，采取扎实有效措施，积极、稳步推进专项活动。

第一，普遍予以重视，认真部署，扎实推进。各省级院成立以院领导为组长、业务部门负责人为副组长的领导小组，压紧压实责任，落实措施，统筹督导专项活动开展。江西省院先后三次召集各业务部门负责人专题研究专项活动中的案件办理工作。江苏省院研究通过《关于服务保障民营企业健康发展的若干意见》，并召开全省检察机关服务保障民企工作电视电话会议，将专项活动纳入整体工作中统筹谋划推进。安徽省院召开全省检察机关服务保障非公经济工作推进会，总结专项活动成效、交流工作经验、查摆突出问题，对专项活动再作部署，并开展了为期1个月的涉非公经济案件"检察长集中办案月"活动，全省三级院检察长办理案件203件，其中省院检察长办理5件。

第二，全面摸底排查案件线索，畅通案源渠道。落实高检院要求，各地检察机关在12309检察服务中心建立非公企业法律服务"绿色通道"，优先受理、快速处理各类涉非公经济控告申诉案件，还通过统一业务应用系统2.0筛查、走访辖区内企业等渠道深挖案件线索。北京、福建等地检察机关利用派驻执法办案中心检察室，及时查阅和掌握各类涉非公经济案件发案、立案及采取的强制措施情况，并集中调阅案卷进行审查，深入筛查可能存在的线索。江苏无锡市院建立案件快速受理审查机制，实行企业"最多跑一次"工作标准。

第三，及时分流，依法办理，保障办案质量。对接收的涉非公经济控告申诉案件，根据诉求性质，及时导入法定办案程序，依法保护非公企业合法权益。上海等地建立专项活动联络员制度，统筹落实受理、分流、跟踪等工作。广东省院通过检察官联席会筛选疑难、复杂、群众反映强烈的案件，每案均确定院领导包案，督导案件办理。江西省院组建研判专班，负责对案件进行分析研究，并跟进案件办理。福建南安市院建立涉企信访专事专办机制，如办理的刘某信访案，7日内帮助企业解冻账户资金200万元，助推企业复工复产。各省级院还集中交办了一批重点案件线索，如吉林省院交办93件，内蒙古区院交办65件。

第四，开展公开听证，以公开促公正，提升办案效果。辽宁、江苏、吉林、浙江、青海等多个省份的检察机关积极运用公开听证办理涉非公经济控告申诉案件，强化面对面释法说理、司法救助和领导带案下访制度，努力实现事心双解，从根本上化解矛盾纠纷。如吉林省检察机关举行公开听证13件，其中四平市院办理的某通信公司申请民事监督案，检察长主持公开听证，经充分释法说理，申请人表示理解并接受检察机关的处理决定。又如杭州临安区院通过公开听证对郝某某案进行评议，律师和科协干部等第三方力量提出的依法免除加处10万元罚款的意见被采纳，实现帮扶小微民企与化解矛盾纠纷双赢。

第五，健全检察机关各部门间横向沟通和上下级院纵向连通机制。控申部门认为涉非公经济控告申诉案件线索符合监督受理条件的，移送相关业务部门办理，相关业务部门依法办理，及时反馈，形成协作配合、合力监督的工作格局。上级院通过信息互通、数据共享、实地调研、查阅卷宗等方式，实时掌握、督导推进专项活动开展，并指导重大疑难案件的办理。如山东省院与东营市院、广饶县院紧密协作，促成标的额超过千万元的某防水材料公司与某化工公司民间借贷纠纷案和解，结束了双方长达4年的矛盾纠纷，取得良好的法律效果和社会效果。

第六，主动沟通工商联系统，增强和延伸专项活动效果。各地加强与工商联、商会的常态化联系，互相配合支持。河北省院检察长丁顺生带队到省工商联走访，围绕服务非公经济发展，共研具体措施。湖南省院和省工商联共同举办 174 名各地工商联负责人、企业家和检察官参加的"检企同堂"培训班，工商联负责人、企业家和检察官进行充分沟通交流。深圳市院依托保障和促进非公经济健康发展联络工作平台、检律合作平台，加强与市工商联、市律师协会的沟通和联络，建立保护非公经济的一揽子配套制度。杭州市院与市工商联出台《关于加强合作服务和促进非公有制经济健康发展的工作意见》，就涉非公经济案件的信息研判、监督纠正、法律服务和宣传培训四方面提出 11 条具体举措。

（二）全面发挥控申检察职能，充分展现检察机关服务"六稳""六保"的积极成效

在全国检察机关大力推进下，专项活动积极服务保障非公经济健康发展，共排查受理涉非公经济控告申诉案件线索 2.1 万件，支持企业合法诉求 5519 件①，依法、有力维护了非公企业和非公经济人士的合法权益。不少案件办理效果较好。如江西安义县院办理的某化工公司请求不起诉案，该公司有职工 200 多人，其法定代表人胡某某通过借贷方式向企业员工融资，因融资对象扩大到部分员工亲友，被公安机关以涉嫌非法吸收公众存款立案侦查，安义县院审查起诉时接到该公司请求从轻从宽处罚的诉求，经审慎研究，依法决定对胡某某不起诉，避免该公司陷入困境，同时又维护了利益受损人合法权益，及时化解重大社会风

---

① 参见 2021 年 3 月 8 日《最高人民检察院工作报告》。

险。又如四川自贡自流井区院办理的某食品公司申请解除刑事查封案，该公司信访称其部分厂房租赁给某公司作生产和办公用房，因承租公司的生产活动涉嫌犯罪，致使该厂房被公安机关查封一年有余，公司收不到房租，且被查封的食品已腐烂，污染园区环境，请求检察机关监督解封厂房，自流井区院会同公安机关对查封厂房实地查看、调查取证，并召开公开听证会，认为依法可解除对厂房的查封，遂向公安机关发出《建议函》，还向某食品公司出具9条防范法律风险建议的"法治体检"报告，得到充分肯定。

通过此次专项活动，也反映出各地检察机关在保护非公企业方面仍然存在不少问题，应予重视和解决。如受理办理案件不均衡的情况相对突出，受理案件线索较多的省份有黑龙江、广东、安徽、山东、重庆、江苏、湖南等7个省份，合计受理数占案件线索总数的54.0%。又如存在就案办案、机械司法的情况，有些检察机关处理涉非公经济控告申诉案件，在保障企业生存、促进劳动就业、维护社会稳定等层面综合考虑不足，部分院办理时停留于程序性答复，矛盾化解力度不强，难以达到良好的政治效果、社会效果和法律效果，一些案件依法导入办案程序后，办案人员满足于结案了事。再如办案机关案例意识不强，对典型案例、指导性案例的培养、挖掘、总结、提炼还明显不够。另外，各地检察机关接收工商联系统移送的案件线索不多，不少办案人员特别是控申检察干警还缺乏办理涉非公经济案件的相关专业素养等。

（三）在既有成效基础上再接再厉，继续深入抓好涉非公经济控告申诉案件清理和监督活动的开展

为持续做好检察环节服务保障"六稳""六保"工作，营造

保护非公经济人士合法权益，支持非公企业创新创业良好法治环境，2021年将继续开展涉非公经济控告申诉案件清理和监督活动。各级检察院控申部门要继续加大推进力度，切实抓住受理和办案这两个关键点，强化跟踪督导，确保专项活动取得新的更大成效。

第一，进一步落实好平等保护理念。平等保护非公经济是党中央确定的重大方针政策。党的十八届四中全会决定指出，平等是社会主义法律的基本属性。检察机关必须提高政治站位，从系统性、全局性的高度，充分认识平等保护非公经济的重要意义，在依法保障公有制经济发展，不断增强国有经济活力、控制力和影响力的同时，要依法平等保护非公经济的合法权益，坚持各类市场主体的诉讼地位和诉讼权利平等、法律适用和法律责任平等、法律保护和法律服务平等，主动适应非公经济发展的司法需求，为非公经济提供平等司法保障。目前检察机关还存在对平等保护非公经济工作落实不到位、区域发展不平衡等问题，需要各级检察机关抓实主体责任，更加积极自觉地落实好平等保护理念，抓紧抓好非公企业保护工作。

第二，坚持"四大检察"格局，全面强化法律监督工作。检察机关受理的涉非公经济控告申诉案件，刑事申诉类事项相对突出，民事申诉类事项占较大比例，行政申诉类事项也呈上升趋势，这说明办理涉非公经济案件，不仅仅是控申检察部门一家的事，也不单单是刑事检察部门的事，而是检察机关各业务部门共同的责任和任务。各级检察机关在保护非公经济工作中应当坚持"四大检察"格局，综合发挥刑事检察、民事检察、行政检察和公益诉讼检察各方面的检察职能，特别是要注重发挥民事检察对生效民事裁判、民事调解、民事审判程序、审判人员违法、虚假诉讼和民事执行监督的作用，注重发挥行政检察对促进行政争议实质性化解的作用，全方位地做好非公经济保护工作。

第三，加大案件排查受理力度，进一步畅通和拓展案源。积极宣传12309检察服务中心非公企业法律服务"绿色通道"和中国检察网"非公经济司法保护专区"，依法、及时接收涉非公经济控告申诉案件。推动使用智慧化手段对涉非公经济案件进行自动筛选和提示，为获得监督线索提供便利渠道和条件。充分利用全国检察机关网上信访信息系统2.0，定期筛查检察机关接收的涉非公经济控告申诉案件，及时导入法定程序。同时，还可以通过走访辖区内企业、会同工商联等开展专项摸排、媒体报道、网络舆情等多种渠道发现监督线索。

第四，突出问题导向，加大办案力度，做好业务指导。认真贯彻"在办案中监督、在监督中办案"理念，监督纠正各类违规违法办案行为和司法活动。严格检察机关各部门办案职责，规范办案标准和程序，尤其是内部流转规则，促进控申检察部门与其他业务部门相互支持配合，有效发挥检察一体化优势，合力抓好涉非公经济控告申诉案件办理工作，提升整体监督向心力，该纠正的依法坚决提出纠正意见，确保办案质效。进一步发挥好省级院的领导和指导作用，及时研究并指导下级院解决重大、疑难、复杂案件的定性、法律适用、证据采信等突出问题。以更为良好的司法环境，促进非公企业家依法经营、放手发展。

第五，更加主动做好对外协作配合，实现积极良性互动。既要积极监督，也要讲究监督的方式方法，增强监督实效。要树立沟通协作意识，坚持在监督中配合，在配合中实现监督，主动听取办案机关或者办案部门的意见，取得理解和支持，努力达成共识；既要加强个案协作，也要加强衔接机制建设，完善信息交流、案件通报、联席会议等机制。①进一步落实好《关于建立健全检察机关与工商联沟通联系机制的意见》，及时向工商联通报检察机关服务保障"六稳""六保"工作情况，经常登门问计，联合工商联及所属商会开展案件线索排查活动，充分调动工商联系统排查和移送案件线索的积极性，切实改变当前接收案件线索偏少的问题，真正发挥工商联的桥梁纽带作用。对工商联系统移送的案件线索，及时审查、办理、反馈。对于办案中发现的非公企业经营管理存在的典型性、普遍性的问题，要及时向工商联通报并可以提出整改建议。

第六，加大矛盾化解力度，努力实现"三个效果"有机统一。司法实践中，一些涉非公经济控告申诉案件化解难度较大，要求检察机关必须加强释法说理，加大化解矛盾工作力度。要积极争取党委领导、政府支持，创新落实新时代"枫桥经验"②，对不支持申诉、控告或监督申请的刑事申诉、民事申诉及行政申诉案件，在做好法律文书充分说理的同时，承办检察官应当尽可能地当面听取控告申诉人的意见，注意运用公开听证办案方式，把答疑解惑、矛盾化解、教育安抚等工作贯穿办案全过程，最大

---

①　如最高人民检察院、公安部《关于刑事立案监督有关问题的规定（试行）》第3条第2款规定："公安机关与人民检察院应当建立刑事案件信息通报制度，定期相互通报刑事发案、报案、立案、破案和刑事立案监督、侦查活动监督、批捕、起诉等情况，重大案件随时通报。有条件的地方，应当建立刑事案件信息共享平台。"又如最高人民法院审判监督庭和最高人民检察院原民事行政检察厅经工作沟通，就办理民事诉讼检察监督案件中的再审检察建议、出席再审法庭、对裁定的监督方式、法律条文引用等问题，形成会议纪要（法审〔2016〕2号），会议纪要还要求人民法院审判监督部门与人民检察院民事行政检察部门就民事诉讼监督案件的办理，建立灵活、有效的实时沟通机制。

②　"枫桥经验"是探索化解基层社会矛盾并取得成功的典范，是社会综合治理方面形成的成熟经验。20世纪60年代，浙江省枫桥镇干部群众创造了以"依靠和发动群众，坚持矛盾不上交，实现捕人少、治安好，就地解决矛盾和纠纷"为主要内容的"枫桥经验"。参见叶榕勤、范艳利：《基层检察机关推广适用"枫桥经验"研究》，载最高人民检察院第十检察厅编：《控告申诉检察工作指导》（2020年第2辑），中国检察出版社2020年版。

限度地缓解情绪、减少对抗，努力促使当事人息诉罢访，案结事了人和政和，在做好"件件回复"的基础上，力争件件实现办案政治效果、法律效果和社会效果的有机统一。①

第七，增强案例意识，进一步做好精品案例的研制工作。案例指导制度是规范统一执法标准、保证法律正确实施的重要途径。通过案例指导下级检察院的办案和业务工作，是上级检察院的一项重要任务。各级控申检察部门要形成案例意识，认真研究精品案例、典型案例、指导性案例的要求、体例②和制发程序，以及高检院已制发的案例，发现所办案件具有典型性、影响性和指导性的，要按照精品案例、典型案例、指导性案例的要求和标准去办理，③ 案件办结后及时研究、整理并报送。上级控申检察部门要主动了解下级院办案情况，组织学习已经发布的各批指导性案例和典型案例，有意识地培植精品案例、典型案例、指导性案例，动员、鼓励各地积极推荐、报送优秀案例。④ 要加大案例研制工作在业绩考核中的比重，对完成任务的加大考核加分的力度。

第八，加强理论研究和业务交流，提升专项监督能力。深入

---

① 参见最高人民检察院《关于实行检察官以案释法制度的规定》（高检发研字〔2017〕6号）和最高人民检察院《关于加强检察法律文书说理工作的意见》（高检发研字〔2017〕7号）。

② 如指导性案例的体例，一般包括标题、关键词、要旨、基本案情、检察机关履职过程、指导意义和相关规定等部分，参见最高人民检察院《关于案例指导工作的规定》第3条规定。

③ 根据最高人民检察院《关于案例指导工作的规定》第2条规定，指导性案例应当符合以下条件："（一）案件处理结果已经发生法律效力；（二）办案程序符合法律规定；（三）在事实认定、证据运用、法律适用、政策把握、办案方法等方面对办理类似案件具有指导意义；（四）体现检察机关职能作用，取得良好政治效果、法律效果和社会效果。"

④ 最高人民检察院《关于案例指导工作的规定》第5条第1款规定："省级人民检察院负责本地区备选指导性案例的收集、整理、审查和向最高人民检察院推荐工作。办理案件的人民检察院或者检察官可以向省级人民检察院推荐备选指导性案例。"

开展涉非公经济刑事①、民事、行政、公益诉讼等案件理论研究和证据收集固定等实务问题研讨工作。上级检察院要有针对性地抓好业务培训，围绕当前涉非公经济案件专项监督工作中的重大、疑难、复杂问题，定期举办专题业务培训，推动更新司法理念，规范司法行为，统一司法标准，全面加强队伍专业化建设，不断提升检察办案人员开展涉非公经济案件专项监督的意识和能力。

---

① 从司法实践看，当前区分企业经济违法行为与经济犯罪行为的界限，重点是区分正当融资与非法吸收公众存款、集资诈骗等犯罪的界限，经济违规与非法经营等犯罪的界限，民事欺诈与合同诈骗等犯罪的界限等。针对上述突出问题，最高人民检察院2018年11月出台了服务非公经济11项检察政策，确定了办理涉非公企业案件相关执法司法标准。

目　录
CONTENTS

充分发挥控告申诉检察职能作用　激发非公企业活力
　促进非公经济高质量发展　　　　　　　　　　徐向春／1

第一部分　最高人民检察院第二十四批指导性案例

许某某、包某某串通投标立案监督案（检例第 90 号）　／3

温某某合同诈骗立案监督案（检例第 91 号）　　　　／8

上海甲建筑装饰有限公司、吕某拒不执行判决
　立案监督案（检例第 92 号）　　　　　　　　　／13

丁某某、林某某等人假冒注册商标立案监督案
　（检例第 93 号）　　　　　　　　　　　　　　／19

强化刑事立案监督　依法保障非公经济健康发展
　　——最高人民检察院第十检察厅负责人就第二十四批
　　指导性案例答记者问　　　　　　　　　　　　／24

— 1 —

第二部分　最高人民检察院第二十四批指导性案例解读

最高人民检察院第二十四批指导性案例解读

徐向春　杜亚起　赵景川 / 37

第三部分　涉非公经济案件立案监督典型案例

不应当立案而立案

徐某诈骗立案监督案 / 73

奚某某挪用资金立案监督案 / 78

宁波市镇海 A 摩擦材料厂诈骗立案监督案 / 84

姜某某骗取贷款立案监督案 / 89

濮阳 A 食品有限公司、郭某某、张某某、闫某生产、
销售有毒、有害食品立案监督案 / 93

江西 A 水泥有限公司、张某虚开增值税专用发票
立案监督案 / 97

程某某职务侵占立案监督案 / 100

王某某非法生产、买卖警用装备立案监督案 / 105

应当立案而不立案

魏某某拒不支付劳动报酬立案监督案 / 108

秦某挪用资金立案监督案 / 112

范某某虚假诉讼立案监督案 / 117

李某合同诈骗立案监督案　　　　　　　　　　／122

张某伪造公司印章立案监督案　　　　　　　　／126

王某某职务侵占立案监督案　　　　　　　　　／130

吴某某等人虚假诉讼立案监督案　　　　　　　／135

金某某合同诈骗立案监督案　　　　　　　　　／139

第四部分　刑事立案监督业务理论与实务

控告申诉检察部门办理刑事立案监督案件的几个基本问题

　　　　　　　　　　　　　　　　　　　赵景川／145

刑事立案监督业务相关法律文书　　　　　　　／181

附录：刑事立案监督主要法律规范

一、中华人民共和国刑事诉讼法（节录）　　　／223

二、最高人民法院、最高人民检察院、公安部、
　　国家安全部、司法部、全国人大常委会法制工作
　　委员会关于实施刑事诉讼法若干问题的规定（节录）
　　　　　　　　　　　　　　　　　　　　　　／226

三、人民检察院刑事诉讼规则（节录）　　　　／227

四、最高人民检察院、公安部关于刑事立案监督
　　有关问题的规定（试行）　　　　　　　　／233

五、最高人民检察院、公安部关于公安机关办理
　　经济犯罪案件的若干规定　　　　　　　　／237

六、公安机关办理刑事案件程序规定（节录）　／259

七、公安机关办理刑事复议复核案件程序规定（节录）

／271

八、侦查监督部门实施刑事诉讼法若干问答 ／274

九、人民检察院立案监督工作问题解答 ／284

第一部分

最高人民检察院
第二十四批指导性案例

许某某、包某某串通投标立案监督案

（检例第 90 号）

关键词

串通拍卖　串通投标　竞拍国有资产　罪刑法定监督撤案

要旨

刑法规定了串通投标罪，但未规定串通拍卖行为构成犯罪。对于串通拍卖行为，不能以串通投标罪予以追诉。公安机关对串通竞拍国有资产行为以涉嫌串通投标罪刑事立案的，检察机关应当通过立案监督，依法通知公安机关撤销案件。

基本案情

犯罪嫌疑人许某某，男，1975 年 9 月出生，江苏某事业有限公司实际控制人。

犯罪嫌疑人包某某，男，1964 年 9 月出生，连云港某建设工程质量检测有限公司负责人。

江苏省连云港市海州区锦屏磷矿"尾矿坝"系江苏海州发展集团有限公司（以下简称海发集团，系国有独资）的项目资产，矿区占地面积近 1200 亩，存有尾矿砂 1610 万吨，与周边村庄形成 35 米的落差。该"尾矿坝"是应急管理部要求整改的重大危险源，曾两次发生泄漏事故，长期以来维护难度大、资金要求高，国家曾拨付专项资金 5000 万元用于安全维护。2016 年至 2017 年间，经多次对外招商，均未能吸引到合作企业投资开发。2017 年 4 月 10 日，海州区政府批复同意海发集团对该项目进行拍卖。同年 5 月 26 日，海发集团委托江苏省大众拍卖有限公司进行拍卖，并主动联系许某某参加竞拍。之后，许某某联系包某某，二人分别与江苏甲建设集团有限公司（以下简称甲公司）、江苏乙工程集团有限公司（以下简称乙公司）合作参与竞拍，武汉丙置业发展有限公司（以下简称丙公司，代理人王某某）也报名参加竞拍。2017 年 7 月 26 日，甲公司、乙公司、丙公司三家单位经两次举牌竞价，乙公司以高于底价竞拍成功。2019 年 4 月 26 日，连云港市公安局海州分局（以下简称海州公安分局）根据举报，以涉嫌串通投标罪对许某某、包某某立案侦查。

检察机关履职过程

线索发现。2019 年 6 月 19 日，许某某、包某某向连云港市海州区人民检察院提出监督申请，认为海州公安分局立案不当，严重影响企业生产经营，请求检察机关监督撤销案件。海州区人民检察院经审查，决定予以受理。

调查核实。海州区人民检察院通过向海州公安分局调取侦查卷宗，走访海发集团、拍卖公司，实地勘查"尾矿坝"项目开发现场，并询问相关证人，查明：一是海州区锦屏磷矿"尾矿坝"项目长期闲置，存在重大安全隐患，政府每年需投入大量资金进行安全维护，海发集团曾邀请多家企业参与开发，均未成功；二是海州区政府批复同意对该项目进行拍卖，海发集团为防止项目流拍，主动邀请许某某等多方参与竞拍，最终仅许某某、王某某，以及许某某邀请的包某某报名参加；三是许某某邀请包某某参与竞拍，目的在于防止项目流拍，并未损害他人利益；四是"尾矿坝"项目后期开发运行良好，解决了长期存在的重大安全隐患，盘活了国有不良资产。

监督意见。2019 年 7 月 2 日，海州区人民检察院向海州公安分局发出《要求说明立案理由通知书》。公安机关回复认为，许某某、包某某的串通竞买行为与串通投标行为具有同样的社会危害性，可以扩大解释为串通投标行为。海州区人民检察院认为，投标与拍卖行为性质不同，分别受招标投标法和拍卖法规范，对于串通投标行为，法律规定了刑事责任，而对于串通拍卖行为，法律仅规定了行政责任和民事赔偿责任，串通拍卖行为不能类推为串通投标行为。并且，许某某、包某某的串通拍卖行为，目的在于防止项目流拍，该行为实际上盘活了国有不良资产，消除了长期存在的重大安全隐患，不具有刑法规定的社会危害性。因此，公安机关以涉嫌串通投标罪对二人予以立案的理由不能成立。同时，许某某、包某某的行为亦不符合刑法规定的其他犯罪的构成要件。2019 年 7 月 18 日，海州区人民检察院向海州公安分局发出《通知撤销案件书》，并与公安机关充分沟通，得到公安机关认同。

监督结果。2019 年 7 月 22 日，海州公安分局作出《撤销案件决定书》，决定撤销许某某、包某某串通投标案。

指导意义

（一）检察机关发现公安机关对串通拍卖行为以涉嫌串通投标罪刑事立案的，应当依法监督撤销案件

严格遵循罪刑法定原则，法律没有明文规定为犯罪行为的，不得予以追诉。拍卖与投标虽然都是竞争性的交易方式，形式上具有一定的相似性，但二者行为性质不同，分别受不同法律规范调整。《刑法》第223条规定，投标人相互串通投标报价，损害招标人或者其他投标人利益，情节严重的，或者投标人与招标人串通投标，损害国家、集体、公民的合法利益的，以串通投标罪追究刑事责任。刑法未规定串通拍卖行为构成犯罪，拍卖法亦未规定串通拍卖行为可以追究刑事责任。公安机关将串通拍卖行为类推为串通投标行为予以刑事立案的，检察机关应当通过立案监督，通知公安机关撤销案件。

（二）准确把握法律政策界限，依法保护企业合法权益和正常经济活动

坚持法治思维，贯彻"谦抑、审慎"理念，严格区分案件性质及应承担的责任类型。对企业的经济行为，法律政策界限不明，罪与非罪不清的，应充分考虑其行为动机和对于社会有无危害及其危害程度，加强研究分析，慎重妥善处理，不能轻易进行刑事追诉。对于民营企业参与国有资产处置过程中的串通拍卖行为，不应以串通投标罪论处。如果在串通拍卖过程中有其他犯罪行为或者一般违法违规行为的，依照刑法、拍卖法等法律法规追究相应责任。

相关规定

《刑法》第 3 条、第 223 条

《拍卖法》第 65 条

《招标投标法》第 53 条

《人民检察院刑事诉讼规则》第 557 条至第 561 条、第 563 条

最高人民检察院、公安部《关于刑事立案监督有关问题的规定（试行）》第 6 条至第 9 条

温某某合同诈骗立案监督案

（检例第 91 号）

关键词

合同诈骗　合同欺诈　不应当立案而立案　侦查环节"挂案"
监督撤案

要旨

检察机关办理涉企业合同诈骗犯罪案件，应当严格区分合同诈骗与民事违约行为的界限。要注意审查涉案企业在签订、履行合同过程中是否具有非法占有目的和虚构事实、隐瞒真相的行为，准确认定是否具有诈骗故意。发现公安机关对企业之间的合同纠纷以合同诈骗进行刑事立案的，应当依法监督撤销案件。对于立案后久侦不结的"挂案"，检察机关应当向公安机关提出纠正意见。

基本案情

犯罪嫌疑人温某某，男，1975 年 10 月出生，广西壮族自治区钦州市甲水务有限公司（以下简称甲公司）负责人。

2010 年 4 月至 5 月间,甲公司分别与乙建设有限公司(以下简称乙公司)、丙建设股份有限公司(以下简称丙公司)签订钦州市钦北区引水供水工程《建设工程施工合同》。根据合同约定,乙公司和丙公司分别向甲公司支付 70 万元和 110 万元的施工合同履约保证金。工程报建审批手续完成后,甲公司和乙公司、丙公司因工程款支付问题发生纠纷。2011 年 8 月 31 日,丙公司广西分公司经理王某某到南宁市公安局良庆分局(以下简称良庆公安分局)报案,该局于 2011 年 10 月 14 日对甲公司负责人温某某以涉嫌合同诈骗罪刑事立案。此后,公安机关未传唤温某某,也未采取刑事强制措施,直至 2019 年 8 月 13 日,温某某被公安机关采取刑事拘留措施,并被延长刑事拘留期限至 9 月 12 日。

检察机关履职过程

线索发现。2019 年 8 月 26 日,温某某的辩护律师向南宁市良庆区人民检察院提出监督申请,认为甲公司与乙公司、丙公司之间的纠纷系支付工程款方面的经济纠纷,并非合同诈骗,请求检察机关监督公安机关撤销案件。良庆区人民检察院经审查,决定予以受理。

调查核实。经走访良庆公安分局,查阅侦查卷宗,核实有关问题,并听取辩护律师意见,接收辩护律师提交的证据材料,良庆区人民检察院查明:一是甲公司案发前处于正常生产经营状态,2006 年至 2009 年间,经政府有关部门审批,同意甲公司建设钦州市钦北区引水供水工程项目,资金由甲公司自筹;二是甲公司与乙公司、丙公司签订《建设工程施工合同》后,向钦州市环境保护局钦北分局等政府部门递交了办理"钦北区引水工程项目管道线路走向意见"的报批手续，但报建审批手续未能在约定的开工日前完成审批，双方因此另行签订补充协议，约定了甲公司所应承担的违约责任；三是报建审批手续完成后，乙公司、丙公司要求先支付工程预付款才进场施工，甲公司要求按照工程进度支付工程款，双方协商不下，乙公司、丙公司未进场施工，甲公司也未退还履约保证金；四是甲公司在该项目工程中投入勘测、复垦、自来水厂建设等资金3000多万元，收取的180万元履约保证金已用于自来水厂的生产经营。

监督意见。2019年9月16日，良庆区人民检察院向良庆公安分局发出《要求说明立案理由通知书》。良庆公安分局回复认为，温某某以甲公司钦州市钦北区引水供水工程项目与乙公司、丙公司签订合同，并收取履约保证金，而该项目的建设环评及规划许可均未获得政府相关部门批准，不具备实际履行建设工程能力，其行为涉嫌合同诈骗。良庆区人民检察院认为，甲公司与乙公司、丙公司签订《建设工程施工合同》时，引水供水工程项目已经政府有关部门审批同意。合同签订后，甲公司按约定向政府职能部门提交该项目报建手续，得到了相关职能部门的答复，在项目工程未能如期开工后，甲公司又采取签订补充协议、承担相应违约责任等补救措施，并且甲公司在该项目工程中投入大量资金，收取的履约保证金也用于公司生产经营。因此，不足以认定温某某在签订合同时具有虚构事实或者隐瞒真相的行为和非法占有对方财物的目的，公安机关以合同诈骗罪予以刑事立案的理由不能成立。对于甲公司不退还施工合同履约保证金的行为，乙公司、丙公司可以向人民法院提起民事诉讼。同时，良庆区人民检察院审查认为，该案系公安机关立案后久侦未结形成的侦查环节"挂案",应当监督公安机关依法处理。2019 年 9 月 27 日,良庆区人民检察院向良庆公安分局发出《通知撤销案件书》。

监督结果。良庆公安分局接受监督意见,于 2019 年 9 月 30 日作出《撤销案件决定书》,决定撤销温某某合同诈骗案。在此之前,良庆公安分局已于 2019 年 9 月 12 日依法释放了温某某。

指导意义

(一)检察机关对公安机关不应当立案而立案的,应当依法监督撤销案件

检察机关负有立案监督职责,有权监督纠正公安机关不应当立案而立案的行为。涉案企业认为公安机关对企业之间的合同纠纷以合同诈骗进行刑事立案,向检察机关提出监督申请的,检察机关应当受理并进行审查。认为需要公安机关说明立案理由的,应当书面通知公安机关。认为公安机关立案理由不能成立的,应当制作《通知撤销案件书》,通知公安机关撤销案件。

(二)严格区分合同诈骗与民事违约行为的界限

注意审查涉案企业在签订、履行合同过程中是否具有虚构事实、隐瞒真相的行为,是否有《刑法》第 224 条规定的五种情形之一。注重从合同项目真实性、标的物用途、有无实际履约行为、是否有逃匿和转移资产的行为、资金去向、违约原因等方面,综合认定是否具有诈骗的故意,避免片面关注行为结果而忽略主观上是否具有非法占有的目的。对于签订合同时具有部分履约能力,其后完善履约能力并积极履约的,不能以合同诈骗罪追究刑事责任。

（三）对于公安机关立案后久侦未结形成的"挂案"，检察机关应当提出监督意见

由于立案标准、工作程序和认识分歧等原因，有些涉民营企业刑事案件逾期滞留在侦查环节，既未被撤销，又未被移送审查起诉，形成"挂案"，导致民营企业及企业相关人员长期处于被追诉状态，严重影响企业的正常生产经营，破坏当地营商环境，也损害了司法机关的公信力。检察机关发现侦查环节"挂案"的，应当对公安机关的立案行为进行监督，同时也要对公安机关侦查过程中的违法行为依法提出纠正意见。

相关规定

《刑法》第 224 条

《人民检察院刑事诉讼规则》第 557 条至第 561 条、第 563 条

最高人民检察院、公安部《关于刑事立案监督有关问题的规定（试行）》第 6 条至第 9 条

上海甲建筑装饰有限公司、吕某
拒不执行判决立案监督案

（检例第 92 号）

关键词

拒不执行判决　调查核实　应当立案而不立案　监督立案

要旨

负有执行义务的单位和个人以更换企业名称、隐瞒到期收入等方式妨害执行，致使已经发生法律效力的判决、裁定无法执行，情节严重的，应当以拒不执行判决、裁定罪予以追诉。申请执行人认为公安机关对拒不执行判决、裁定的行为应当立案侦查而不立案侦查，向检察机关提出监督申请的，检察机关应当要求公安机关说明不立案的理由。经调查核实，认为公安机关不立案理由不能成立的，应当通知公安机关立案。对于通知立案的涉企业犯罪案件，应当依法适用认罪认罚从宽制度。

基本案情

被告单位上海甲建筑装饰有限公司（以下简称甲公司）。

被告人吕某，男，1964 年 8 月出生，甲公司实际经营人。

2017 年 5 月 17 日，上海乙实业有限公司（以下简称乙公司）因与甲公司合同履行纠纷诉至上海市青浦区人民法院。同年 8 月 16 日，青浦区人民法院判决甲公司支付乙公司人民币 3250995．5 元及相关利息。甲公司提出上诉，上海市第二中级人民法院判决驳回上诉，维持原判。2017 年 11 月 7 日，乙公司向青浦区人民法院申请执行。青浦区人民法院调查发现，被执行人甲公司经营地不明，无可供执行的财产，经乙公司确认并同意后，于 2018 年 2 月 27 日裁定终结本次执行程序。2018 年 5 月 9 日，青浦区人民法院恢复执行程序，组织乙公司、甲公司达成执行和解协议，但甲公司经多次催讨仍拒绝履行协议。2019 年 5 月 6 日，乙公司以甲公司拒不执行判决为由，向上海市公安局青浦分局（以下简称青浦公安分局）报案，青浦公安分局决定不予立案。

检察机关履职过程

线索发现。2019 年 6 月 3 日，乙公司向上海市青浦区人民检察院提出监督申请，认为甲公司拒不执行法院生效判决，已构成犯罪，但公安机关不予立案，请求检察机关监督立案。青浦区人民检察院经审查，决定予以受理。

调查核实。针对乙公司提出的监督申请，青浦区人民检察院调阅青浦公安分局相关材料和青浦区人民法院执行卷宗，调取甲公司银行流水，听取乙公司法定代表人金某意见，并查询国家企业信用信息公示系统。查明甲公司实际经营人吕某在同乙公司诉讼过程中，将甲公司更名并变更法定代表人为马某某，以致法院判决甲公司败诉后，在执行阶段无法找到甲公司资产。为调查核实甲公司资产情况，青浦区人民检察院又调取甲公司与丙控股集团江西南昌房地产事业部（以下简称丙集团）业务往来账目以及银行流水、银行票据等证据，进一步查明：2018 年 5 月至 2019 年 1 月期间，在甲公司银行账户被法院冻结的情况下，吕某要求丙集团将甲公司应收工程款人民币 2506．99 万元以银行汇票形式支付，其后吕某将该银行汇票背书转让给由其实际经营的上海丁装饰工程有限公司，该笔资金用于甲公司日常经营活动。

监督意见。2019 年 7 月 9 日，青浦区人民检察院向青浦公安分局发出《要求说明不立案理由通知书》。青浦公安分局回复认为，本案尚在执行期间，甲公司未逃避执行判决，没有犯罪事实，不符合立案条件。青浦区人民检察院认为，甲公司在诉讼期间更名并变更法定代表人，导致法院在执行阶段无法查找到甲公司资产，并裁定终结本次执行程序。并且在执行同期，甲公司舍弃电子支付、银行转账等便捷方式，要求丙集团以银行汇票形式向其结算并支付大量款项，该款未进入甲公司账户，但实际用于甲公司日常经营活动，其目的就是利用汇票背书形式规避法院的执行。因此，甲公司存在隐藏、转移财产，致使法院生效判决无法执行的行为，已符合《刑法》第 313 条规定的"有能力执行而拒不执行，情节严重"的情形，公安机关的不立案理由不能成立。2019 年 8 月 6 日，青浦区人民检察院向青浦公安分局发出《通知立案书》，并将调查获取的证据一并移送公安机关。

监督结果。2019 年 8 月 11 日，青浦公安分局决定对甲公司以涉嫌拒不执行判决罪立案侦查，同年 9 月 4 日将甲公司实际经营人吕某传唤到案并刑事拘留。2019 年 9 月 6 日，甲公司向乙公司支付了全部执行款项人民币 371 万元，次日，公安机关对吕某变更强制措施为取保候审。案件移送起诉后，经依法告知诉讼权利和认罪认罚的法律规定，甲公司和吕某自愿认罪认罚。2019 年 11 月 28 日，青浦区人民检察院以甲公司、吕某犯拒不执行判决罪向青浦区人民法院提起公诉，并提出对甲公司判处罚金人民币 15 万元，对吕某判处有期徒刑 10 个月、缓刑 1 年的量刑建议。2019 年 12 月 10 日，青浦区人民法院判决甲公司、吕某犯拒不执行判决罪，并全部采纳了检察机关的量刑建议。一审宣判后，被告单位和被告人均未提出上诉，判决已生效。

指导意义

（一）检察机关发现公安机关对拒不执行判决、裁定的行为应当立案侦查而不立案侦查的，应当依法监督公安机关立案

执行人民法院依法作出并已发生法律效力的判决、裁定，是被执行人的法定义务。负有执行义务的单位和个人有能力执行而故意以更改企业名称、隐瞒到期收入等方式，隐藏、转移财产，致使判决、裁定无法执行的，应当认定为《刑法》第 313 条规定的"有能力执行而拒不执行，情节严重"的情形，以拒不执行判决、裁定罪予以追诉。申请执行人认为公安机关对拒不执行判决、裁定的行为应当立案侦查而不立案侦查，向检察机关提出监督申请的，检察机关应当要求公安机关说明不立案的理由，认为公安机关不立案理由不能成立的，应当制作《通知立案书》，通知公安机关立案。

（二）检察机关进行立案监督，应当开展调查核实

检察机关受理立案监督申请后，应当根据事实、法律进行审查，并依法开展调查核实。对于拒不执行判决、裁定案件，检察机关可以调阅公安机关相关材料、人民法院执行卷宗和相关法律文书，询问公安机关办案人员、法院执行人员和有关当事人，并可以调取涉案企业、人员往来账目、合同、银行票据等书证，综合研判是否属于"有能力执行而拒不执行，情节严重"的情形。决定监督立案的，应当同时将调查收集的证据材料送达公安机关。

（三）办理涉企业犯罪案件，应当依法适用认罪认罚从宽制度

检察机关应当坚持惩治犯罪与保护市场主体合法权益、引导企业守法经营并重。对于拒不执行判决、裁定案件，应当积极促使涉案企业执行判决、裁定，向被害方履行赔偿义务、赔礼道歉。涉案企业及其直接负责的主管人员和其他直接责任人员自愿如实供述自己的罪行，承认指控的犯罪事实，愿意接受处罚的，对涉案企业和个人可以提出依法从宽处理的确定刑量刑建议。

相关规定

《刑法》第313条

《刑事诉讼法》第113条

全国人民代表大会常务委员会《关于〈中华人民共和国刑法〉第三百一十三条的解释》

《人民检察院刑事诉讼规则》第 557 条至第 561 条、第 563 条

最高人民法院《关于审理拒不执行判决、裁定刑事案件适用法律若干问题的解释》第 1 条、第 2 条

最高人民检察院、公安部《关于刑事立案监督有关问题的规定（试行)》第 4 条、第 5 条、第 7 条至第 9 条

丁某某、林某某等人假冒注册商标立案监督案

（检例第 93 号）

关键词

制假售假　假冒注册商标　监督立案　关联案件管辖

要旨

检察机关在办理售假犯罪案件时，应当注意审查发现制假犯罪事实，强化对人民群众切身利益和企业知识产权的保护力度。对于公安机关未立案侦查的制假犯罪与已立案侦查的售假犯罪不属于共同犯罪的，应当按照立案监督程序，监督公安机关立案侦查。对于跨地域实施的关联制假售假犯罪，检察机关可以建议公安机关并案管辖。

基本案情

被告人丁某某，女，1969 年 9 月出生，福建省晋江市个体经营者。

被告人林某某，男，1986 年 8 月出生，福建省晋江市个体经营者。

被告人张某，男，1991 年 7 月出生，河南省光山县个体经营者。

其他被告人基本情况略。

玛氏食品（嘉兴）有限公司（以下简称玛氏公司）是注册于浙江省嘉兴市的一家知名食品生产企业，依法取得"德芙"商标专用权，该注册商标的核定使用商品为巧克力等。2016 年 8 月至 2016 年 12 月期间，丁某某等人雇用多人在福建省晋江市某小区民房生产假冒"德芙"巧克力，累计生产 2400 箱，价值人民币 96 万元。2017 年 9 月至 2018 年 1 月期间，林某某等人雇用多人在福建省晋江市某工业园区厂房生产假冒"德芙"巧克力，累计生产 1392 箱，价值人民币 55.68 万元。2016 年下半年至 2017 年年底，张某等人购进上述部分假冒"德芙"巧克力，通过注册的网店向社会公开销售。

检察机关履职过程

线索发现。2018 年 1 月 23 日，嘉兴市公安局接玛氏公司报案，称有网店销售假冒其公司生产的"德芙"巧克力，该局指定南湖公安分局立案侦查。2018 年 4 月 6 日，南湖公安分局以涉嫌销售伪劣产品罪提请南湖区人民检察院审查批准逮捕网店经营者张某等人，南湖区人民检察院进行审查后，作出批准逮捕决定。在审查批准逮捕过程中，南湖区人民检察院发现，公安机关只对销售假冒"德芙"巧克力的行为进行立案侦查，而没有继续追查假冒"德芙"巧克力的供货渠道、生产源头，可能存在对制假犯罪应当立案侦查而未立案侦查的情况。

调查核实。南湖区人民检察院根据犯罪嫌疑人张某等人关于进货渠道的供述，调阅、梳理公安机关提取的相关微信聊天记录、网络交易记录、账户资金流水等电子数据，并主动联系被害单位玛氏公司，深入了解"德芙"商标的注册、许可使用情况、产品生产工艺流程、成分配料、质量标准等。经调查核实发现，本案中的制假行为涉嫌生产销售伪劣产品、侵犯知识产权等犯罪。

监督意见。经与公安机关沟通，南湖公安分局认为，本案的造假窝点位于福建省晋江市，销售下家散布于福建、浙江等地，案件涉及多个侵权行为实施地，制假犯罪不属本地管辖。南湖区人民检察院认为，本案是注册地位于嘉兴市的玛氏公司最先报案，且有南湖区消费者网购收到假冒"德芙"巧克力的证据，无论是根据最初受理地、侵权结果发生地管辖原则，还是基于制假售假行为的关联案件管辖原则，南湖公安分局对本案中的制假犯罪均具有管辖权。鉴于此，2018 年 5 月 15 日，南湖区人民检察院向南湖公安分局发出《要求说明不立案理由通知书》。

监督结果。南湖公安分局收到《要求说明不立案理由通知书》后，审查认为该案现有事实证据符合立案条件，决定以涉嫌生产、销售伪劣产品罪对丁某某、林某某等人立案侦查，其后陆续将犯罪嫌疑人抓获归案，并一举捣毁位于福建省晋江市的造假窝点。南湖公安分局侦查终结，以丁某某、林某某、张某等人涉嫌生产、销售伪劣产品罪移送起诉。南湖区人民检察院经委托食品检验机构进行检验，不能认定本案中的假冒"德芙"巧克力为伪劣产品和有毒有害食品，但丁某某、林某某等人未经注册商标所有人许可，在生产巧克力上使用"德芙"商标，应当按假冒注册商标罪起诉，张某等人通过网络公开销售假冒"德芙"巧克力，应当按销售假冒注册商标的商品罪起诉。2019 年 1 月

14 日，南湖区人民检察院以被告人丁某某、林某某等人犯假冒注册商标罪，被告人张某等人犯销售假冒注册商标的商品罪，向南湖区人民法院提起公诉。2019 年 11 月 1 日，南湖区人民法院以假冒注册商标罪判处丁某某、林某某等 7 人有期徒刑 1 年 2 个月至 4 年 2 个月，并处罚金；以销售假冒注册商标的商品罪判处张某等 4 人有期徒刑 1 年至 3 年 4 个月，并处罚金。一审宣判后，被告人均未提出上诉，判决已生效。

指导意义

（一）检察机关审查批准逮捕售假犯罪嫌疑人时，发现公安机关对制假犯罪未立案侦查的，应当履行监督职责

制假售假犯罪严重损害国家和人民利益，危及广大人民群众的生命和财产安全，侵害企业的合法权益，破坏社会主义市场经济秩序，应当依法惩治。检察机关办理售假犯罪案件时，应当注意全面审查、追根溯源，防止遗漏对制假犯罪的打击。对于公安机关未立案侦查的制假犯罪与已立案侦查的售假犯罪不属于共同犯罪的，按照立案监督程序办理；属于共同犯罪的，按照纠正漏捕漏诉程序办理。

（二）加强对企业知识产权的保护，依法惩治侵犯商标专用权犯罪

保护知识产权就是保护创新，检察机关应当依法追诉破坏企业创新发展的侵犯商标专用权、专利权、著作权、商业秘密等知识产权犯罪，营造公平竞争、诚信有序的市场环境。对于实施《刑法》第 213 条规定的假冒注册商标行为，又销售该假冒注册

商标的商品，构成犯罪的，以假冒注册商标罪予以追诉。如果同时构成《刑法》分则第三章第一节生产、销售伪劣商品罪各条规定之罪的，应当依照处罚较重的罪名予以追诉。

（三）对于跨地域实施的关联制假售假案件，检察机关可以建议公安机关并案管辖

根据最高人民法院、最高人民检察院、公安部、国家安全部、司法部、全国人大常委会法制工作委员会《关于实施刑事诉讼法若干问题的规定》第3条第4项和最高人民法院、最高人民检察院、公安部《关于办理侵犯知识产权刑事案件适用法律若干问题的意见》第1条的规定，对于跨地域实施的关联制假售假犯罪，并案处理有利于查明案件事实、及时打击制假售假犯罪的，检察机关可以建议公安机关并案管辖。

相关规定

《刑法》第213条、第214条

《刑事诉讼法》第113条

《人民检察院刑事诉讼规则》第557条、第559条、第560条

最高人民法院、最高人民检察院、公安部《关于办理侵犯知识产权刑事案件适用法律若干问题的意见》第1条

最高人民法院、最高人民检察院、公安部、国家安全部、司法部、全国人大常委会法制工作委员会《关于实施刑事诉讼法若干问题的规定》第3条

最高人民检察院、公安部《关于刑事立案监督有关问题的规定（试行）》第4条、第7条

强化刑事立案监督
依法保障非公经济健康发展

——最高人民检察院第十检察厅负责人就第二十四批指导性案例答记者问

检察机关负有刑事立案监督职责，应当依法监督纠正涉及非公经济案件不应当立而立和应立不立等突出问题，坚决防止和纠正以刑事案件名义插手民事纠纷、经济纠纷等各类违法行为。最高人民检察院以"涉非公经济立案监督"为主题发布第二十四批指导性案例，最高检第十检察厅厅长徐向春就相关问题回答了记者提问。

记者：最高检专门就涉非公经济立案监督发布一批指导性案例，编写背景和主要考虑是什么？

徐向春：非公有制经济作为社会主义市场经济的重要组成部分，与公有制经济共同构成我国经济社会发展的重要基础。改革开放以来，非公经济不断发展壮大，在支撑增长、促进创新、扩大就业、增加税收等方面都发挥了重要作用，也是推动我国经济转型升级的重要依托。党的十八大以来，以习近平同志为核心的党中央对非公经济发展高度重视，习近平总书记多次作出重要指示，为推动非公经济持续健康发展提供了根本指引。党的十九届五中全会对促进非公经济高质量发展作出重要部署，提出要激发各类市场主体活力，建设高标准市场体系。依法保护非公企业的合法权益，支持非公经济健康发展是坚持和完善我国基本经济制度的必然要求，是检察机关的重要责任。

近年来，从检察机关接收的群众控告申诉案件类型看，反映涉非公经济纠纷的案件呈递增趋势，而其中反映对涉非公经济案件越权管辖、违规立案、违规干涉民事裁判执行等问题又相对突出，还有一些企业反映自身合法权益受到犯罪行为侵害，但是报案不立案或者推诿。这类违法违规办案行为对当事企业的伤害很大，有时甚至难以弥补，严重损害司法权威和司法公信力，破坏公平竞争、健康有序的市场秩序，也影响和动摇人民群众对公平正义的信心，检察机关有必要立足监督本职，加大刑事立案监督办案力度，及时予以监督纠正。因此，2019 年 7 月至 2020 年 3 月，最高检部署开展了涉非公经济案件立案监督专项活动，专门解决应当立案而不立案、不应当立案而立案，特别是以刑事案件名义插手民事纠纷、经济纠纷等问题。在专项活动开展期间，各地检察机关共办理涉非公经济立案监督案件 3472 件，向公安机关发出要求说明立案或者不立案理由通知书 2077 份，认为公安机关理由不成立，监督撤销案件和监督立案 1150 件，监督纠正率 55.4%。与此同时，检察机关还向公安机关发出纠正违法通知书 257 份。这次专项活动既让非公企业和非公经济人士切身感受到了检察机关依法平等保护非公经济的实际行动和积极成效，又帮助非公企业和非公经济人士提高了法治意识和规则意识，增强了企业经营管理能力和安全防控能力。

2020 年 7 月，最高检出台《关于充分发挥检察职能服务保障"六稳""六保"的意见》（以下简称《意见》），强调要求加强刑事立案监督，着重纠正涉及民营企业案件不应当立而立和应立不立等突出问题，坚决防止和纠正以刑事案件名义插手民事纠纷、经济纠纷等各类违法行为。为贯彻落实《意见》精神，发挥示范、引领和指导作用，切实做到严格区分刑事犯罪和经济纠纷界限，对不该立案的涉非公经济案件依法监督撤案，对侵犯非公企业合法权益的案件依法监督立案，最高检对专项活动中总结的典型案件进行了梳理和筛选，严格标准、优中选优，编制了这批指导性案例。

记者：这批发布的指导性案例以"涉非公经济立案监督"为主题，实践针对性和业务指导性都很强，具有哪些方面的显著特点？

徐向春：最高检编发指导性案例，要求在事实认定、证据运用、法律适用、政策把握、办案方法等方面对办理类似案件具有指导意义，根本特点是要聚焦突出问题，深化、落实精准监督，及时监督纠正违法行为，维护司法公正和人民群众合法权益。具体到这批发布的案例，主要体现以下四方面特点：

一是突出刑事立案监督业务，充分展现其价值功能。刑事立案监督作为检察监督的基本职能之一，承担着规范刑事立案程序的重要职责，履行立案监督职责必须贯穿于检察办案当中，在办案中监督、在监督中办案，离开办案，刑事立案监督就是无源之水、无本之木。这次发布的案例中，前两个案例系监督撤销案件的案例，体现了及时有效避免刑事立案给企业造成不利影响，保护非公经济健康发展；后两个案例系监督立案后作出生效有罪判决的案例，体现了维护企业受损的合法权益，促进形成良好营商环境。同时，这次发布的案例中既有根据当事人申请启动监督程序的案例，如前三个案例，也有检察机关依职权主动启动监督程序的案例，如第四个案例。总体来看，这批案例检察特色非常鲜明，较为全面地涵盖了刑事立案监督案件的业务范围、办理流程和工作内容。

二是坚持平等保护理念，强化政策运用。理念政策是行动的先导，决定案件处理的方向、方法与效果，至关重要。近年来，最高检十分重视平等保护理念在涉非公经济案件中的引领作用，加强政策指引、案例指导、教育培训，要求我们的检察官在办理案件中切实做到对国企民企、内资外资、大中小微企业同等对待，确保各种所有制企业诉讼地位平等、诉讼权利平等、法律保护平等，不能基于身份不同而在司法上有差别待遇。如这次发布的前三个案例中的涉案方均系民营企业和企业家，第四个案例中的被害企业玛氏公司则是知名外资食品生产企业，检察机关在监督履职过程中均一视同仁、平等保护。

三是贯彻落实宽严相济刑事政策，促进企业合法合规经营。既强调有案必办、有罪必究，又坚持罪刑法定、宽严相济，坚持把让企业"活下来""办下去""发展好"、努力帮助企业恢复正常经营秩序，与规范企业经营，促进企业长远发展相统一、兼顾好。如案例三中的涉案被告单位甲公司系民营企业，吕某系企业负责人，本应执行人民法院依法作出的发生法律效力的判决，但吕某故意更改企业名称和法定代表人、隐瞒到期收入，从而隐藏、转移财产，致使判决无法执行，对于这种情节严重的情形，应当以拒不执行判决罪予以追诉。在起诉环节，检察机关对公司负责人吕某严肃批评教育，使其认识到按时执行法院生效判决的法定义务，以及拒不执行生效判决的法律后果，并积极促使甲公司执行判决，向被害企业履行法定义务、赔礼道歉。检察机关依法向吕某告知诉讼权利和认罪认罚的法律规定后，其自愿认罪认罚，检察机关提出判处缓刑的确定刑量刑建议，并被法院采纳。该案的办理，既充分有效保护了申请执行人的合法权益，又让涉案民营企业充分认识到，法律是经营的底线，经营者要依法承担企业责任，按时履行法院生效判决确定的法定义务，唯有守法经营，才能保证企业的长远健康发展。

四是严格把握罪与非罪界限，厘清有争议的法律适用问题。这次发布的案例坚持问题导向，注意区分经济纠纷与经济犯罪的界限，防止任意侵犯非公企业合法权益问题的发生，切实做到了准确把握法律政策界限，严格区分一般违法违规与刑事犯罪，确保办案质量和效果。如案例一体现了对罪刑法定原则的重申和坚守，监督撤销了将串通拍卖行为类推为串通投标行为的刑事立案。案例二涉及合同纠纷与合同诈骗的区分问题，通过这个案例明确，在办理涉及民事法律关系的刑事案件时，要全面分析案件不同法律关系、司法政策导向等因素，准确把握罪与非罪的界限，防止机械司法，对于民事欺诈、合同违约等债权纠纷案件，要实质性研究分析涉案法律关系、当事人法律行为及其主观故意，不能简单化认定"刑事诈骗""合同诈骗"，防止通过刑事追诉插手民事纠纷，违法进行公权干预而损害当事人合法权益。

记者：请具体介绍，如果非公企业对公安机关的立案决定有异议，或者认为该立不立，如何向检察机关请求立案监督？

徐向春：根据法律和司法解释的规定，检察机关负有立案监督职责，监督范围主要包括公安机关应当立案而不立案和公安机关不应当立案而立案。如果非公企业和非公经济人士认为自身的行为不构成犯罪而公安机关违法立案的，或者企业合法权益受到犯罪行为侵害而公安机关应立不立的，可以向检察机关请求立案监督。提出监督申请时，应当向检察机关控告申诉检察部门递交申请材料、身份证明和公安机关立案或者不立案的法律文书等。

检察机关对监督申请应当受理并根据事实、法律进行审查，符合条件的，要求公安机关说明立案或者不立案的理由。经过必要的调查核实，检察机关如果认为公安机关立案或者不立案的理由不能成立的，应当依法定程序通知公安机关撤销案件或者立案。而且，检察机关通知公安机关撤销案件或者立案的，应当依法对执行情况进行监督。此外，根据法律和司法解释的规定，检察机关也可依职权或者根据行政执法机关的移送启动立案监督程序。检察机关进行立案监督，应当树立"做好监督就是配合"和"双赢多赢共赢"的工作理念，与公安机关相互配合、相互制约，准确把握刑事立案标准，查明案件事实真相，通过依法启动刑事诉讼程序来追诉犯罪，以依法终止刑事诉讼程序来保障无辜者不受到刑事追诉，确保国家追诉权的统一正确实施，切实维护企业合法权益，彰显公平正义。

需要注意的是，根据有关规定，通过立案监督程序请求撤销案件的，应当在提请批准逮捕或者移送起诉前提出，如果犯罪嫌疑人已经被提请批准逮捕或者移送起诉的，则可以在审查逮捕程序中请求检察机关不批准逮捕，或者在审查起诉程序中请求检察机关不起诉获得救济。

记者：对于非公企业的报案受理后长期不作出是否立案决定的情况，能否向检察机关请求立案监督？

徐向春：这种在法定期限内不作出是否立案决定的情况，司法实践中确实客观存在，检察机关已经注意到这个问题。2015年，公安部颁布《关于改革完善受案立案制度的意见》，明确规定了刑事案件决定立案时间。随后，在最高检与公安部、国家食药监总局、环保部会签的有关两法衔接工作办法中，将公安机关超过法定期限不作出是否立案决定的情形纳入了监督立案范围，加强了监督效果。为提高监督的法定效力，2019 年，最高检修改《人民检察院刑事诉讼规则》时，将该项监督内容明确和固定下来。根据《人民检察院刑事诉讼规则》第 562 条规定，对于这种公安机关受理报案后未在规定期限内作出是否立案决定的情况，企业可以向检察机关请求立案监督，检察机关应当受理并进行审查。经审查，认为尚未超过规定期限的，移送公安机关处理，并答复报案人；认为超过规定期限的，应当要求公安机关在 7 日以内书面说明逾期不作出是否立案决定的理由，连同有关证据材料回复检察机关。检察机关经审查有关证据材料，认为符合立案条件的，应当通知公安机关立案。公安机关在 7 日以内不说明理由也不作出立案或者不立案决定的，检察机关应当提出纠正意见。

记者：当前，非公企业发展中面临一些罪与非罪、罪与错不清的情况，请问检察机关办理案件时，如何把握企业在经营过程中存在的经济违法和经济犯罪的界限，对于企业经营中出现的失误失败怎样给予更多宽容和帮助？

徐向春：习近平总书记在中央政治局第二十次集体学习时讲话指出，要加强对司法活动的监督，畅通司法救济渠道，保护公民、法人和其他组织合法权益，坚决防止以刑事案件名义插手民事纠纷、经济纠纷。最高检认真贯彻落实习近平总书记重要讲话精神，高度重视解决非公企业面临的各类法律风险，要求切实转变"重打击、轻保护"的思想，充分考虑非公经济特点，优先考虑企业生存发展，准确把握法律政策界限，严格执行宽严相济刑事政策，审慎办理刑民交叉案件，对属于刑事犯罪还是民事纠纷、经济纠纷界限不清的，应当慎重追究刑事责任，防止"办理一个案件，垮掉一个企业，砸掉一群人饭碗"的情况发生。

2020 年 12 月 7 日召开的全国检察机关贯彻实施民法典会议对此提出，要防止通过刑事追诉插手民事纠纷，违法进行公权干预而损害当事人合法权利，减损、限制公民的民事权益。

从司法实践看，当前区分企业经济违法行为与经济犯罪行为的界限，重点是区分正当融资与非法吸收公众存款、集资诈骗等犯罪的界限，经济违规与非法经营等犯罪的界限，民事欺诈与合同诈骗等犯罪的界限等。针对上述突出问题，最高检 2018 年 11 月出台了服务民营经济 11 项检察政策，确定了办理涉民营企业案件相关执法司法标准。如关于如何准确区分经营活动中的正当融资行为与非法集资犯罪，明确要求对民营企业生产、经营、融资等经济活动，除法律、行政法规明确禁止外，不得以违法犯罪对待。关于如何严格适用非法经营罪，防止刑事打击扩大化，明确要求对民营企业的经营行为，法律和司法解释没有作出明确禁止性规定的，不得以非法经营罪追究刑事责任。对此把握的总原则是，刑法的归刑法，民法的归民法，对于法律政策界限不明，罪与非罪、罪与错不清的，要加强研究分析，慎重妥善处理，坚决防止把一般违法违规、工作失误甚至改革创新视为犯罪，切实做到依法惩治犯罪者、支持创业者、挽救失足者、教育失误者。

记者：2019 年以来，最高检部署开展"群众信访件件有回复"工作，赢得人民群众的广泛称誉，请问检察机关在这项工作中是如何加强非公经济保护的？

徐向春：最高检之所以全面推开"群众信访件件有回复"（7 个工作日内程序性回复，3 个月内办理过程或结果答复），其目的是让群众评判、监督、倒逼检察机关更新司法理念，夯实工作责任，增强工作实效，真正把"以人民为中心"理念落到实处。这项工作在检察机关已经落地、生根、见效，得到社会各界的充分肯定。为及时保护非公企业合法权益，畅通诉求表达渠道，各级检察机关有效发挥 12309 检察服务中心作用，在"群众信访件件有回复"工作中打造了"信、访、网、电"四位一体的诉求表达体系，具体措施有：

一是开通民营企业法律服务"绿色通道"。2019 年 9 月，全国四级检察机关 12309 检察服务中心均开通民营企业法律服务"绿色通道"，专设接待民营企业窗口，对涉及民营企业的控告申诉等各类诉求，优先接待、快速受理、依法处理、重点办理，并且还积极发挥法律咨询答疑、以案释法功能，帮助民营企业提高法治意识和法律思维，促进民营企业加强防范、抵御风险、化解隐患，帮助民营企业提高安全防范能力。

二是 2020 年 4 月建立涉非公经济案件专项立案监督常态化工作机制。着力解决涉非公经济案件不应当立案而立案和应当立案而不立案等突出问题，重点监督纠正以刑事案件名义插手民事纠纷、经济纠纷、超数额查封扣押冻结等各类违法行为。这项机制建立以来，检察机关已监督纠正违法立案 317 件，应立而不立案 551 件，已经成为保障非公企业合法权益的重要渠道和途径。

三是 2020 年 8 月在 12309 中国检察网开通"涉非公经济司法保护专区"。针对当前反映涉非公经济纠纷较为突出的案件类型，设置"请求刑事立案监督""申请变更强制措施""控告""刑事申诉""申请民事监督""申请行政监督"6 个分区，全面畅通和拓宽涉非公经济控告申诉案件来源渠道。截至 11 月，仅 4 个月的时间，检察机关已通过该专区接收涉非公经济案件线索 6210 件，均按照"群众信访件件有回复"要求依法及时处理。

　　另外，最高检 2020 年还部署开展了涉非公经济控告申诉案件清理和监督专项活动，聚焦非公企业合法权益的全面保护，着力加强法律监督，努力为非公经济健康发展提供有力司法保障、营造公平正义的法治环境。

第二部分

最高人民检察院
第二十四批指导性案例解读

最高人民检察院第二十四批指导性案例解读

徐向春* 杜亚起** 赵景川***

检察机关负有刑事立案监督职责，应当依法监督纠正涉及非公经济案件不应立而立和应立而不立等突出问题，坚决防止和纠正以刑事案件名义插手民事纠纷、经济纠纷等各类违法行为。为贯彻精准监督理念，强化刑事立案监督力度，更好发挥办案指引作用，依法保障非公经济健康发展，经第十三届检察委员会第五十五次会议决定，最高人民检察院发布了以涉非公经济立案监督为主题的第二十四批指导性案例，包括许某某、包某某串通投标立案监督案，温某某合同诈骗立案监督案，上海甲建筑装饰有限公司、吕某拒不执行判决立案监督案，丁某某、林某某等人假冒注册商标立案监督案共四件案例（检例第 90—93 号）。为准确理解和适用该批指导性案例，现就案例中涉及的重点问题和指导意义进行解读。

一、 发布第二十四批指导性案例的背景和意义

非公有制经济作为社会主义市场经济的重要组成部分，与公有制经济共同构成我国经济社会发展的重要基础。改革开放以

---

　* 最高人民检察院第十检察厅厅长，一级高级检察官。
　** 最高人民检察院第十检察厅副厅长，二级高级检察官。
*** 最高人民检察院第十检察厅主办检察官，三级高级检察官。

来，非公经济不断发展壮大，在支撑增长、促进创新、扩大就业、增加税收等方面都发挥了重要作用，也是推动我国经济转型升级的重要依托。党的十八大以来，以习近平同志为核心的党中央对非公经济发展高度重视，习近平总书记多次作出重要指示，为推动非公经济持续健康发展提供了根本指引。党的十九届五中全会对促进非公经济高质量发展作出重要部署，提出要激发各类市场主体活力，建设高标准市场体系。依法保护非公企业的合法权益，支持非公经济健康发展是坚持和完善我国基本经济制度的必然要求，是检察机关的重要责任。

近年来，从检察机关接收的群众控告申诉案件类型看，反映涉非公经济纠纷的案件呈递增趋势，而其中反映对涉非公经济案件越权管辖、违规立案、违规干涉民事案件审理和裁判执行等问题又相对突出。还有一些企业反映自身合法权益受到犯罪行为侵害，但是报案不立案或者推诿不受理。这类违法违规办案行为对当事企业的伤害很大，有时甚至难以弥补，严重损害司法权威和司法公信力，破坏公平竞争、健康有序的市场秩序，也影响和动摇人民群众对公平正义的信心。检察机关有必要立足监督本职，加大刑事立案监督办案力度，及时予以监督纠正。基于以上情况，2019年7月，最高人民检察院部署开展了涉非公经济案件立案监督专项活动，着力解决应当立案而不立案、不应当立案而立案，特别是以刑事手段插手非公经济纠纷等问题。在专项活动开展期间，各级检察机关共办理涉非公经济立案监督案件3472件，向公安机关发出要求说明立案或者不立案理由通知书2077份，认为公安机关理由不成立，监督撤销案件和监督立案1150件，监督纠正率55.4%。与此同时，检察机关还向公安机关发出纠正违法通知书257份。这次专项活动既让非公企业和非公经济人士切身感受到检察机关依法平等保护非公经济的实际行动，又积极帮助非公企业和非公经济人士提高法治意识和规则意识，增强了企业经营管理能力和法律风险防控能力。

2020年7月，最高人民检察院出台《关于充分发挥检察职能服务保障"六稳""六保"的意见》，强调要求加强刑事立案监督，着重纠正涉及民营企业案件不应立而立和应立而不立等突出问题，坚决防止和纠正以刑事案件名义插手民事纠纷、经济纠纷等各类违法行为。为贯彻落实该意见精神，发挥示范、引领和指导作用，切实做到严格区分刑事犯罪和经济纠纷界限，对不该立案的涉非公经济案件依法监督撤案，对侵犯非公企业合法权益的案件依法监督立案，最高人民检察院对专项活动中总结出的典型案件进行梳理和筛选，严格标准、优中选优，编制了这批指导性案例。

发布这批案例的意义主要体现在以下方面：

一是突出刑事立案监督业务。刑事立案监督是检察监督的基本职能之一，检察机关履行立案监督职责必须贯穿于办案当中，在办案中监督、在监督中办案，离开办案，刑事立案监督就是无源之水、无本之木。这次发布的案例中，前两个案例系监督撤销案件的案例，有效避免了刑事立案给企业造成不利影响，保护非公经济健康发展；后两个案例系监督立案后作出生效有罪判决的案例，及时维护了企业受损的合法权益，促进形成良好营商环境。同时，这次发布的案例中既有根据当事人申请启动监督程序的案例，如前三个案例；也有检察机关依职权主动启动监督程序的案例，如第四个案例。总体来看，这批案例检察特色非常鲜明，较为全面地涵盖了刑事立案监督案件的业务范围、办理流程和工作内容。

　　二是坚持平等保护理念。理念是行动的先导，决定案件处理的方向、方法与效果，至关重要。对公有制经济和非公有制经济平等保护，是我国宪法规定的一项重要原则，最高人民检察院十分重视平等保护理念在涉非公经济案件中的引领作用，通过政策指引、案例指导、教育培训等，要求检察官在办理案件中切实做到对国企民企、内资外资、大中小微企业同等对待，确保各种所有制企业诉讼地位平等、诉讼权利平等、法律保护平等，不能基于身份不同而在司法上有差别待遇。如这次发布的前三个案例中的涉案方均系民营企业和企业家，第四个案例中的被害企业玛氏公司则是知名外资食品生产企业，检察机关在监督履职过程中均一视同仁、平等保护。

　　三是贯彻宽严相济刑事政策。既强调有案必办、有罪必究，又切实转变"重打击、轻保护"的思想，贯彻宽严相济刑事政策，避免"一刀切"机械司法，该严则严、当宽则宽，做到惩治预防犯罪与保护市场主体合法权益、规范引导企业守法经营并重，防止"办理一个案件，垮掉一个企业，砸掉一群人饭碗"的情况发生。如案例三中的涉案被告公司系民营企业，吕某系该公司负责人，本应执行法院依法作出的发生法律效力的判决，但吕某故意更改企业名称和法定代表人、隐瞒到期收入，从而隐藏、转移财产，致使判决无法执行，对于这种拒不执行判决情节严重的情形，应当予以刑事追诉。在起诉环节，检察机关对公司负责人吕某批评教育，使其认识到按时执行法院生效判决的法定义务，以及拒不执行生效判决的法律后果，并积极促使被告公司执行判决，向被害企业履行法定义务、赔礼道歉。办案检察机关依法向被告告知诉讼权利和认罪认罚的法律规定后，其自愿认罪认罚，检察机关提出判处缓刑的确定刑量刑建议，并被法院采纳。该案的办理，既有效保护了申请执行人的合法权益，又让涉案民营企业充分认识到，法律是经营的底线，经营者要依法承担企业责任，按时履行法院生效判决确定的法定义务，唯有守法经营，才能保证企业的长远健康发展。

四是厘清有争议的法律适用问题。针对司法实践中一些经济纠纷与经济犯罪界限容易出现混淆的情况，这次发布的案例突出问题导向，努力做到准确把握法律政策界限，严格区分一般违法违规与刑事犯罪，确保办案质量和效果。如案例一体现了对罪刑法定原则的重申和坚守，监督撤销了将串通拍卖行为类推为串通投标行为的刑事立案。案例二涉及合同纠纷与合同诈骗的区分问题，通过该案例明确，在办理涉及民事法律关系的刑事案件时，要全面分析案件不同法律关系等因素，准确把握罪与非罪的界限，防止机械司法，对于民事欺诈、合同违约等债权纠纷案件，要实质性研究分析涉案法律关系、当事人法律行为及其主观故意，不能简单化认定"刑事诈骗""合同诈骗"，防止通过刑事追诉插手民事纠纷、经济纠纷，违法进行公权干预而损害当事人合法权益。

二、 关于对涉非公经济刑事案件的立案监督

刑事立案①是我国刑事诉讼的主要启动方式，是涉案当事人进入刑事诉讼程序成为犯罪嫌疑人、侦查机关正式开始侦查行为的程序前提和依据。《刑事诉讼法》第 8 条规定："人民检察院

---

① 刑事诉讼中的立案主要是指公安机关对于报案、控告、举报、自首等情形，按照职能管辖范围进行审查后，认为有犯罪事实发生并需要追究刑事责任时，决定将其作为刑事案件进行侦查的一种诉讼活动。参见陈光中主编：《刑事诉讼法学》（第五版），北京大学出版社、高等教育出版社 2013 年版，第 267 页。

依法对刑事诉讼实行法律监督。"这是检察机关依法享有刑事立案监督权的法律依据，对刑事立案进行监督是检察机关法律监督职能的组成部分，承担着规范刑事立案程序的重要职责。检察机关进行立案监督，应当树立"做好监督就是配合"和"双赢多赢共赢"的工作理念，与公安机关相互配合、相互制约，准确把握刑事立案标准，查明案件事实真相，通过依法启动刑事诉讼程序来追诉犯罪，以依法终止刑事诉讼程序来保障无辜者不受到刑事追诉，确保国家追诉权的统一正确实施，切实维护当事人合法权益，彰显公平正义。

1996 年《刑事诉讼法》第 87 条①确立刑事立案监督制度，该条规定："人民检察院认为公安机关对应当立案侦查的案件而不立案侦查的，或者被害人认为公安机关对应当立案侦查的案件而不立案侦查，向人民检察院提出的，人民检察院应当要求公安机关说明不立案的理由。人民检察院认为公安机关不立案理由不能成立的，应当通知公安机关立案，公安机关接到通知后应当立案。"据此，立案监督范围限于对公安机关"应当立案而不立案"的监督。1998 年，最高人民法院、最高人民检察院、公安部、国家安全部、司法部、全国人大常委会法制工作委员会联合颁布《关于刑事诉讼法实施中若干问题的规定》，该规定第 7 条②明确了立案监督的基本程序、法律文书等，即："公安机关在收到人民检察院《要求说明不立案理由通知书》后七日内应当将说明情况书面答复人民检察院；人民检察院认为公安机关不立案理由不能成立，发出《通知立案书》时，应当将有关证明

---

① 2018 年刑事诉讼法修订后，已修正为第 113 条。

② 2012 年最高人民法院、最高人民检察院、公安部、国家安全部、司法部、全国人大常委会法制工作委员会《关于实施刑事诉讼法若干问题的规定》已调整为第 18 条。

应该立案的材料同时移送公安机关；公安机关在收到《通知立案书》后，应当在十五日内决定立案，并将立案决定书送达人民检察院。"1999 年，最高人民检察院公布修订后的《人民检察院刑事诉讼规则》，在第十章"刑事诉讼法律监督"中专节规定立案监督，并将立案监督范围扩大至"不应当立案而立案"的情形。之后，最高人民检察院 2000 年发布《人民检察院立案监督工作问题解答》，2010 年又联合公安部出台《关于刑事立案监督有关问题的规定（试行）》，进一步规范了检察机关立案监督程序。2012 年刑事诉讼法修改后，最高人民检察院制定《人民检察院刑事诉讼规则（试行）》，对立案监督工作进一步细化，完善了监督行政执法机关及时移送涉嫌犯罪线索等内容。2014 年，最高人民检察院侦查监督厅发布《侦查监督部门实施刑事诉讼法若干问答》，首次明确公安机关在合理期限内不作出是否立案决定的可以开展立案监督，并明确监督撤案不再以采取强制措施或者强制性侦查措施为前提。[①] 2017 年印发的最高人民检察院、公安部《关于公安机关办理经济犯罪案件的若干规定》第三章"立案、撤案"，强调了对涉经济犯罪案件中的立案监督。2018 年刑事诉讼法再次修改后，最高人民检察院颁布《人民检察院刑事诉讼规则》，在吸收之前规范性文件相关内容的基础上，在"刑事立案监督"一节用 10 个条文对检察机关立案监督工作进行了规范。

根据刑事诉讼法、司法解释和相关规范性文件的规定，如果非公企业和非公经济人士认为自身的行为不构成犯罪而公安机关

---

① 参见孙谦：《刑事立案与法律监督》，载《中国刑事法杂志》2019 年第 3 期。

违法立案的,① 或者企业合法权益受到犯罪行为侵害而公安机关应立不立的,可以向检察机关请求立案监督。提出监督申请时,应当向检察机关控告申诉检察部门递交申请材料、身份证明和公安机关立案或者不立案的法律文书等。检察机关对监督申请应当受理并根据事实、法律进行审查,符合条件的,要求公安机关说明立案或者不立案的理由。经过必要的调查核实,检察机关如果认为公安机关立案或者不立案的理由不能成立的,应当依法定程序通知公安机关撤销案件或者立案。而且,检察机关通知公安机关撤销案件或者立案的,应当依法对执行情况进行监督。② 此外,检察机关也可依职权或者根据行政执法机关的移送启动立案监督程序。③ 对于公安机关受理报案后未在规定期限内作出是否立案决定的情况,④ 企业同样可以向检察机关请求立案监督,检察机关应当受理并进行审查,审查认为尚未超过规定期限的,移

---

① 根据最高人民检察院、公安部《关于公安机关办理经济犯罪案件的若干规定》第25条第1款规定,在侦查过程中,公安机关对犯罪嫌疑人解除强制措施之日起12个月以内,仍然不能移送审查起诉或者依法作其他处理的,或者对犯罪嫌疑人未采取强制措施,自立案之日起2年以内,仍然不能移送审查起诉或者依法作其他处理的,应当及时撤销案件。即对涉经济犯罪案件不仅有不构成犯罪的实体性撤案条件,还规定有程序性撤案条件。

② 参见《人民检察院刑事诉讼规则》第564条。

③ 根据国务院法制办、中央纪委、最高人民法院、最高人民检察院、公安部、国家安全部、司法部、人力资源社会保障部《关于加强行政执法与刑事司法衔接工作的意见》等规定,检察机关和行政执法机关建立了行政执法和刑事司法衔接机制。

④ 根据公安部《关于改革完善受案立案制度的意见》(公通字〔2015〕32号),公安机关接报案件后,应当立即进行受案立案审查;对于违法犯罪事实清楚的案件,公安机关各办案警种、部门应当即受即立即办,不得推诿拖延;刑事案件立案审查期限原则上不超过3日;涉嫌犯罪线索需要查证的,立案审查期限不超过7日;重大疑难复杂案件,经县级以上公安机关负责人批准,立案审查期限可以延长至30日;法律、法规、规章等对受案立案审查期限另有规定的,从其规定。另根据最高人民检察院、公安部《关于公安机关办理经济犯罪案件的若干规定》第15条第1款规定,公安机关接受涉嫌经济犯罪线索的报案、控告、举报、自动投案后,应当立即进行审查,并在7日以内决定是否立案;重大、疑难、复杂线索,经县级以上公安机关负责人批准,立案审查期限可以延长至30日;特别重大、疑难、复杂或者跨区域性的线索,经上一级公安机关负责人批准,立案审查期限可以再延长30日。

送公安机关处理，并答复报案人；认为超过规定期限的，应当要求公安机关在 7 日以内书面说明逾期不作出是否立案决定的理由，连同有关证据材料回复检察机关。检察机关经审查有关证据材料，认为符合立案条件的，应当通知公安机关立案。公安机关在 7 日以内不说明理由也不作出立案或者不立案决定的，检察机关应当提出纠正意见。

需要注意的是，根据《人民检察院刑事诉讼规则》第 559 条规定，通过立案监督程序请求撤销案件的，应当在提请批准逮捕或者移送起诉前提出，如果犯罪嫌疑人已经被提请批准逮捕或者移送起诉的，则可以适用其他相应程序申请救济。

三、 许某某、 包某某串通投标立案监督案

在市场经济活动中，拍卖作为一种重要交易方式，日益成为人们对特定财产或财产权利处置的重要手段和方式。国有企业在产权交易和破产处置时，一般都优先采用拍卖方式进行，通过公开竞买机制，最大限度地实现其价值，防止国有资产流失。在实际拍卖过程中出现串通拍卖行为，对此行为能否追究刑事责任，司法实践中的处理方式不一。许某某、包某某串通投标立案监督案是一起竞拍人在竞拍国有资产过程中存在事先串通行为的案件，该案对于当前如何准确看待串通拍卖行为的法律责任，依法处理此类行为具有参照意义。

（一） 基本案情、要旨和指导意义

江苏省连云港市海州区锦屏磷矿"尾矿坝"是江苏海州发展集团有限公司（以下简称海发集团，系国有独资）的项目资产，经多次对外招商，均未能吸引到合作企业投资开发。2017年 4 月 10 日，海州区政府批复同意海发集团对该项目进行拍卖，

海发集团委托江苏省大众拍卖有限公司进行拍卖，并主动联系民营企业家许某某参加竞拍，许某某联系民营企业家包某某参与竞拍，另还有一家企业参加竞拍。2017 年 7 月 26 日，经两次举牌竞价，包某某代表的企业以高于底价竞拍成功。2019 年 4 月 26 日，连云港市海州公安分局以涉嫌串通投标罪对许某某、包某某立案侦查。二人向海州区检察院提出立案监督申请，海州区检察院审查后向海州公安分局发出《要求说明立案理由通知书》。公安机关回复认为，许某某、包某某事先串通参与竞拍，该行为与串通投标行为具有同样的社会危害性，可以扩大解释为串通投标行为。海州区检察院经调查核实认为，投标与拍卖行为性质不同，分别受招标投标法和拍卖法规范，对于串通投标行为，法律规定了刑事责任，而对于串通拍卖行为，法律仅规定了行政责任和民事赔偿责任，串通拍卖行为不能类推为串通投标行为。并且，许某某、包某某的串通拍卖行为，目的在于防止项目流拍，该行为实际上盘活了国有不良资产，消除了长期存在的重大安全隐患，不具有刑法规定的社会危害性。因此，公安机关以涉嫌串通投标罪对二人予以立案的理由不能成立。同时，许某某、包某某的行为亦不符合刑法规定的其他犯罪的构成要件。2019 年 7 月 18 日，海州区检察院向海州公安分局发出《通知撤销案件书》，7 月 22 日，海州公安分局决定撤销许某某、包某某串通投标案。

对该案提炼的要旨是：刑法规定了串通投标罪，但未规定串通拍卖行为构成犯罪；对于串通拍卖行为，不能以串通投标罪予以追诉；公安机关对串通竞拍国有资产行为以涉嫌串通投标罪刑事立案的，检察机关应当通过立案监督，依法通知公安机关撤销案件。

具体的指导意义体现为两个方面：一是检察机关发现公安机关对串通拍卖行为以涉嫌串通投标罪刑事立案的，应当依法监督撤销案件；二是准确把握法律政策界限，依法保护企业合法权益和正常经济活动。

（二）理解和适用中的重点问题

1. 拍卖和招标投标是两种不同的市场交易方式

根据《拍卖法》第 3 条规定，拍卖是指以公开竞价的形式，将特定物品或者财产权利转让给最高应价者的买卖方式。而根据招标投标法相关规定，招标投标一般是指招标人就某特定事项向特定相对人或社会发出招标邀请，有多家投标人进行投标，最后由招标人通过对投标人在价格、质量、生产能力、交货期限和财务状况、信誉等诸方面进行综合考察，在平衡的基础上，选定投标条件最好的投标人，并与之进一步协调、商定最终成立合同法律关系的一种合同行为。从行为性质来讲，拍卖和招标投标都是竞争性的市场交易方式，是合同缔结的一种特殊方式，二者具有一定的相似性。[①] 但是，拍卖和招标投标有本质区别，二者在概念内涵、交易标的、交易方式、交易程序以及法律责任等很多方面都存在差异。如拍卖的最大特点是价高者得之，即将物品或财产权利卖给出价最高的人，而招标投标最大的特点却是满足招标文件要求的投标人中要价最低的人中标。又如拍卖时的出价是公开的，在拍卖会场的所有人都能当场知道每个竞买人的出价

---

① 参见《刑事审判参考》第 114 集第 1251 号案例。

（密封递价拍卖①时除外），而招标投标时，每个投标人的出价都是保密的，只有在开标时才知道。因此，拍卖和招标投标是本质上完全不同的两种交易方式，其外延并无包容关系。并且，随着两种交易方式的普及，从社会上一般人的观念来看，拍卖和招标投标也是明显不同的交易方式。

2. 刑法规定了串通投标罪，但未规定串通拍卖行为构成犯罪

《刑法》第 223 条第 1 款规定："投标人相互串通投标报价，损害招标人或者其他投标人利益，情节严重的，处三年以下有期徒刑或者拘役，并处或者单处罚金。"与此相呼应，《招标投标法》第 53 条规定，投标人相互串通投标的，中标无效，处以罚款，有违法所得的，并处没收违法所得，直至由工商行政管理机关吊销营业执照；构成犯罪的，依法追究刑事责任。《招标投标法实施条例》第 67 条对串通投标行为的刑事责任也作了明确规定。但是刑法分则各条均未规定串通拍卖行为可以追究刑事责任，《拍卖法》第 65 条也仅规定，竞买人之间恶意串通，给他人造成损害的，拍卖无效，应当依法承担赔偿责任；由工商行政管理部门对参与恶意串通的竞买人处最高应价 10% 以上 30% 以下的罚款；对参与恶意串通的拍卖人处最高应价 10% 以上 50% 以下的罚款。即拍卖法对串通拍卖行为确立的法律责任形式只有行政责任和民事赔偿责任，不包括刑事责任。同时，其他法律法规也未规定串通拍卖行为应当承担刑事责任。

---

① 密封递价拍卖即由拍卖市场先公布拍卖标的的具体情况和拍卖条件，然后竞买人在规定时间内将密封标书递交拍卖市场，由拍卖市场在事先确定的时间公开开启，经比较后选择出价最高者成交。这种方法不是公开竞买，拍卖人有时要考虑除价格以外的其他因素。参见 1994 年国内贸易部《拍卖管理办法》第 37 条。

3. 根据罪刑法定原则，对串通拍卖行为不应以串通投标罪论处

《刑法》第 3 条规定："法律明文规定为犯罪行为的，依照法律定罪处刑；法律没有明文规定为犯罪行为的，不得定罪处刑。"该条规定的罪刑法定原则是我国刑法的基本原则之一，在司法过程中应当严格遵循，防止类推和不当的扩大解释。在许某某、包某某案中，拍卖人海发集团经政府审批同意，决定公开拍卖国有资产"尾矿坝"，委托江苏省大众拍卖有限公司进行拍卖，发布了拍卖公告，公布了拍卖底价，采用增价拍卖方式，竞买人许某某、包某某等人在指定时间、地点进行公开竞价，经两轮拍卖，以高于底价确定竞得人，该交易方式显然不属于招标投标的范畴。因此，即使许某某、包某某事先存在串通行为，公安机关也不能将其扩大解释为串通投标行为进行刑事立案，这种类推行为违背了罪刑法定原则，检察机关应当通过立案监督，通知公安机关撤销案件。但是对于拍卖过程中存在的恶意串通行为，应当依据拍卖法等规定追究行为人相应的行政责任和民事赔偿责任。并且，若在串通拍卖过程中，竞拍人给予相关人员财物以谋取竞争优势的，属于谋取不正当利益，达到数额较大的，竞拍人与收受财物的相关人员可能分别构成行贿罪和受贿罪，如收受财物的相关人员系非国家工作人员的，则可以按照非国家工作人员受贿罪和对非国家工作人员行贿罪处理。[①] 如果在串通拍卖过程中有其他犯罪行为的，依照刑法规定追究行为人相应刑事责任。

4. 对企业的经济行为，不能轻易进行刑事追诉

中共中央、国务院《关于完善产权保护制度依法保护产权

---

① 参见《刑法》第 163 条、第 164 条规定。

的意见》提出，要准确把握经济违法行为入刑标准，准确认定经济纠纷和经济犯罪的性质；对于法律界限不明、罪与非罪不清的，司法机关应严格遵循罪刑法定、疑罪从无、严禁有罪推定的原则，防止把经济纠纷当作犯罪处理；对民营企业在生产、经营、融资活动中的经济行为，除法律、行政法规明确禁止外，不以违法犯罪对待。检察机关办理涉非公经济案件，应当坚持法治思维，贯彻"谦抑、审慎"理念，充分考虑涉案企业的行为动机和对于社会有无危害及其危害程度，加强研究分析，依法确定案件性质及应承担的责任类型，不能轻易进行刑事追诉，保障企业正常经济活动。在许某某、包某某案中，涉案"尾矿坝"项目长期闲置，存在重大安全隐患，政府每年需投入大量资金进行安全维护，海发集团也曾邀请多家企业参与开发，均未成功。在决定拍卖后，海发集团为防止项目流拍，主动邀请许某某参与竞拍，许某某又邀请包某某参与竞拍，二人虽有串通行为，但目的在于防止项目流拍，并未损害拍卖人和其他人利益，不足以认定为恶意串通，且"尾矿坝"项目后期开发运行良好，解决了长期存在的重大安全隐患，盘活了国有不良资产，总体看不具有刑法规定的社会危害性，而且，许某某、包某某在拍卖过程中未实施其他犯罪行为。综合以上情况，本案不应对二人启动刑事追诉程序。

四、 温某某合同诈骗立案监督案

涉诈骗类犯罪案件一直是司法实践中相当疑难的一类案件，在办理涉诈骗类犯罪案件中，刑事诈骗与民事欺诈的界限问题，即相应案件是归入刑事范畴还是纳入民事案件，容易出现错误判断。在签订和履行合同过程中，虽然合同诈骗行为一般都包含民事欺诈，并因此引起经济纠纷，但即便合同双方存在权益争议、造成一方经济损失的经济纠纷，也不一定构成合同诈骗犯罪，对于构成合同欺诈的，可以通过民事诉讼方式予以解决。温某某合同诈骗立案监督案是一起工程建设合同双方在履行合同过程中出现争议，进而引发刑事争讼的案件，对于如何依法妥善处理好此类刑民交叉案件，准确界定刑事犯罪与经济纠纷具有参照意义。

（一）基本案情、要旨和指导意义

2010 年 4 月至 5 月间，甲公司与乙公司、丙公司签订引水供水工程《建设工程施工合同》。根据合同约定，乙公司和丙公司分别向甲公司支付 70 万元和 110 万元的施工合同履约保证金。工程报建审批手续完成后，甲公司和乙公司、丙公司因工程款支付问题发生纠纷。[①] 2011 年 10 月 14 日，南宁市良庆公安分局根据丙公司报案，对甲公司负责人温某某以涉嫌合同诈骗罪刑事立案。2019 年 8 月 13 日，温某某被公安机关采取刑事拘留措施。温某某的辩护律师向良庆区检察院提出立案监督申请，良庆区检察院审查后向良庆公安分局发出《要求说明立案理由通知书》。公安机关回复认为，温某某在不具备实际履行建设工程能力的情况下，以甲公司引水供水工程项目与乙公司、丙公司签订合同，并收取履约保证金，其行为涉嫌合同诈骗。良庆区检察院经调查核实认为，甲公司与乙公司、丙公司签订合同时，引水供水工程项目已经政府有关部门审批同意；合同签订后，甲公司按约定向政府职能部门提交该项目报建手续，得到了相关职能部门的答复；在项目工程未能如期开工后，甲公司又采取签订补充协议、

[①] 发包方甲公司要求按照工程进度支付工程款，施工方乙公司、丙公司要求先支付工程预付款才进场施工，协商不下，施工方一直未进场施工，发包方也未退还合同履约金，双方因此发生纠纷。

承担相应违约责任等补救措施，并且甲公司在该项目工程中投入大量资金，收取的履约保证金也用于公司生产经营，因此不足以认定温某某具有虚构事实或者隐瞒真相的行为和非法占有对方财物的目的，公安机关以涉嫌合同诈骗罪对其予以刑事立案的理由不能成立。同时，该案还是公安机关立案后久侦未结形成的侦查环节"挂案"，应当监督纠正。2019年9月27日，良庆区检察院向良庆公安分局发出《通知撤销案件书》，9月30日良庆公安分局决定撤销温某某合同诈骗案。

对该案提炼的要旨是：检察机关办理涉企业合同诈骗犯罪案件，应当严格区分合同诈骗与民事违约行为的界限；要注意审查涉案企业在签订、履行合同过程中是否具有非法占有目的和虚构事实、隐瞒真相的行为，准确认定是否具有诈骗故意；发现公安机关对企业之间的合同纠纷以合同诈骗进行刑事立案的，应当依法监督撤销案件；对于立案后久侦不结的"挂案"，检察机关应当向公安机关提出纠正意见。

具体的指导意义体现为三个方面：一是检察机关对公安机关不应当立案而立案的，应当依法监督撤销案件；二是严格区分合同诈骗与民事违约行为的界限；三是对于公安机关立案后久侦未结形成的"挂案"，检察机关应当提出监督意见。

（二）理解和适用中的重点问题

1. 对不应当立案而立案的监督属于立案监督

编制案例过程中，有意见认为，我国刑事诉讼法采行诉讼阶段论建构刑事诉讼程序，立案与侦查属于两个不同的诉讼阶段，案件经过立案之后进入侦查阶段，在侦查中发现案件不应当立案而立案，虽然牵涉的是立案与否的问题，但是诉讼阶段已经不再是立案阶段，侦查阶段对于不应当立案的案件要求撤销案件，属于侦查活动监督的范畴，亦即立案阶段和侦查阶段都有撤案问题，对侦查阶段的撤案，检察机关的监督应当属于侦查活动监督，因此本案中对温某某刑事立案的监督撤案，到底是立案监督还是侦查活动监督，不无疑问。我们研究后认为，如前所述，刑事诉讼法规定的立案监督情形是"应当立案而不立案"，1999 年修订的《人民检察院刑事诉讼规则》将立案监督范围扩大至"不应当立案而立案"的情形。据此，立案监督是检察机关对公安机关的立案活动（不立案和立案）是否合法进行的监督，监督手段主要是要求公安机关说明不立案或立案理由和通知公安机关立案或撤案；而侦查活动监督是检察机关对公安机关的侦查活动是否合法进行的监督，监督手段是向公安机关发出《纠正违法通知书》等。① 根据《人民检察院刑事诉讼规则》第 559 条第 2 款规定，对于有证据证明公安机关可能存在违法立案情形，尚未提请批准逮捕或者移送起诉的，② 检察机关应当要求公安机关书面说明立案理由。即检察机关对公安机关立案后尚未提请批准逮捕或者移送起诉的案件发出《说明立案理由通知书》的，从监督客体和手段看，应当属于立案监督。温某某合同诈骗监督案，公安机关立案后并未提请批准逮捕或者移送起诉，检察机关依申请启动监督程序，发出《说明立案理由通知书》，并监督公安机关撤销案件，依法应当认定为立案监督，而非侦查活动监督。③

---

① 参见《人民检察院立案监督工作问题解答》第 2 条（〔2000〕高检捕发第 1 号）。

② 最高人民检察院、公安部《关于刑事立案监督有关问题的规定（试行）》第 6 条规定的另一前提条件"已采取刑事拘留等强制措施或者搜查、扣押、冻结等强制性侦查措施"已于 2012 年被《人民检察院刑事诉讼规则（试行）》删除。

③ 根据《人民检察院刑事诉讼规则》第 567 条第 10 项规定，人民检察院对侦查活动中公安机关不应当撤案而撤案的监督属于侦查活动监督。

2. 监督撤销案件的违法立案情形

根据《刑事诉讼法》第 109 条规定，公安机关发现犯罪事实或者犯罪嫌疑人，应当按照管辖范围立案侦查。对于经济犯罪案件，最高人民检察院、公安部《关于公安机关办理经济犯罪案件的若干规定》第 17 条又将立案条件明确为三项。① 检察机关办理涉非公经济立案监督案件，应当依据上述规定审查判断公安机关的立案是否属于违法立案情形。根据《人民检察院刑事诉讼规则》第 559 条第 2 款规定，检察机关监督撤销案件的重点是"违法动用刑事手段插手民事、经济纠纷，或者利用立案实施报复陷害、敲诈勒索以及谋取其他非法利益"四种严重违法立案情形，② 一旦发现公安机关可能存在上述情形的，检察机关应当要求公安机关书面说明立案理由，依法及时进行监督，坚决防止通过刑事追诉插手民事纠纷，违法进行公权干预而损害当事人合法权利，减损、限制公民的民事权益。对除此之外的其他明显违反法律规定予以刑事立案的情形，如没有证据证明有犯罪事实发生或虽有犯罪事实发生但不是犯罪嫌疑人所为，或者涉嫌犯罪数额、结果明显不符合经济犯罪案件的立案追诉标准，公安机关仍予以立案的，或者对依法不应当追究刑事责任的人立案的，检察机关也应当积极履行立案监督职责，依法监督公安机关撤销案件。③

---

① 该条规定："公安机关经立案审查，同时符合下列条件的，应当立案：（一）认为有犯罪事实；（二）涉嫌犯罪数额、结果或者其他情节符合经济犯罪案件的立案追诉标准，需要追究刑事责任；（三）属于该公安机关管辖。"

② 最高人民检察院、公安部《关于刑事立案监督有关问题的规定（试行）》第 6 条第 2 款、最高人民检察院、公安部《关于公安机关办理经济犯罪案件的若干规定》第 28 条第 2 款对此也均有明确规定。

③ 参见最高人民检察院侦查监督厅发布的《侦查监督部门实施刑事诉讼法若干问答》（高检侦监〔2014〕3 号）第十一问。

3. 严格区分合同诈骗与民事欺诈、合同违约行为的界限

合同违约行为是指当事人一方不履行合同义务或者履行合同义务不符合约定条件的行为，包括实施了虚构事实、隐瞒真相行为的合同欺诈。违约行为是一种客观的违反合同的行为，违约行为的认定以当事人的行为是否在客观上与约定的行为或者合同义务相符合为标准，而不管行为人的主观状态如何。[①] 而根据我国《刑法》第224条的规定，"以非法占有为目的，在签订、履行合同过程中，骗取对方当事人财物，数额较大的"，构成合同诈骗罪，即成立合同诈骗不但要有客观上的欺诈行为，还要求主观上具有非法占有目的，即并非只要实施了虚构事实、隐瞒真相的行为，就必然构成合同诈骗，只有当事人在签订、履行合同时具有非法占有目的，才可以合同诈骗予以入罪，否则只能作为民事欺诈或者合同违约行为对待。对于"非法占有目的"的认定，可以从以下六个方面进行考量：一是行为人是否具有签订、履行合同的条件，是否创造虚假条件；二是行为人在签订合同时有无履约能力；三是行为人在签订和履行合同过程中有无诈骗行为；四是行为人在签订合同后有无履行合同的实际行为；五是行为人对取得财物的处置情况，是否有挥霍、挪用及携款潜逃等行为；六是未履行合同的具体原因。[②] 对于签订合同时具有部分履约能力，之后完善履约能力并有积极履约行为的，即使最后合同未能履行或者未能完全履行，一般也不能认定为合同诈骗。但是如果行为人的履约行为本意不在承担合同义务而在于诱使相对人继续

[①] 可参见最高人民法院《关于贯彻执行〈中华人民共和国民法通则〉若干问题的意见（试行）》第68条，该条规定："一方当事人故意告知对方虚假情况，或者故意隐瞒真实情况，诱使对方当事人作出错误意思表示的，可以认定为欺诈行为。"

[②] 参见中华人民共和国最高人民法院刑事审判第一、二、三、四、五厅主办：《中国刑事审判指导案例（1999—2011）》（第2册），法律出版社2012年版，第387页、第476页。

履行合同，从而占有对方财物，则应认定为合同诈骗行为。①

在温某某案中，温某某担任负责人的甲公司案发前处于正常生产经营状态，经政府有关部门审批，同意甲公司建设引水供水工程项目，因此甲公司与乙公司、丙公司签订《建设工程施工合同》时，并非虚构事实。此后，甲公司的工程报建审批手续因客观原因未能在约定的开工日前完成，甲公司因此签订补充协议、承担相应违约责任。之后甲公司实际完成了审批手续，有履约能力和履约行为，只是因工程款支付方式发生争议，未能协商解决。并且，甲公司在该项目工程中投入勘测、复垦、自来水厂建设等资金3000多万元，收取的180万元履约保证金用于自来水厂的生产经营，并无挥霍、挪用及携款潜逃行为。综合以上情况，不足以认定温某某系诱骗相对人签订合同，意图占有对方财物，甲公司和乙公司、丙公司因工程款支付问题发生的争议应属于合同纠纷的范畴。对于甲公司不退还履约保证金的行为，乙公司、丙公司可以通过向人民法院提起民事诉讼的方式予以解决。

4. 依法监督纠正侦查环节"挂案"②

在当前司法实践中，由于立案标准、工作程序和认识分歧等原因，有相当数量的涉非公经济刑事案件逾期滞留在侦查环节，既未结案又未被移送审查起诉，形成侦查环节"挂案"。根据法律和有关规范性文件的规定，③侦查环节"挂案"主要包括以下几类：一是对犯罪嫌疑人没有采取取保候审、监视居住、拘留或者逮捕等强制措施，公安机关自立案之日起超过两年没有移送审

---

① 即《刑法》第224条第3项的规定。
② 司法实践中还存在检察机关审查起诉阶段、法院审判阶段超期未办结的"挂案"。
③ 参见最高人民检察院、公安部《关于公安机关办理经济犯罪案件的若干规定》第25条等规定。

查起诉、依法作其他处理或者撤销案件的；二是对犯罪嫌疑人采取了强制措施，在解除强制措施后超过一年没有移送审查起诉、依法作其他处理或者撤销案件的；三是经人民检察院通知撤销案件而没有及时撤销案件的。侦查环节"挂案"导致非公企业及企业相关人员长期处于被追诉状态，严重影响企业的正常生产经营，破坏当地营商环境，也损害了司法机关的公信力。对于侦查环节"挂案"，检察机关要坚持罪刑法定、疑罪从无原则，对于确无侦查必要或者不构成犯罪的，应当依法监督公安机关撤销案件；对于具备进一步侦查条件和价值的，应当督促公安机关加快侦查进度，尽快侦查终结；对于公安机关侦查终结移送审查起诉的案件，应当依法及时作出处理决定。同时还要注意完善"挂案"监督法律规定，建立健全防范"挂案"的长效机制，保障既依法准确打击犯罪，又平等保护非公企业合法权益，让不该"负罪经营"的企业放下包袱、轻装上阵。

五、 上海甲建筑装饰有限公司、吕某拒不执行判决立案监督案

根据《民事诉讼法》第 236 条规定，发生法律效力的民事判决、裁定、调解书和其他应当由人民法院执行的法律文书，当事人必须履行。但长期以来，"执行难"作为损害人民法院胜诉结果和申请执行人合法权益的现实法律问题，为社会各界广泛重视和关注。对拒不执行法院生效法律文书的"老赖"，除可以适用民事制裁措施外，情节严重的，还可以依照《刑法》第 313 条的规定追究刑事责任。上海甲建筑装饰有限公司、吕某拒不执行判决立案监督案是一起被执行人以更换企业名称、隐瞒到期收入等方式妨害执行，因而被以拒不执行判决罪追究刑事责任的案

件，该案对于检察机关如何通过立案监督帮助化解"执行难"问题，保障生效法律文书的有效执行具有参照意义。

（一）基本案情、要旨和指导意义

2017 年 8 月 16 日，上海市青浦区法院就合同履行纠纷一案，判决甲公司支付乙公司人民币 3250995.5 元及相关利息。该判决生效后，乙公司向法院申请执行。执行过程中，在青浦区法院组织下，乙公司、甲公司达成执行和解协议，但甲公司经多次催讨仍拒绝履行协议。2019 年 5 月 6 日，乙公司以甲公司拒不执行判决为由，向青浦公安分局报案，青浦公安分局决定不予立案。乙公司向青浦区检察院提出立案监督申请，青浦区检察院审查后向青浦公安分局发出《要求说明不立案理由通知书》。公安机关回复认为，本案尚在执行期间，甲公司未逃避执行判决，没有犯罪事实，不符合立案条件。青浦区检察院经调查核实认为，甲公司在诉讼期间更名并变更法定代表人，导致法院在执行阶段无法查找到甲公司资产，并裁定终结本次执行程序。在执行同期，甲公司还舍弃电子支付、银行转账等便捷方式，要求丙集团以银行汇票形式向其结算并支付大量款项，该款虽未进入甲公司账户，但实际用于甲公司日常经营活动，其目的就是利用汇票背书形式规避法院的执行。因此，甲公司存在隐藏、转移财产，致使法院生效判决无法执行的行为，已符合《刑法》第 313 条规定的"有能力执行而拒不执行，情节严重"的情形，公安机关的不立案理由不能成立。2019 年 8 月 6 日，青浦区检察院向青浦公安分局发出《通知立案书》，并将调查获取的证据一并移送公安机关。青浦公安分局决定对甲公司以涉嫌拒不执行判决罪立案侦查，同年 9 月 4 日将甲公司实际经营人吕某传唤到案并刑事拘留，9 月 6 日，甲公司向乙公司支付了全部执行款项人民币

371 万元。青浦区检察院适用认罪认罚从宽制度，于 2019 年 11 月 28 日以甲公司、吕某犯拒不执行判决罪向青浦区法院提起公诉。青浦区法院全部采纳了检察机关的量刑建议，对甲公司判处罚金人民币 15 万元，对吕某判处有期徒刑十个月、缓刑一年。一审宣判后，被告单位和被告人均未提出上诉，判决已生效。

对该案提炼的要旨是：负有执行义务的单位和个人以更换企业名称、隐瞒到期收入等方式妨害执行，致使已经发生法律效力的判决、裁定无法执行，情节严重的，应当以拒不执行判决、裁定罪予以追诉；申请执行人认为公安机关对拒不执行判决、裁定的行为应当立案侦查而不立案侦查，向检察机关提出监督申请的，检察机关应当要求公安机关说明不立案的理由；经调查核实，认为公安机关不立案理由不能成立的，应当通知公安机关立案；对于通知立案的涉企业犯罪案件，应当依法适用认罪认罚从宽制度。

具体的指导意义体现为三个方面：一是检察机关发现公安机关对拒不执行判决、裁定的行为应当立案侦查而不立案侦查的，应当依法监督公安机关立案；二是检察机关进行立案监督，应当开展调查核实；三是办理涉企业犯罪案件，应当依法适用认罪认罚从宽制度。

（二）理解和适用中的重点问题

1. 以刑事手段惩处拒不执行判决、裁定的行为，促进诚实守信，合法经营

生效民事判决、裁定①有效执行是司法纷争得到有效解决的"最后一公里"，有能力履行法定义务而拒不履行，不仅损害司

---

① 根据全国人大常委会《关于〈中华人民共和国刑法〉第三百一十三条的解释》，此处的判决、裁定除人民法院依法作出的具有执行内容并已发生法律效力的判决、裁定外，还包括人民法院为依法执行支付令、生效的调解书、仲裁裁决、公证债权文书等所作的裁定。

法公正，影响司法权威，而且助长被执行人的违约心理，破坏市场经营所需要的诚实守信、公平竞争秩序。对此，最高人民法院、最高人民检察院、公安部先后两次联合下发通知，① 要求对涉嫌拒不执行判决、裁定罪的案件，公安机关应当及时立案侦查，检察机关应当及时提起公诉，人民法院应当及时审判，还明确要求："人民法院认为公安机关应当立案侦查而不立案侦查的，可提请人民检察院予以监督。人民检察院认为需要立案侦查的，应当要求公安机关说明不立案的理由。人民检察院认为公安机关不立案理由不能成立的，应当通知公安机关立案，公安机关接到通知后应当立案。"② 根据法律规定和上述要求，申请执行人认为被执行人拒不执行判决、裁定的行为已经构成犯罪，而公安机关不予立案，向检察机关申请立案监督的，检察机关应当受理审查，依法监督公安机关通过刑事手段打击构成犯罪的"老赖"，减少"司法白条"，积极维护健康有序的市场秩序。本案中，乙公司认为青浦公安分局对其控告甲公司涉嫌拒不执行判决应当立案侦查而不立案侦查，向青浦区检察院申请立案监督，青浦区检察院遂依法决定予以受理审查并进行调查核实，最终以刑事手段惩治了构成拒不执行判决罪的行为，有效保障了申请执行人乙公司的合法权益。

---

① 《关于依法严肃查处拒不执行判决裁定和暴力抗拒法院执行犯罪行为有关问题的通知》（法发〔2007〕29 号）和《关于开展集中打击拒不执行判决、裁定等犯罪行为专项行动有关工作的通知》（法〔2014〕263 号）。

② 参见《关于依法严肃查处拒不执行判决裁定和暴力抗拒法院执行犯罪行为有关问题的通知》第 9 条和《关于开展集中打击拒不执行判决、裁定等犯罪行为专项行动有关工作的通知》第 6 条。

2. 依法认定构成拒不执行判决、裁定罪的行为

根据谦抑慎刑的司法理念，对拒不执行法院生效判决、裁定的"老赖"，首先应当适用民事制裁措施，可以根据情节轻重予以罚款、拘留①，但对于情节严重的，应当发挥刑法的威慑和遏制功能，依照《刑法》第313条的规定，以拒不执行判决、裁定罪追究刑事责任。刑法修正案九出台后，进一步加大了对拒不执行判决、裁定行为的刑事惩罚力度。根据全国人大常委会《关于〈中华人民共和国刑法〉第三百一十三条的解释》，"有能力执行而拒不执行，情节严重"包括"被执行人隐藏、转移、故意毁损财产或者无偿转让财产、以明显不合理的低价转让财产，致使判决、裁定无法执行的"等五种情形。最高人民法院《关于审理拒不执行判决、裁定刑事案件适用法律若干问题的解释》第2条对该立法解释的兜底项作了进一步解释，又明确八种情形。本案中，甲公司实际经营人吕某将甲公司更名并变更法定代表人为马某某，以致法院在执行阶段无法找到甲公司资产；并且甲公司改变交易习惯，要求与其有业务往来的丙集团将甲公司应收工程款以银行汇票形式支付，并派人专程赶赴外地去拿，目的是用汇票形式规避法院的执行，其后吕某将该银行汇票背书转让给由其实际经营的上海某装饰工程有限公司，该笔资金实际用于甲公司日常经营活动。综合以上情况，被执行人甲公司的行为属于有能力执行而"隐藏、转移财产，致使判决、裁定无法执行的"的情形，已经符合《刑法》第313条规定的拒不执行判决罪的构成要件，应当予以刑事追诉。

---

① 参见《民事诉讼法》第111条等规定。

3. 检察机关进行刑事立案监督，应当开展必要的调查核实

根据刑事诉讼法、《人民检察院刑事诉讼规则》和最高人民检察院、公安部《关于刑事立案监督有关问题的规定（试行）》等相关规定，检察机关办理立案监督案件，在要求公安机关说明理由之前和审查公安机关说明的理由时，都可以进行必要的调查，调查的重点是查明是否存在公安机关应立不立或者不应立而立的事实，以保证立案监督的准确性。具体来说，可以询问办案人员和有关当事人，查阅、复印公安机关刑事受案、立案、破案等登记表册和立案、不立案、撤销案件、治安处罚、劳动教养等相关法律文书及案卷材料，但不得使用强制措施，一般不接触犯罪嫌疑人。① 对于监督立案的，检察机关应当同时将调查收集的证据材料送达公安机关。本案办理过程中，公安机关询问过执行法官，了解到该案曾进入执行程序且法院也对吕某作出过司法拘留，因而认为本案尚在执行期间，甲公司未逃避执行判决，无犯罪事实。而青浦区检察院经多方面调查并调取丙集团与甲公司相关的往来账目、合同、汇票等证据，发现甲公司在败诉之后进行过多次更名及变化法定代表人，甲公司与丙集团有业务往来，丙集团曾向该公司以转账形式支付过货款，但执行期间，丙集团根据甲公司要求，以银行汇票形式将大量货款支付给甲公司。以上事实的查明，为检察机关依法提出立案监督意见打实了基础。

4. 积极推动认罪认罚从宽制度对涉企业犯罪案件的适用

办理涉企业犯罪案件，要把让市场主体"活下来""办下去""发展好"作为司法办案的价值取向，根据案件的具体情

---

① 参见最高人民检察院、公安部《关于刑事立案监督有关问题的规定（试行）》第 8 条第 2 款、《人民检察院立案监督工作问题解答》第十一问等规定。

况，贯彻宽严相济刑事政策，落实认罪认罚从宽制度。案件移送审查起诉后，检察机关应当告知犯罪嫌疑人享有的诉讼权利和认罪认罚的法律规定，保障犯罪嫌疑人的程序选择权。犯罪嫌疑人自愿认罪认罚的，要与涉案企业的法定代表人、负责人及其委托的辩护人开展认罪认罚协商，依法从宽处理。对于有被害人的案件，检察机关还应当积极促使涉案企业向被害方赔偿损失、赔礼道歉，达成和解的，督促涉案企业履行赔偿义务。① 本案中，青浦区检察院监督公安机关立案后，在审查起诉期间，依法适用认罪认罚从宽制度，甲公司也主动向乙公司支付了全部执行款项，获得乙公司的谅解，检察机关据此提出对甲公司判处罚金人民币15万元，对吕某判处有期徒刑十个月、缓刑一年的确定刑量刑建议，并为法院全部采纳，实现了良好办案效果。

六、 丁某某、 林某某等人假冒注册商标立案监督案

异地制假、跨区域分散转移、网店销售，是近年来制售假冒商品犯罪活动的重要趋势，此类案件通常案发于终端销售环节，按照"全链条、全环节、全要素"侦办制假售假案件的要求，公安机关在打击售假犯罪过程中，对异地制假犯罪行为具有管辖权，可以并案侦查，加强对上游制假犯罪的打击，从而有效斩断犯罪利益链，彻底铲除犯罪根源。丁某某、林某某等人假冒注册商标立案监督案是一起检察机关在办理审查批捕售假犯罪嫌疑人过程中，发现制假犯罪线索，督促公安机关追查、打击制假源头犯罪的案件。该案对于检察机关依职权开展立案监督，依法打击

---

① 具体要求和程序参见最高人民检察院、最高人民法院、司法部、国家安全部、公安部《关于适用认罪认罚从宽制度的指导意见》等规定。

跨地域实施的关联制假售假犯罪，具有参照意义。

（一）基本案情、要旨和指导意义

丁某某、林某某等人雇用民工在福建省晋江市生产假冒"德芙"巧克力，累计价值人民币 150 余万元，张某等人购进上述部分巧克力，通过注册的网店向社会公开销售。2018 年 1 月 23 日，嘉兴市公安局接玛氏公司报案，称有网店销售假冒其公司生产的"德芙"巧克力，该局指定南湖公安分局立案侦查。南湖公安分局以涉嫌销售伪劣产品罪提请南湖区检察院审查批捕张某等人，在作出批捕决定的同时，南湖区检察院发现公安机关可能存在对制假犯罪应当立案侦查而未立案侦查的情况，而且制假行为涉嫌生产销售伪劣产品、侵犯知识产权等犯罪。经与南湖公安分局沟通，该局认为，本案涉及多个侵权行为实施地，制假犯罪不属本地管辖。南湖区检察院认为，无论是根据最初受理地、侵权结果发生地管辖原则，还是基于制假售假行为的关联案件管辖原则，南湖公安分局对本案中的制假犯罪均具有管辖权。2018 年 5 月 15 日，南湖区检察院向南湖公安分局发出《要求说明不立案理由通知书》。南湖公安分局决定对丁某某、林某某等人立案侦查，其后陆续将犯罪嫌疑人抓获归案，并一举捣毁位于福建省晋江市的造假窝点。移送起诉后，南湖区检察院以被告人丁某某、林某某等人犯假冒注册商标罪，被告人张某等人犯销售假冒注册商标的商品罪，向南湖区法院提起公诉。2019 年 11 月 1 日，南湖区法院以假冒注册商标罪判处丁某某、林某某等人相应刑罚，以销售假冒注册商标的商品罪判处张某等人相应刑罚。一审宣判后，被告人均未提出上诉，判决已生效。

对该案提炼的要旨是：检察机关在办理售假犯罪案件时，应当注意审查发现制假犯罪事实，强化对人民群众切身利益和企业知识产权的保护力度；对于公安机关未立案侦查的制假犯罪与已立案侦查的售假犯罪不属于共同犯罪的，应当按照立案监督程序，监督公安机关立案侦查；对于跨地域实施的关联制假售假犯罪，检察机关可以建议公安机关并案管辖。

具体的指导意义体现为三个方面：一是检察机关审查批准逮捕售假犯罪嫌疑人时，发现公安机关对制假犯罪未立案侦查的，应当履行监督职责；二是加强对企业知识产权的保护，依法惩治侵犯商标专用权犯罪；三是对于跨地域实施的关联制假售假案件，检察机关可以建议公安机关并案管辖。

（二）理解和适用中的重点问题

1. 依法惩治制假售假犯罪，加强对企业知识产权的保护

知识产权是企业的核心竞争力，也是企业的命门。没有知识产权的企业，很难会有创新，也很难进一步发展壮大。保护知识产权就是保护创新，就是保护企业的生存发展权。最高人民检察院《关于充分发挥检察职能服务保障"六稳""六保"的意见》要求依法保护企业正常生产经营活动，加大知识产权司法保护力度。2020年11月，最高人民检察院组建知识产权检察办公室，统筹加强检察机关知识产权保护的制度设计和研究指导，加强知识产权全方位综合性司法保护。而制假售假犯罪不但严重损害国家和人民利益，危及广大人民群众的生命财产安全，而且侵害企业的知识产权等合法权益，破坏社会主义市场经济秩序。检察机关应当严密法网，加大对制假售假犯罪的打击力度，切实维护人民群众切身利益，有效净化市场环境，激发企业创新创业热情，积极助力经济高质量发展。

2. 检察机关可以依职权启动刑事立案监督程序

《人民检察院刑事诉讼规则》第557条第2款规定："人民

检察院发现公安机关可能存在应当立案侦查而不立案侦查情形的，应当依法进行审查。"即检察机关除了依申请和根据行政执法机关移送开展立案监督工作外，还可以依职权启动立案监督程序。检察机关通常是在审查批捕的过程中发现案件线索，因而依职权启动立案监督程序。但是审查批捕程序和立案监督程序是两个独立的程序，根据有关规定，在审查批捕中发现遗漏犯罪事实或者同案人的，不另行进行侦查，而应对报捕的案件事实进行审查，并依法作出是否批准逮捕的决定，同时对漏罪漏犯区分情况进行处理；所遗漏的犯罪事实与公安机关立案侦查的犯罪属于同一性质的，应通过《补充侦查提纲》或者《提供法庭审判所需证据材料意见书》引导公安机关补充侦查取证；所遗漏的犯罪事实与立案侦查的犯罪属于不同种类犯罪的，应当将线索移送公安机关，按照立案监督程序办理；遗漏涉嫌犯罪的同案人的，应当将线索移送公安机关；如果现有事实、证据证明该同案人符合逮捕条件的，应当按照纠正漏捕程序办理。① 本案中，张某因售假被批捕，检察机关批捕过程中发现制假犯罪事实，因售假和制假犯罪属于不同种类犯罪，并且犯罪嫌疑人之间不属于共同犯罪，故本案按照立案监督程序办理；如果犯罪嫌疑人之间属于共同犯罪的，本案则按照纠正漏捕程序办理。需要注意的是，共同犯罪案件中，部分被告人已被判决有罪且判决已经生效的，如果审查批捕时认为还应当追究其他共同犯罪人的刑事责任，但公安机关应当立案侦查而不立案侦查的，应当要求公安

---

① 参见最高人民检察院侦查监督厅发布的《侦查监督部门实施刑事诉讼法若干问答》第十四问的规定，《人民检察院立案监督工作问题解答》第八问对此也有明确，该条规定："在办理审查批捕案件过程中，发现公安机关应当提请检察机关批准逮捕而没有提请的，应通过追捕予以解决，不适用立案监督程序。"

机关说明不立案的理由，经审查认为不立案理由不成立的，通知公安机关立案。①

3. 依法处理假冒注册商标罪和相邻犯罪的关系

制假售假犯罪行为通常构成刑法分则第三章第一节生产、销售伪劣商品罪各条规定的罪名之一，由于是假冒行为，还一般伴有假冒注册商标的行为和销售假冒注册商标的商品的行为，可能构成假冒注册商标罪或者销售假冒注册商标的商品罪。对于上述罪名的竞合或牵连关系，依照以下规则进行处理：实施《刑法》第213条规定的假冒注册商标犯罪，又销售该假冒注册商标的商品，构成犯罪的，应当以假冒注册商标罪定罪处罚；实施假冒注册商标犯罪，又销售明知是他人的假冒注册商标的商品，构成犯罪的，应当实行数罪并罚；②实施假冒注册商标犯罪，同时构成刑法分则第三章第一节生产、销售伪劣商品罪各条规定之罪的，依照处罚较重的罪名予以追诉。③本案中，检察机关监督立案后，公安机关以涉嫌生产、销售伪劣产品罪对丁某某、林某某等人立案侦查并移送起诉。检察机关审查认为，如果假冒巧克力检测出含有代可可脂或者替代配料表的低价配料，可以认定假冒巧克力属于《刑法》第140条规定的伪劣产品，但经咨询多家食品检验检测机构，均表示国家未出台代可可脂和可可脂的检测标准和检测方法，也无可以参考的国标方法，无法出具正式的检测报告，故本案无法以生产、销售伪劣产品罪起诉。考虑到巧克力是食品，制假行为可能涉嫌伪劣食品安全类犯罪，遂对假冒巧克

① 参见《人民检察院立案监督工作问题解答》第九问规定。

② 参见最高人民法院、最高人民检察院《关于办理侵犯知识产权刑事案件具体应用法律若干问题的解释》第13条。

③ 参见最高人民法院、最高人民检察院、公安部《关于办理侵犯知识产权刑事案件适用法律若干问题的意见》第16条。

力的卫生标准进行了检测，着重对重金属超标、致病菌等进行检测，检测结果符合食品安全标准，无证据证实存在食品非法添加行为，因此本案也无法认定构成生产、销售有毒、有害食品罪。但丁某某、林某某等人未经注册商标所有人许可，在生产巧克力上使用"德芙"商标，应当按假冒注册商标罪提起公诉。

4. 通过建议公安机关并案管辖，及时打击关联制假售假案件

《刑事诉讼法》第 25 条、第 26 条确立了刑事案件的犯罪地管辖和最初受理地管辖原则。犯罪地包括犯罪行为发生地和犯罪结果发生地，犯罪结果发生地包括犯罪对象被侵害地、犯罪所得的实际取得地、藏匿地、转移地、使用地、销售地。① 根据最高人民法院、最高人民检察院、公安部《关于办理侵犯知识产权刑事案件适用法律若干问题的意见》第 1 条规定，对于不同犯罪嫌疑人、犯罪团伙跨地区实施的涉及同一批侵权产品的制造、储存、运输、销售等侵犯知识产权犯罪行为，符合并案处理要求的，有关公安机关可以一并立案侦查。最高人民法院、最高人民检察院、公安部、国家安全部、司法部、全国人大常委会法制工作委员会《关于实施刑事诉讼法若干问题的规定》第 3 条第 4 项亦明确，多个犯罪嫌疑人、被告人实施的犯罪存在关联，并案处理有利于查明案件事实的，公安机关可以在其职责范围内并案处理。因此，检察机关审查批捕售假犯罪嫌疑人时，发现公安机关对关联的制假犯罪未立案侦查的，可以建议公安机关并案管辖。本案是注册地位于嘉兴市的玛氏公司向嘉兴市公安局报案，

---

① 参见最高人民法院、最高人民检察院、公安部、国家安全部、司法部、全国人大常委会法制工作委员会《关于实施刑事诉讼法若干问题的规定》第 2 条，最高人民检察院、公安部《关于公安机关办理经济犯罪案件的若干规定》第 8 条。

且有嘉兴市南湖区消费者网购收到假冒巧克力的证据，无论是根据最初受理地、犯罪结果发生地管辖原则，还是基于对制假售假犯罪案件的关联性管辖原则，南湖公安分局对本案中的售假犯罪和上游制假犯罪均可以行使管辖权。南湖区检察院依职权启动立案监督程序，及时建议公安机关并案侦查，全面打击制假售假犯罪行为，提升了惩治效果。

第三部分

涉非公经济案件立案监督典型案例

不应当立案而立案

徐某诈骗立案监督案

案件承办单位

海南省儋州市人民检察院　海南省人民检察院

基本案情

徐某，男，1972年7月出生，海南 A 美容连锁机构和海南 B 健身管理有限公司法定代表人。

2013年7月，徐某与儋州 C 商贸有限公司签订房屋租赁合同，以每平方米每月35元的价格租赁儋州大勇商场二楼1700平方米的场地，用于开办健身会所和美容院。同年11月，徐某原合伙人王某某见徐某健身会所儋州大勇店经营状况良好，便与徐某商谈入股事宜，徐某同意王某某以其妹妹王某云的名义签订合作协议，王某某入股40万元，占股40%，合作经营场地面积为1167平方米。2017年底，王某某与徐某因大勇店经营资金短缺问题产生纠纷，后经双方多次协商未果。2019年1月16日，王某某和王某云以在儋州大勇商场合作经营健身会所期间被徐某诈骗164687元为由，向儋州市公安局报案，儋州市公安局于2019年5月9日对王某云被诈骗案立案。2019年5月30日，儋州市

— 73 —

公安局将徐某传唤到儋州市公安局解放派出所，次日对徐某刑事拘留。

检察机关履职过程

线索发现。2019 年 6 月 13 日，徐某的妻子朱某某到儋州市人民检察院反映其丈夫因企业投资经营过程中与合伙人产生纠纷，被儋州市公安局以涉嫌诈骗刑事立案并羁押，请求检察机关依法监督。

要求说明立案理由。儋州市人民检察院根据事实、法律进行审查后，于 2019 年 6 月 18 日向儋州市公安局发出《要求说明立案理由通知书》，并启动羁押必要性审查程序，监督儋州市公安局于 2019 年 6 月 30 日对徐某变更强制措施为取保候审。同月 25 日，儋州市公安局回复《关于王某云被诈骗案立案说明》，认为大勇商场向徐某收取的场地租金为每平方米每月 35 元，而在徐某向合伙人王某云提供的每月财务报表中，虚构该健身会所向大勇商场缴纳的租金为每平方米每月 45 元，比实际合同中租金每平方米高出 10 元，故此案符合立案条件。

调查核实。儋州市人民检察院决定调阅儋州市公安局原案卷宗材料，听取办案民警的意见，对徐某的妻子朱某某信访反映的问题、理由及依据逐项进行调查核实，并提取王某某、徐某合作经营健身会所期间的总经理、财务经理等人的证言。查明：王某某与徐某合作经营儋州大勇店前，已在海口合作经营健身会所。在大勇店合作商谈中，徐某告知王某某，其已垫付 3 个月租赁押金、半年租赁费、前期公关费等相关费用共计 695500 元，需要将合作场地租赁费提高到每平方米每月 45 元，每平方米每月多收 10 元合作场地租赁费用来分摊前期垫付的费用，王某某同意并认可。后大勇店财务人员按照每平方米每月 45 元的价格核算合作场地租赁费支出，并通过发送每月财务报表等形式，让王某某对合作场地租赁费等费用支出情况进行核对。在 2017 年 1 月前的 36 个月，儋州大勇店多收租赁费共计 411718 元，按照徐某、王某某 6：4 的入股比例，王某某比实际价格多分摊的租赁费为 164687 元。2017 年 5 月，徐某与儋州 C 商贸有限公司重新签订租赁合同，以每平方米每月 35 元计算租赁费，之后徐某按照实际价格、入股比例与王某某分摊租赁费。

监督意见。经对案件事实、行为定性、法律适用等问题进行分析研判，儋州市人民检察院认为：王某某与徐某之间存在长期合作经营关系，其与徐某合作商谈入股大勇店时，知晓并同意徐某通过提高每月合作场地租赁费来分摊前期投入费用，其在核对每月财务报表时对每平方米每月多收 10 元租赁费及该费用分摊均未提出异议。徐某以提高租赁费的方式与王某某分摊前期费用，主观故意是为弥补其合作前投入费用，并非虚构事实、隐瞒真相非法占有他人财物，其行为不构成诈骗罪。徐某与王某某之间的纠纷属于合作经营过程中的经济权益争议引发的经济纠纷，公安机关将经济纠纷当作刑事案件侦查处理，不符合法律规定。

监督结果。2019 年 8 月 8 日，儋州市人民检察院作出儋检侦监通撤（2019）1 号《通知撤销案件书》，通知儋州市公安局撤销案件。同月 12 日，儋州市公安局决定撤销王某云被诈骗案。

查办职务犯罪。2019 年 8 月 9 日，海南省人民检察院对王某某涉嫌徇私枉法立案侦查。经调阅公安机关办理徐某诈骗案的卷宗材料，询问办案民警及相关人员，调取王某某与办案民警及相关人员的手机通话、短信、微信等记录，查实王某某为了达到追究徐某刑事责任的目的，隐瞒其与徐某长期合作经营的事实，捏造其在合作经营中被诈骗的事实，利用其职务便利，了解徐某涉案办理情况，为办案民警出谋划策、提供帮助，干预司法办案，使徐某被刑事立案追究，并被网上追逃近 1 年、刑事拘留 1 个月，经营的多家健身连锁店因此先后关停。2019 年 10 月 23 日，海南省人民检察院将案件交陵水黎族自治县人民检察院审查起诉。2019 年 12 月 5 日，王某某被依法追究刑事责任。

典型意义

1. 严格区分经济纠纷和刑事诈骗，依法监督纠正对经济纠纷刑事立案的行为。在市场经济活动中，民营企业和企业家在合作经营过程中经常因为权益纠纷发生争议，判断争议系属包含经济纠纷的刑事诈骗犯罪，还是单纯的经济纠纷事由，在实体法上必须严格按照刑法规范确立的犯罪构成，准确把握法律、司法解释和相关政策的界限。属于市场经济主体之间的经济纠纷，应当由市场经济主体通过民事诉讼方式予以有效解决，刑事司法不得随意介入经济纠纷。人民检察院发现民营企业或者企业家不构成刑事诈骗而被立案的，应当依法监督公安机关撤销案件。

2. 按规定开展调查核实，保障立案监督质量。人民检察院办理涉民营企业和企业家立案监督案件，要按照《人民检察院刑事诉讼规则》和最高人民检察院、公安部《关于刑事立案监督有关问题的规定（试行）》等规定开展调查核实，询问办案人员和有关当事人，查阅、复印公安机关刑事案卷材料和相关法律文书，核实涉案合作协议、财务报表、利润分红、协议条款变更和实际履行情况等，综合全案事实和证据，准确判断案件是否涉嫌相应经济犯罪，公安机关决定刑事立案是否符合法律规定。

3. 办理立案监督案件，应当注意发现和查办司法人员相关职务犯罪案件。人民检察院经调查核实，发现存在违法使用刑事手段插手经济纠纷问题的，应当全面梳理分析相关司法工作人员在案件办理中的履职情况及所起的具体作用，重点查找是否存在利用职务便利违法办案或者干预司法办案，以帮助一方追款讨债、谋取利益的情况。对于一般违法违纪的，及时移交相关司法工作人员所在单位纪检监察部门处理；对于滥用职权、徇私枉法情节严重的，依法追究其刑事责任。

（海南省人民检察院报送）

奚某某挪用资金立案监督案

案件承办单位

江西省上饶市鄱阳县人民检察院

基本案情

奚某某，男，1962年3月出生，江西A置业有限公司（以下简称A公司）股东、总经理。

2010年，奚某某同周某某等人在鄱阳县成立A公司（周某某任董事长，奚某某任总经理）。同年5月，鄱阳县政府与A公司签订协议将78亩土地交A公司开发花园街项目，约定A公司须在引进汽摩配项目后才可启动。为尽快启动花园街项目，2010年12月，奚某某成立B重工有限公司（以下简称B公司）用于启动汽摩配项目，并由A公司负责"帮扶"B公司。2010年底至2011年初，A公司出借1000万元给B公司（A公司和B公司经办人均为奚某某）。2011年3月，经鄱阳县商务局考察，认为A公司达到约定条件，启动了花园街项目。

2016年8月，奚某某因股东间矛盾退出了A公司的股份。2016年9月，A公司将花园街二期项目出售给毛某某，奚某某因与A公司的纠纷一直到县政府上访，导致二期项目无法开工。经县政府多次调解，2017年12月21日，A公司与B公司达成协议，约定 A 公司解除与 B 公司之间的"捆绑帮扶"关系，A 公司免除借给奚某某用于扶助 B 公司的 1000 万元债务，鉴于奚某某为 A 公司发展作出的贡献，A 公司一次性补偿奚某某 800 万元并在 2018 年 6 月前付清等内容。之后奚某某积极配合 A 公司相关工作，花园街二期项目顺利实施。

2018 年 9 月，因 A 公司不履行协议，奚某某将其起诉至上饶市中级人民法院，请求法院判决 A 公司按协议约定免除其 1000 万元"债务"和补偿其 800 万元。2018 年 10 月，周某某以奚某某擅自决定将 A 公司 1000 万元出借给 B 公司为由报案，鄱阳县公安局以涉嫌挪用资金罪对奚某某立案侦查，同年 12 月 13 日，奚某某被刑事拘留。

检察机关履职过程

线索发现。2018 年 12 月 13 日，奚某某家属及辩护律师来访鄱阳县人民检察院，请求检察机关监督撤销案件并释放奚某某。

要求说明立案理由。鄱阳县人民检察院经审查，于 2019 年 1 月 10 日向鄱阳县公安局发出《要求说明立案理由通知书》，并建议该局对奚某某变更强制措施，1 月 12 日，奚某某被取保候审。鄱阳县公安局回复称，奚某某利用公司股东、总经理身份，未经其他股东同意，私自挪用数额巨大的资金给其本人为股东的公司使用，涉嫌挪用资金罪。

调查核实。鄱阳县人民检察院调阅公安机关案卷，实地走访涉案企业，多次听取涉案双方意见并审查了双方提供的证据材料等，查明以下事实：第一，A 公司与 B 公司均受 A 公司股东控制，具有"关联关系"。周某某、奚某某、虞某某等人2017年12月20日向县政府出具的《关于鄱阳县花园街目纠纷调解情况承诺书》和A公司、B公司2017年12月21日签订的协议中均有两家公司系"捆绑帮扶"关系的表述。周某某、虞某某、毛某某的陈述，奚某某的供述和县政府相关会议纪要也可以证实两家公司的关联关系。第二，周某某等人对B公司向A公司借款1500万元的情况知情且同意。奚某某从A公司出借1000万元给B公司时出具了借条，周某某在A公司的代理人、时任公司主管财务副总经理的虞某某均同意且部分经办。第三，A公司事后对奚某某出借资金进行了书面确认。2017年12月21日，周某某授权毛某某代表A公司与B公司签订了放弃1000万元债权的协议，根据毛某某、周某某和虞某某的陈述，在签订协议之前，周某某向毛某某提出A公司放弃1000万元债权和补偿奚某某800万元的前提条件是要解除与B公司的"捆绑帮扶"关系，且奚某某不再上访和起诉A公司。从协议内容来看，毛某某并未超越权限签订协议，具有法律效力。第四，公安机关致函上饶市中级人民法院要求中止审理奚某某诉A公司不履行协议案。鄱阳县公安局对奚某某立案侦查后，于10月15日致函上饶市中级人民法院要求中止对该民事诉讼的审理，上饶市中级人民法院于2018年11月12日裁定中止审理。

监督意见。鄱阳县人民检察院审查认为：第一，奚某某的行为不构成挪用资金罪。全国人大常委会法制工作委员会刑法室《关于挪用资金罪有关问题的答复》规定，挪用资金罪中的"归个人使用"与挪用公款罪中的"归个人使用"含义基本相同。根据2002年4月28日全国人大常委会《关于〈中华人民共和国刑法〉第三百八十四条第一款的解释》，将公款供本人、亲友或其他自然人使用的，或者以个人名义将公款供其他单位使用的，或者个人决定以单位名义将公款供其他单位使用，谋取个人利益的应当认定为挪用公款归个人使用。奚某某的行为不符合上述规定：一是不能认定奚某某将公司资金供本人、亲友或其他自然人使用。公安机关认为，2011 年 3 月 29 日奚某某以 B 公司名义从 A 公司借到 200 万元后，将该款项转入三门大酒店用于归还个人贷款，属于归个人使用。经查，奚某某账户交易记录显示该 200 万元并非 A 公司账户所汇，且奚某某在此期间分四次存入现金共 100 万元，之后于 2011 年 4 月 8 日向三门大酒店公司汇入了 300 万元，没有证据表明该 300 万元来源于 A 公司，不能认定奚某某挪用了 A 公司 200 万元用于归还个人贷款。二是不能认定奚某某以个人名义将公款供其他单位使用。奚某某系以 A 公司名义出借资金，借条对此有清晰记载。三是不能认定奚某某系个人决定以单位名义将资金供其他单位使用。A 公司与 B 公司系"捆绑帮扶"关系，A 公司将资金出借给 B 公司系履行"帮扶义务"，不能认为是挪用资金，且 A 公司股东事先对此知情且同意，奚某某将 A 公司资金借出的行为是公司意志。四是不能认定奚某某系为谋取个人利益。奚某某成立 B 公司，从 A 公司出借 1000 万元投入 B 公司，目的是履行 A 公司与政府的协议，启动汽摩配项目，帮助 A 公司启动花园街项目，并非谋取个人私利。第二，鄱阳县公安局涉嫌违规立案。根据最高人民检察院、公安部《关于公安机关办理经济犯罪案件的若干规定》（以下简称《规定》）第 20 条第 1 款规定，涉嫌经济犯罪的案件与人民法院正在审理或者作出生效裁判文书的民事案件，属于同一法律事实的，经人民法院移送、人民检察院通知或者经省级以上公安机关负责人批准，应当立案侦查。鄱阳县公安局立案侦查的奚某某涉嫌挪用资金案与上饶市中级人民法院正在审理的奚某某诉 A 公司履约案，属同一法律事实：一是从行为实施主体来看，刑事案件和民事案件的实施主体均是奚某某和 A 公司。二是从法律关系角度看，刑事案件的"被害人" A 公司同时也是民事法律关系的相对人。三是从法律事实方面来看，民事案件中奚某某请求 A 公司履行协议免除的 1000 万元债务，正是刑事案件中其从 A 公司借出并投入 B 公司的 1000 万元。鄱阳县公安局未经必要程序直接决定立案，属于违规立案。第三，鄱阳县公安局涉嫌妨碍人民法院正常民事诉讼活动。该局立案后致函上饶市中级人民法院要求中止对奚某某诉 A 公司不履行协议一案的审理，违反了《规定》第 20 条第 3 款关于公安机关立案侦查行为不能妨碍人民法院民事诉讼活动正常进行的规定。

监督结果。2019 年 2 月 2 日，鄱阳县人民检察院向鄱阳县公安局发出《通知撤销案件书》和《纠正违法通知书》，要求撤销案件，并对其妨碍人民法院正常民事诉讼活动和超过规定期限侦查的行为提出纠正意见。鄱阳县公安局对《通知撤销案件书》提请复议，鄱阳县人民检察院经复议维持原决定；鄱阳县公安局提请上饶市人民检察院复核，上饶市人民检察院经复核维持原决定。2019 年 3 月 12 日，鄱阳县公安局作出撤销案件的决定。

典型意义

1. 严把罪与非罪界限，准确认定"挪用资金归个人使用或者借贷给他人"。人民检察院办理挪用资金立案监督案件，应当查明行为人"动用公司资金"的行为是基于其个人决定还是公司意志，是以个人名义还是以公司名义，是为了谋取个人利益还是为了公司整体利益。如果是公司股东或者负责人为了公司利益，在其他股东知情、同意并且事后书面确认的情况下，以公司名义将公司资金出借给其他公司，不属于"挪用资金归个人使用或者借贷给他人"，不应以挪用资金罪追究刑事责任，人民检察院应当监督撤销案件。

2. 涉嫌经济犯罪的案件与人民法院正在审理的民事案件，属于同一法律事实的，应当符合必要条件才能立案。公安机关决定刑事立案的经济犯罪案件与人民法院正在审理或者作出生效裁判文书的民事案件相关的，人民检察院应当及时调查核实该案件与人民法院正在审理或者作出生效裁判文书的民事案件是属于同一法律事实或者有牵连关系，还是仅存在一般的关联关系。对属于同一法律事实或者有牵连关系的，公安机关未经人民法院移送、人民检察院通知或者省级以上公安机关负责人批准而直接决定刑事立案的，构成刑事立案程序违法，人民检察院应当依法提出监督意见，防止以刑事手段插手经济纠纷，保障涉案人员的合法权益。

3. 开展同步监督，纠正侦查活动违法行为。人民检察院办理刑事立案监督案件，同步开展侦查活动监督。对于公安机关以对案件开展刑事侦查为由要求人民法院中止正常民事诉讼活动，适用人身、财产强制措施不当等侦查活动违法行为，应当依法及时提出监督纠正意见，保障人民法院正常民事诉讼活动和犯罪嫌疑人的人身、财产等合法权益。

（江西省人民检察院报送）

宁波市镇海 A 摩擦材料厂诈骗立案监督案

案件承办单位

浙江省宁波市镇海区人民检察院

基本案情

2015 年 4 月 10 日，宁波市公安局镇海分局（以下简称镇海公安分局）接到宁波 B 铁路器材有限公司（以下简称 B 公司）报案，称其公司与 C 公司（国外企业）工作往来邮箱被他人侵入并冒用，致使 C 公司本应给付其公司的货款 215402 美元被汇入宁波市镇海 A 摩擦材料厂（以下简称 A 公司）账户内。同日，镇海公安分局以 B 公司被诈骗案立案侦查，并冻结 A 公司银行账户内 159917.12 美元。

2015 年 6 月 26 日，C 公司以不当得利为由向宁波市镇海区人民法院起诉 A 公司，该院于 2015 年 9 月 12 日以案件涉嫌犯罪，并已由公安机关立案受理为由，驳回 C 公司的起诉。此后，刑事案件一直处于侦查阶段。自 2015 年 4 月至 2018 年 9 月，公安机关对 A 公司中国银行镇海支行账户内涉案款项进行 8 次冻结。

检察机关履职过程

线索发现。2018 年 9 月 25 日，A 公司以公安机关错误立案、久立不决、违法冻结为由，向宁波市镇海区人民检察院提出控告，要求撤销镇海公安分局的刑事立案决定以及冻结财产通知书。

调查核实。镇海区人民检察院依法受理后，立即对全案进行调查核实。一是审查公安机关立案情况。经审查了解，由于黑客冒充 B 公司的邮件地址指令 C 公司将 21 万余美元汇入 A 公司账户，致使 B 公司未及时收到 C 公司的货款。B 公司发现后立即向镇海公安分局报案称 A 公司诈骗，镇海公安分局根据 B 公司的报案情况予以立案并立马冻结了 A 公司账户的近 16 万美元。二是明确公安机关侦查过程。经审阅案件相关材料，发现公安立案侦查过程中，A 公司辩称该 21 万余美元系其国外客户单位支付的款项，其中 3 万余美元系其货款，剩余 18 万美元系国外客户单位委托其汇到指定账户的钱款，并提供了相关邮件、汇款记录等证据材料，现有的所有证据材料可以排除 A 公司的犯罪嫌疑，且将诈骗的犯罪嫌疑指向了国外公司，但公安机关在接下来的 3 年多时间里，除了连续 8 次续冻 A 公司账户外，未进行任何侦查活动。三是调查核实民事诉讼相关情况。经向镇海区人民法院调查了解，C 公司曾向镇海区人民法院提出 A 公司不当得利的民事诉讼，但因涉及刑事立案而被驳回起诉，C 公司的民事救济途径被切断。四是及时向宁波市人民检察院汇报情况。由于案件不仅涉及两家民营企业，还涉及两家外国企业，同时案件时间跨度大，当事人的对立情绪严重，为妥善处理案件，该院及时向宁波市人民检察院请示汇报。在宁波市人民检察院的指导下，走访两家涉案民企，听取双方合理诉求及对案件处理的相关意见，审慎稳妥地处理案件，防范舆情风险。

监督意见。经依法审查，镇海区人民检察院认为，现有证据已排除 A 公司的诈骗嫌疑，镇海公安分局立案调查该部分事实后，除续冻 A 公司账户资金外未开展任何侦查活动，不符合法律规定。2018 年 11 月 23 日，镇海区人民检察院向镇海公安分局发出检察建议书，要求公安机关采取有效措施，解决"久立不决"的问题。镇海公安分局认为即使 A 公司诈骗的嫌疑可以排除，但被冻结的款项系赃款，其有权冻结，故在收到检察建议后未及时作出处理，亦无进一步侦办举措。破解困局，镇海区人民检察院再次请示宁波市人民检察院后，决定依法启动立案监督程序。为保证监督质效，宁波市人民检察院特地与市公安局召开会议进行充分沟通，从立案依据、证据标准、侦查程序等方面着手，有理有据阐明理由：一是立案依据不充分。报案单位 B 公司非被害人，在未向真正被害人 C 公司调查取证、核实案件事实的情况下即对 A 公司立案侦查，缺乏立案依据。二是强制措施有滥用嫌疑。在现有证据排除 A 公司诈骗嫌疑，并将犯罪嫌疑指向某国外公司的情况下，仍对 A 公司的账户资金连续 8 次冻结，有滥用强制措施之嫌。三是侦查程序不符合法律规定。在2015 年 7 月查清 A 公司辩解事实后 3 年多时间里，除强制措施续期外，未再对该案开展任何侦查活动，违反法律规定的侦查程序。另外，宁波市人民检察院还从办案实效、情理上对该案进行分析研判，取得了市公安局的认可。

监督结果。2018 年 12 月 29 日，镇海区人民检察院向镇海公安分局发送《要求说明立案理由通知书》，镇海公安分局的回复未能充分说明立案理由。2019 年 1 月 24 日，该院向镇海公安分局发出《通知撤销案件书》，并向其说明撤案理由。镇海公安分局收到通知书后，于同年1月28日提出复议，不同意撤销案件。2019年2月3日，镇海区人民检察院作出维持原决定的处理意见，并再次向公安机关说明撤案理由。后镇海公安分局未提出复核，依法撤销该案，同时对A公司银行账户内资金予以解冻。

典型意义

1. 办理涉企案件要贯彻平等保护原则，全方位保护企业合法权益。司法机关应当强化平等保护原则，无论国企民企、内企外企，都应当全面保护其合法权益。本案中，A公司、B公司系民营企业，C公司系外国企业，宁波市检察机关在办案中贯彻同等保护原则，重视国内企业和国外企业的财产权保护，特别是企业名誉权等无形资产以及相关民事诉讼权利的保护，将服务保障企业健康发展要求落到实处。

2. 要运用法治思维和法治方式办理涉企案件。涉企案件社会关注度高，必须严格恪守法治原则，深入贯彻最高人民检察院《关于充分发挥检察职能依法保障和促进非公有制经济健康发展的意见》等规定，确保办案法律效果、社会效果和政治效果有机统一。本案中，宁波市检察机关针对公安机关坚持其冻结A公司账户资金系冻结赃款的理由，精准把握法律规定、矛盾关键点，通过严格论证立案依据的充分性、强制措施的正当性、侦查程序的合法性等，有理有据破解公安机关强制措施合法性的理由，用专业素养赢得公安机关的认可，促使公安机关规范、依法办案，及时帮助企业恢复正常生产经营。

3. 要注重风险评估预警，做到依法处置、舆论引导、风险防控"三同步"。本案中，考虑到撤案对另一方企业的权益可能造成的影响，加强与涉案双方企业的联系，积极走访、主动听取企业合理诉求，在启动撤案监督程序时，将依法办案与以案释法有机结合，将法律依据、结案情况及时向企业说清点透，同时积极引导，指明救济途径保障双方企业合法权益，不但保障了 A 公司的名誉权、财产权，还依法维护了 B 公司、C 公司的民事起诉权，将多输局面扭转为共赢局面，有效防范次生涉检信访风险。

（浙江省人民检察院报送）

姜某某骗取贷款立案监督案

案件承办单位

江苏省淮安市清江浦区人民检察院

基本案情

淮安A食品有限公司（以下简称A公司），法定代表人高某某。

姜某某，男，1976年9月出生。

2013年6月至7月间，姜某某以A公司和淮安市B商贸有限公司（以下简称B公司）的名义，通过淮安市清河区个体私营经济担保有限公司担保，分别向银行贷款人民币200万元、300万元，为期1年。贷款到期后，姜某某无力偿还贷款，致使淮安市清河区个体私营经济担保有限公司代偿贷款438万元。经查，姜某某向银行提供用于证明贷款用途的购销合同系伪造，贷款资金转入对方账户后分别转入A公司和B公司账户。2015年3月25日，公安机关以姜某某涉嫌骗取贷款罪立案侦查。

检察机关履职过程

线索发现。2020年3月20日，清江浦区人民检察院12309

检察服务中心接到姜某某来电反映，A 公司因贷款问题，被公安机关暂扣营业执照，现贷款问题已经解决，公安机关仍然不返还营业执照，使其公司无法经营，40 余名员工面临失业，请求检察机关予以监督，协助解决。

监督情况。清江浦区人民检察院受理该案后，通过向公安机关承办人了解相关情况，调取贷款合同文本、涉案票据、转账记录等相关证据，找到原清河区个体私营经济担保有限公司有关证人复核证言，调阅全案卷宗材料，当面听取当事人诉求。清江浦区人民检察院审查认为：借款人姜某某因生产经营需要，在贷款中虽有伪造购销合同等违规行为，但已分期偿还借款，未造成实际损失。2020 年 4 月 27 日，清江浦区人民检察院向公安机关发出要求说明立案理由通知书，4 月 29 日，公安机关决定撤销案件。

延伸监督。为服务"六稳""六保"，帮助企业卸下包袱、轻装上阵，清江浦区人民检察院积极开展涉企积案专项清理工作。经全面摸排，仍有公安环节涉企挂案 24 件，清江浦区人民检察院迅速与公安机关联系，安排专人对接，调阅了 24 件涉企积案卷宗材料，并开展调查核实工作。经审查认为，清河区 C 网络科技公司非法经营案，江苏 D 铜业有限公司、清河区 E 贸易公司虚开增值税专用发票案等 23 起案件符合公安部经济犯罪"挂案"的认定，且公安机关无法继续侦查，应当撤销案件。只有 1 起案件证据核实，正在侦查中，暂不宜撤案。清江浦区人民检察院向公安机关发出《要求说明立案理由通知书》后，公安机关对 23 起案件作出了撤销案件的决定，并就不能撤销的案件书面说明情况。该 23 起案件均涉及小微民营企业，有的在成长期，有的在创业期，涉及 600 余名员工再就业，在新冠肺炎疫情时期，该专项工作对于保就业、保稳定有着特殊意义。

典型意义

1. 对借款人因生产经营需要，虽有贷款违规行为，但未造成实际损失的，一般不作为犯罪处理。骗取贷款犯罪中，犯罪行为人往往会通过提供假证明或贷款资金未按照申请时用途使用的方式，给银行造成重大损失。检察机关在办理涉企骗取贷款犯罪案件启动调查核实程序时，可以主要围绕是否存在伪造、变造借款凭证，借贷资金是否归还，是否有出借能力及借款必要等问题，核实借贷关系的真实性。虽在贷款中存在违规行为，但未对银行或其他金融机构造成重大损失或其他严重情节的，不以犯罪论处。

2. 对公安机关未采取强制措施立案侦查超过 2 年或解除强制措施后超过 12 个月的，检察机关应当监督撤案。根据法律规定，在侦查过程中，公安机关对犯罪嫌疑人解除强制措施起 12 个月以内或未采取强制措施，自立案之日起 2 年以内，仍不能移送审查起诉或者依法作其他处理的，公安机关应当及时撤案。对存在违法立案情形的，检察机关应当要求公安机关书面说明立案理由。审查认为理由不能成立的，检察机关应当通知公安机关撤销案件。

3. 对涉企积案、挂案，联合公安机关定期专项清理。划定涉企案件清理范围，即将未采取强制措施但侦查已经远远超过 2 年的、对解除强制措施后已经超过 1 年的、对曾经移送检察机关审查起诉后退回补充侦查后长期无进展未重报的挂案作为重点。检察机关应协同公安建立涉民营企业犯罪案件办理会商、定期通报制度。对已经穷尽侦查手段长期无法继续查证的，监督公安机关依法撤销案件；对经进一步侦查完善有关证据后，达到起诉标准的，督促公安机关尽快移送审查起诉，依法作出处理决定；对具备侦查条件和价值的案件，会商公安机关加快侦查进度。

（江苏省人民检察院报送）

濮阳 A 食品有限公司、郭某某、张某某、闫某生产、销售有毒、有害食品立案监督案

案件承办单位

河南省濮阳市南乐县人民检察院

基本案情

濮阳 A 食品有限公司（以下简称 A 公司），隶属于中国民营 500 强上市企业——辽宁 A 牧业有限公司产业化板块，是全国食品工业优秀龙头食品企业、河南省农业产业化龙头企业，在职员工 750 余人，年实现销售收入 8 亿多元。

郭某某，男，1975 年 11 月出生，A 公司法定代表人。

张某某，女，1990 年 3 月出生，A 公司化验员。

闫某，男，1979 年 12 月出生，A 公司品控部经理。

2017 年 9 月 20 日，经四川省食品药品检验检测院检验，西安市某超市有限公司某购物广场销售的鸡中翅（散装）的呋喃唑酮代谢物项目不符合农业部公告第 235 号《动物性食品中兽药最高残留限量》要求，检测结论为不合格。西安市临潼区食药监局认定该批不合格产品生产者为 A 公司。2017 年 11 月 8 日，临潼区食药监局将此案函告南乐县食药监局，2017 年 11 月 16 日，南乐县食药监局以涉嫌销售含有违禁药物食用动植物产

品将此案移交南乐县农业畜牧局。2018 年 6 月 11 日，南乐县农业畜牧局将本案的线索移送至南乐县公安局，6 月 12 日，南乐县公安局以 A 公司涉嫌生产、销售有毒、有害食品罪立案侦查。

检察机关履职过程

线索发现。2020 年 3 月，A 公司负责人到南乐县人民检察院反映情况，请求检察机关监督南乐县公安局撤销案件。

要求说明立案理由。南乐县人民检察院经审查，于 2020 年 5 月 13 日向南乐县公安局发出《要求说明立案理由通知书》，南乐县公安局当日向南乐县人民检察院回复《立案理由说明书》，说明了该案的立案理由。南乐县公安局认定：A 公司 2017 年 7 月 21 日销往西安市莲湖区某水产品批发部的鸡中翅 1000 公斤，在 2017 年国家级食品安全监督抽样中，经四川省食品药品检验检测院检验，呋喃唑酮代谢物项目不符合农业部公告第 235 号《动物性食品中兽药最高残留限量》要求，检测结论为不合格，A 公司的行为已触犯《刑法》第 144 条的规定，涉嫌生产、销售有毒、有害食品罪。

调查核实。南乐县人民检察院经调查核实，认定以下事实：A 公司依法具有相关部门颁发的营业执照和动物防疫条件合格证，收购的毛鸡和销售的产品均有检疫合格证明，公司放养的合同鸡的鸡肉放养手册和养殖户的用药药品欠条，证明未使用呋喃唑酮类药物。四川省食品药品检验检测院 2017 年 9 月 20 日检验西安市某超市有限公司某购物广场销售的鸡中翅（散装）的呋喃唑酮代谢物项目不符合农业部公告第 235 号《动物性食品中兽药最高残留限量》要求，检测结论为不合格，但是该抽样产品为散装称重鸡中翅，且无任何 A 公司的包装及标识，样品信息仅由商家口述确认，而 A 公司产品为成袋包装销售，四川省食品药品检验检测院检验的鸡中翅（散装）无法认证为 A 公司生产的产品。

监督意见。南乐县人民检察院审查认为：本案中定罪关键证据存在缺失，也无法排除合理怀疑，关键证据检材（散装鸡中翅）由于时间跨度长，无法保存已经灭失，且检材（散装鸡中翅）也无法认定就是 A 公司生产的产品，亦无补查的可能，故现有全案证据不确实、充分，不能形成完整的证据链，认定 A 公司生产、销售有毒、有害食品犯罪事实不清，证据不足。

监督结果。2020 年 5 月 14 日，南乐县人民检察院向南乐县公安局发出《通知撤销案件书》，当日该局撤销此案。

典型意义

1. 充分履行检察职责，发挥法律监督职能，护航上市民企发展，全力以赴为民营企业发展托起"公平秤"。既审查入罪证据，也注意审查出罪证据，对于定罪证据存在缺失和无法排除合理怀疑的案件，依法监督撤案，有效维护民营企业及法定代表人、员工的人身权益和合法财产权益，让上市民企消除后顾之忧，安心经营发展。

2. "把脉问诊"，认真帮企业查找案发原因，提升企业法律风险防控能力。本案中，A 公司只注重开展业务、扩大规模，但是对企业风险防范没有足够重视，加之法律意识不强，对涉及本企业产品检测结论为不合格的检验报告未能提出异议，导致企业发展因公安机关立案调查而陷入被动。检察机关在办案中，主动帮助 A 公司查找企业管理存在的问题，积极开展法治宣传，帮助民营企业家提高法治意识、增强法律思维，促进依法治企。A公司已建立风险防控机制，并投入 100 多万元购买化验检验设备，依法依规开展生产、销售食品工作。

3. 注重发挥检察建议功能作用。检察机关要强化对民营企业的法律服务保障，帮助民营企业开展风险排查、法律"体检"，促进企业健全制度、加强管理、依法经营、健康发展，对办案中发现的民营企业管理漏洞和法律风险，深入分析原因特点，及时向工商联制发专题检察建议。

（河南省人民检察院报送）

江西 A 水泥有限公司、张某虚开增值税专用发票立案监督案

案件承办单位

江西省新余市望城工矿区人民检察院

基本案情

江西 A 水泥有限公司（以下简称 A 公司）为江西省新余市一家专业生产特种白水泥的集团化企业。2016 年 6 月，该公司及法人代表张某被新余市公安局高新分局以涉嫌虚开增值税专用发票罪刑事立案。因案件侦查没有实质进展，一年后公安机关对张某解除取保候审，但是并没有对该公司和张某撤案。随着企业生产经营规模逐年发展壮大，年产值超 2 亿元，市场占有率不断提升，A 公司已成为新余市重点扶持企业和拟上市企业。2019 年 11 月，该公司着手准备申请挂牌"新三板"上市，力争做大做强。然而，在办理上市各项手续的过程中，发现公司和法定代表人张某因涉嫌虚开增值税专用发票罪而被列入"黑名单"，无法开具无犯罪记录证明，导致不能通过国家证监会的审查。如不尽快解决，将严重阻碍企业上市进程。

检察机关履职过程

检察长接访。2020 年 5 月 18 日，A 公司法定代表人张某来到望城工矿区人民检察院申请立案监督，希望尽快协调新余市公安局高新分局（以下简称高新公安分局）撤销案件，以便开具无犯罪记录证明用于公司"新三板"挂牌申报。望城工矿区人民检察院检察长接访并听取了张某的诉求，表示立案监督是检察机关的职责所在，此案涉及服务保障民营企业健康发展，一定会尽快处理。

调查核实。受理张某的申请后，望城工矿区人民检察院在调取查阅了公安机关侦查案卷、税务机关税务处理决定书等相关材料后，审查认为张某主观上无虚开增值税专用发票的故意，客观上真实交易总额与发票金额相差 20 余万元，未达立案标准，公安机关的立案理由不成立。

监督情况。2020 年 5 月 21 日，望城工矿区人民检察院向高新公安分局发出了要求说明立案理由通知书。同月 22 日，高新公安分局即向该院反馈了《关于 A 公司虚开增值税专用发票案立案情况说明》。2020 年 5 月 25 日，经望城工矿区人民检察院检察委员会讨论，决定向高新公安分局送达《通知撤销案件书》。同月 28 日，高新公安分局作出《撤销案件决定书》。

典型意义

1. 及时依法对涉民营企业刑事"挂案"立案监督，服务保障民营企业健康发展。A 公司和张某是当地知名民营企业和企业家。公安机关立案 3 年多的时间内，案件没有实质性进展，形成

"空挂"状态，损害了当事人合法权益和民营企业的健康发展。检察机关应积极贯彻落实最高人民检察院《关于充分发挥检察职能服务保障"六稳""六保"的意见》，扎实做好"六稳"工作，落实"六保"任务。通过该案的办理，对"稳就业、保市场主体"，服务保障民营企业健康发展等方面起到了很好的推动作用。A公司已提交申请"新三板"上市的相关材料，处于上市审查阶段。

2. 加强与公安机关的沟通与协调，建立立案监督的长效机制。检察机关对该案监督撤案后，公安机关对照该案进行了举一反三、自查自纠活动，及时对一些久侦不决的案件依法进行撤案处理。同时，为了更好地从"被动监督"变为"主动监督"，检察机关与公安机关建立案件信息共享机制，检察机关指定专人担任信息联络员，定期交流、通报案件信息，掌握立案、撤案的第一手资料，从数据上、案情中分析问题、发现监督线索，并有针对性地对个案进行跟踪监督。

（江西省人民检察院报送）

程某某职务侵占立案监督案

案件承办单位

湖北省鄂州市人民检察院

基本案情

程某某，男，1971年11月出生，系湖北B置业有限公司（以下简称B公司）法定代表人、执行董事、经理。

2010年3月17日，杨某某、李某某各出资500万元成立湖北A投资管理有限公司（以下简称A公司），杨某某为法定代表人，股东为杨某某、李某某，公司注册资本为1000万元。2010年4月，A公司竞拍到世纪阳光项目地块，面积53156平方米土地，土地出让金5040万元，A公司缴纳了1400万元，其中李某某出资800多万元，杨某某出资500多万元，因资金困难，余款暂未交付。2010年七八月份，程某某通过熟人找到杨某某想合作开发世纪阳光地块，杨某某与李某某商量后同意与程某某合作，经杨某某、李某某、程某某等人协商后，同意成立B公司对该地块进行开发，程某某占该公司51%股份，杨某某、李某某以土地溢价部分作为出资占49%的股份，前期投入的1400万元土地款由该公司退还给杨、李二人，土地出让金及后期开发资金由该公司筹措，公司运作由程某某负责。

经程某某经办，2011 年 10 月 31 日成立 B 公司，程某某出资注册资本 1000 万元，为公司法定代表人。程某某投资占 51%，李某某占 48%，A 公司占 1%。公司出纳为胡某，会计为张某某。为了开发需要，2012 年 6 月 5 日，杨某某将 A 公司法定代表人变更为程某某，股东变更为程某某、李某某，各持股 50%。2012 年 7 月 27 日，程某某将 B 公司注册资本增加出资 2000 万元，变更为 3000 万元，程某某的出资从 510 万元变更为 2510 万元，程某某投资股份变更为 83.67%（投资 2510 万元）、李某某股份变更为 16%（投资 480 万元）、A 公司公司变更为 0.33%（投资 10 万元）。2012 年 11 月 26 日，程某某将 B 公司中 A 公司的股份全部转让给李某某，B 公司股份变更为程某某占 83.67%（2510 万元）、李某某占 16.33%（490 万元）。2013 年 7 月 8 日，全体股东同意成立清算组（程某某、李某某、胡某组成）决定解散 A 公司，经在《湖北日报》上公告，2013 年 10 月 24 日注销 A 公司登记。

2013 年 3 月 15 日至 7 月 1 日，B 公司分 5 次在建行鄂州分行办理三年期的 1.3 亿元在建工程贷款，其中头尾两次李某某以股东身份签订了自然人连带责任保证合同。2015 年 5 月 5 日，程某某找人伪造李某某签字，将李某某在 B 公司名下 16.33% 的股权以 490 万元（实际未支付）转让至程某某妻子叶某某名下，B 公司股份变更为程某某占 83.67%、叶某某占 16.33%。2015 年年底，李某某、杨某某发现 B 公司股权没有了，同程某某协商后，2015 年 12 月 16 日，李某某与程某某签订了备忘录和商品房买卖合同（非正式，未在房产部门备案），备忘录的内容为：程某某同意以 1000 万元收购李某某持有的全部股份，李某某同意程某某将其在 B 公司中商铺 2379.58 平方米权益用于支付此次股权转让价款，由于程某某将上述商铺向中国建行鄂州分行办理了1.3亿元在建工程抵押，约定2019年6月30前程某某负责办理商铺过户手续，正式签订房屋买卖合同时办理股权过户手续。之后，商铺由李某某装修为乐康体检，2016年八九月份1.3亿元还完，建行解除在建工程抵押，程某某又用世纪阳光的房产（含收购股权的商铺）作抵押在社会借款还建行贷款，导致一直未办理商铺过户手续。

2017年8月15日，鄂州市公安局经侦支队接受李某某控告后受案，同年12月11日，鄂州市公安局对程某某涉嫌职务侵占立案侦查。2018年2月7日，李某某向鄂州市鄂城区人民法院起诉程某某、叶某某，因同一事实公安机关已立案侦查，2018年4月18日，鄂州市鄂城区人民法院驳回李某某的起诉。

检察机关履职过程

线索发现。2019年6月4日，鄂州市人民检察院收到申诉人程某某不服鄂州市公安局对其涉嫌职务侵占罪立案而申请监督的材料，后又陆续收到李某某控告程某某职务侵占的诉求。

监督情况。经审查公安机关有关程某某涉嫌职务侵占罪的刑事侦查案卷材料，充分听取双方委托的律师意见，并调查核实，鄂州市人民检察院认为程某某不构成职务侵占罪，应当监督公安机关撤销案件，理由是：第一，程某某职务侵占案受案时间为2017年8月15日，立案时间为2017年12月11日，2015年12月16日李某某与程某某签订的备忘录约定2019年6月30日前程某某负责办理商铺过户手续。公安机关受案和立案时间在双方签订的备忘录履行约定期限之内。第二，备忘录中程某某利用B

公司商铺支付 1000 万元股权转让价款，是程某某、李某某书面签字同意的，是全体股东共同处置公司财产的行为，并非是程某某私自非法侵占公司财产的行为。第三，程某某利用管理 B 公司的便利，通过伪造李某某签名在鄂州市工商行政管理局将李某某在 B 公司中的股份变更登记予以侵占，是侵占李某某个人财产的行为，不是侵占公司财物的行为。

监督结果。2019 年 9 月 2 日，鄂州市人民检察院向鄂州市公安局发出《要求说明立案理由通知书》，9 月 5 日，鄂州市公安局回复了立案理由。2019 年 9 月 9 日，鄂州市人民检察院通知鄂州市公安局撤销案件，9 月 23 日，鄂州市公安局撤销案件并回复鄂州市人民检察院。

典型意义

1. 准确把握职务侵占罪的犯罪构成要件，正确区分罪与非罪的界限，做到不枉不纵。在办案过程中，检察机关秉承客观公正的立场，以事实为根据，以法律为准绳。公安机关认为程某某伪造李某某签字侵占其股份后用公司资产支付股份转让费用，涉嫌职务侵占罪。鄂州市人民检察院经认真审查在卷证据后，认为程某某用公司资产支付股份转让费用是全体股东同意的，是对程某某之前侵占李某某股份行为的一种追认，符合公司法相关规定，是股东之间的民事法律行为，不应认定为刑事犯罪行为。在办理该案过程中，鄂州市人民检察院还认真做好罢访息诉工作，主动与李某某及其律师加强沟通，释法说理，并建议让其通过提起民事诉讼来解决双方的纠纷。

2. 妥善处理民、刑交织的案件。对于公司中一股东侵占另一股东股份是民事侵权行为还是涉嫌刑事犯罪的问题，在理论界和实务界中历来存在争议。参考 2003 年全国人大法工委刑法室，最高人民法院研究室、刑二庭，最高人民检察院研究室、侦监厅、公诉厅、中国检察理论研究所，人大法学院联合举办的研讨会发布的《对妨害公司、企业管理秩序犯罪法律适用问题研讨会会议纪要》中"股份（权）可以作为职务侵占的对象，将本单位的股份（权）私自变更到个人名下可以构成职务侵占罪，但在本单位内侵占了其他股东股份（权）的，不构成职务侵占罪"的内容，本案中程某某的行为不构成职务侵占罪。本案的办理，对于类似情形有一定的借鉴意义。同时，通过本案的办理，使公安机关牢固树立了打击和保护并重的理念，对于民、刑交织的案件应当慎重立案侦查。

（湖北省人民检察院报送）

王某某非法生产、买卖警用装备立案监督案

案件承办单位

江苏省常熟市人民检察院

基本案情

王某某，男，系江苏省常熟市某有限公司股东、监事，公司主要经营游乐设备、户外活动用品等，王某某另开设网店销售伸缩棍等商品。

2019年5月27日，常熟市公安局某派出所至其公司，对王某某等人以涉嫌非法生产、买卖警用装备罪为由立案侦查，对其采取取保候审强制措施，同时扣押了公司内700余根伸缩棍等。

检察机关履职过程

线索发现。2019年7月15日，王某某向常熟市人民检察院申请立案监督。王某某认为，销售伸缩棍的网店很多，网店平台工作人员明确表示是可以销售的，其行为不构成犯罪。

监督情况。常熟市人民检察院在接访过程中认真听取申诉人王某某的意见，对其提出的申诉意见给予详细记录和梳理回应。经审查，其申请立案监督符合法律规定，需要公安机关说明立案

的理由，遂依法受理、办理。经与公安机关沟通协调，常熟市人民检察院认为该案的立案理由不充分，特别是对伸缩棍是否属于警用装备缺乏必要鉴定证明，遂依法督促公安机关提供充分证据，并对公安机关补充证据的过程进行催办。同时，告知申诉人办案节点，确保申诉人了解案件办理环节，维护其知晓办案程序的权利。在办理过程中，常熟市人民检察院保持与申诉人的沟通，对申诉人提交的新证据、提出的新辩解及时进行审查。

监督结果。2019 年 10 月 10 日，苏州市公安局出具扣押伸缩棍不属于警用装备的鉴定意见。常熟市公安局于当日告知申诉人王某某鉴定结果，依法撤销案件，并向常熟市人民检察院反馈处理结果。2019 年 10 月 14 日，王某某专程至常熟市人民检察院赠送"秉公执法，公正为民"的锦旗。

典型意义

1. 坚持维护小微企业合法权益的基本工作思路，保护促进经济发展的民间动能。小微民营企业在民营企业中占很大比重。小微民营企业一般经营业主只是个人或者数人，若被查封、处理不公正或长期处于刑事追责待定状态，必然影响企业发展，亦会给企业主及其员工带来困扰，甚至造成生活困难。该案的办理体现了检察机关对民营企业的平等保护，不因企业规模大小、所处地域给予区别对待，使小微民营企业能够更好地生存、发展。

2. 运用灵活柔性的监督工作方式方法，实现双赢多赢共赢。常熟市人民检察院承办检察官在审查材料后认为，本案的犯罪事实缺乏必要证据，公安机关立案依据存在错误可能，向检察长即时汇报，鉴于该案尚在侦查过程之中，但并未直接、简单发出

《要求说明立案理由通知书》，而是以多次与承办民警沟通交流的方式，指出立案存在的问题，明确提出取证意见，同时指出公安机关应高度重视申诉人的申诉辩解。检察机关意见得到公安机关认可，提请上级公安机关出具鉴定意见，从而保证案件的及时公正处理，维护了申诉人合法权益。

3. 形成以监督促保护的工作成效，助力民营企业合法经营。该案的办理依法维护了小微民营企业的合法权益，帮助企业脱离困境、恢复了正常生产经营，让企业感受到法律的温度，对非公经济的健康发展及维护社会稳定起到良好的促进作用，同时也给当地同类型民营企业投资者吃了一颗"定心丸"，为公安机关办理此类案件提供了有益借鉴，进一步规范了公安机关执法行为，实现了"三个效果"的有机统一。

（江苏省人民检察院报送）

应当立案而不立案

魏某某拒不支付劳动报酬立案监督案

案件承办单位

江西省南昌市青山湖区人民检察院

基本案情

魏某某，女，江西省南昌市 A 制衣有限责任公司（以下简称 A 公司）法定代表人。

2005 年 8 月 9 日，魏某某投资成立 A 公司。2016 年 2 月至 4 月，A 公司拖欠樊某某等 27 名公司员工劳动报酬共计人民币 90693 元，南昌市青山湖区人力资源和社会保障局（以下简称青山湖区人社局）通知魏某某于 2017 年 6 月 21 日前来该局配合处理拖欠劳动报酬问题，但魏某某未在规定时间内前往该局。2017 年 6 月 22 日，青山湖区人社局向 A 公司下达劳动保障监察限期整改指令书，责令该公司于 2017 年 6 月 29 日前支付拖欠员工的劳动报酬，并通过公告、短信、张贴等方式通知魏某某，但魏某某更换手机号码后藏匿，逃避支付拖欠公司员工的劳动报酬。

检察机关履职过程

线索发现。青山湖区人民检察院通过与青山湖区人社局建立的行政执法和刑事司法衔接机制，发现魏某某拒不支付劳动报酬案件线索，青山湖区人社局亦就该案是否涉嫌犯罪向青山湖区人民检察院提出咨询，青山湖区人民检察院决定予以受理。

调查核实。青山湖区人民检察院经查阅案件相关材料，走访案件当事人，查明 A 公司拖欠樊某某等 27 名员工劳动报酬共计人民币 90693 元，魏某某逃避支付公司员工的劳动报酬，经青山湖区人社局责令支付仍不支付。

监督意见。青山湖区人民检察院认为，魏某某身为 A 公司法定代表人，拒不支付 10 名以上劳动者的劳动报酬，数额较大，经青山湖区人社局以限期整改指令书责令支付后，仍不支付并且藏匿，符合拒不支付劳动报酬罪的立案追诉标准，依法应当追究刑事责任。2017 年 7 月 10 日，青山湖区人民检察院向青山湖区人社局发出《建议移送涉嫌犯罪案件函》，建议该局将魏某某拒不支付劳动报酬案移送公安机关立案侦查。

监督结果。根据检察机关建议，青山湖区人社局于 2017 年 8 月 7 日向南昌市公安局青山湖分局发出《涉嫌犯罪案件移送书》，并将移送情况抄告青山湖区人民检察院。公安机关未在规定期限内作出是否立案决定，也未书面说明理由，青山湖区人社局建议检察机关依法进行立案监督。2017 年 8 月 16 日，青山湖区人民检察院要求青山湖分局说明不立案理由，青山湖分局回复称因无法找到魏某某而未立案，青山湖区人民检察院审查认为该不立案理由不能成立，遂通知青山湖分局立案。2017 年 8 月 28 日，青山湖分局决定对魏某某拒不支付劳动报酬案立案侦查。同年10月30日，魏某某被青山湖分局抓获并刑事拘留。

审查逮捕期间，魏某某全额支付27名公司员工的劳动报酬并取得谅解，青山湖区人民检察院决定不批准逮捕魏某某。2018年1月17日，青山湖分局以魏某某涉嫌拒不支付劳动报酬罪移送审查起诉。青山湖区人民检察院审查认为，魏某某作为公司法定代表人，实施了《刑法》第276条之一规定的行为，但在提起公诉前支付劳动者的劳动报酬并取得谅解，犯罪情节轻微，依据刑事诉讼法的规定，于2018年3月6日对其决定不起诉。

典型意义

1. 检察机关通过行政执法和刑事司法衔接机制，发现人力资源社会保障部门办理的拒不支付劳动报酬案件涉嫌犯罪的，应当提出移送公安机关的检察意见。有能力支付而不支付劳动者劳动报酬，甚至通过转移财产、逃匿等方法逃避支付的行为，严重侵害了劳动者的合法权益，影响社会和谐稳定，构成犯罪的，应当依照《刑法》第276条之一的规定，以拒不支付劳动报酬罪追究刑事责任。检察机关发现人力资源社会保障部门对应当移送公安机关的涉嫌拒不支付劳动报酬犯罪案件不移送或者逾期不移送的，应当提出移送涉嫌犯罪案件的书面意见。

2. 人力资源社会保障部门移送的涉嫌犯罪案件，公安机关受理后未及时作出立案或者不立案决定的，检察机关可以依法进行立案监督。公安机关决定受理人力资源社会保障部门移送的涉嫌拒不支付劳动报酬犯罪案件的，应当及时审查，依法作出立案或者不立案的决定。公安机关未在规定期限内作出立案或者不立案决定的，检察机关可以依据人力资源社会保障部门的建议，依法进行立案监督。

3. 落实少捕慎诉司法理念，营造促进企业依法合规经营良好法治环境。检察机关办理拒不支付劳动报酬案件，应当落实"少捕、慎诉、慎押"的司法理念，充分考虑拒不支付劳动报酬行为是否造成严重后果、是否已支付欠薪和涉案企业生产经营实际，审慎采取逮捕措施，依法能不捕的不捕，积极行使不起诉裁量权，依法能不诉的不诉，避免"构罪即捕""入罪即诉"。既坚持惩治，有效维护劳动者权益，又依法从宽，保障企业生产经营，实现多赢效果。

（江西省人民检察院报送）

秦某挪用资金立案监督案

案件承办单位

江苏省淮安经济技术开发区人民检察院

基本案情

秦某，男，1965 年 5 月出生，曾任淮安 A 网络科技有限公司（以下简称 A 公司）董事长、总经理。

2015 年底，A 公司开发淮安市生态文旅区某小区和智慧产业园工程。因 A 公司缺乏项目建设资质，于是联系挂靠 B 建筑工程有限责任公司（以下简称 B 公司）作为项目总承包方进行项目建设，并向其交纳管理费。为项目建设需要，B 公司在淮安成立第一分公司（非独立法人），负责项目实施，该分公司会计魏某由 A 公司委派，公司财务受 A 公司实际控制。2018 年 1 月，秦某以资金走账需要为名，要求项目三标段实际承包人吕某以吕某个人名义办理银行卡，并将银行卡及密码交由第一分公司会计魏某管理。2018 年 1 月 11 日至 12 日，秦某以支付工程款为名，安排魏某从第一分公司账户向吕某银行卡转账共计 900 万元。该款项转到吕某账户后，被魏某取出用于购买理财产品获利，后魏某又按照秦某指令将款项分别汇给秦某本人及其他案外人。

2019 年 7 月 2 日，A 公司以秦某涉嫌职务侵占罪向公安机关报案。2019 年 9 月 6 日，淮安市公安局新城分局（以下简称新城公安分局）以秦某没有犯罪事实为由，向 A 公司发出《不予立案通知书》。

检察机关履职过程

线索发现。2019 年 9 月 16 日，A 公司向江苏省淮安经济技术开发区人民检察院申请立案监督。

调查核实。淮安经济技术开发区人民检察院成立以检察长为主任检察官的办案组，第一时间向新城公安分局调取了原案案卷。在充分阅卷审查的基础上，对案件的基本情况、案件走向、可能涉及的罪名、是否存在立案监督的可能等进行分析，初步查明：秦某利用控制 B 公司第一分公司财务的便利，安排会计魏某从 B 公司第一分公司向吕某银行卡共计转账 900 万元，随后，其中 200 万元被转至夏某卡中，700 万元被转至魏某卡中，相继用于购买理财产品，并多次从理财产品赎回，最终该款项被转至秦某本人及邓某、李某等案外人卡中。据此，淮安经济技术开发区人民检察院认为本案焦点问题是：第一，B 公司第一分公司是否实际由 A 公司控制；第二，秦某是否将 900 万元用于资金运作以便推进工程，秦某的行为属于刑事犯罪还是正常的工程资金往来。围绕焦点问题，淮安经济技术开发区人民检察院进一步提取了 A 公司现任法人代表、董事长何某，公司审计组成员乔某，淮安生态文旅区住建局工作人员张某等 7 人的证言。综合调查核实情况和案卷材料，淮安经济技术开发区人民检察院最终查明：A 公司和 B 公司第一分公司间为挂靠关系，B 公司第一分公司受

A 公司控制，现有证据初步证实秦某并未将 900 万元用在工程上，而是挪为他用从事营利活动，其行为涉嫌挪用资金罪。

监督意见。2019 年 12 月 26 日，淮安经济技术开发区人民检察院向新城公安分局发出《要求说明不立案理由通知书》。新城公安分局于 2020 年 1 月 6 日出具《不立案理由说明书》，认为：A 公司不具备报案主体资格，且 B 公司第一分公司也不能提供证据证实秦某存在职务侵占行为，故决定不予立案。淮安经济技术开发区人民检察院经审查认为公安机关不立案理由不成立：一是公安机关认定 900 万元被秦某用于工程资金周转的理由不充分，对于资金去向问题，公安机关依据的仅为秦某陈述，未开展相应侦查工作，无其他证据予以印证；二是公安机关认为 A 公司不具备报案主体资格的理由不成立，秦某时任 A 公司的董事长兼总经理，控制 B 公司第一分公司的财务复核 U 盾，秦某在其任职期间，将 900 万元转至吕某卡中，与其董事长的职务便利有直接关联，A 公司具备报案主体资格；三是公安机关认为 B 公司第一分公司未能提供证据证实秦某存在职务侵占行为的理由不成立，公安机关作为侦查机关，接到报案、控告、举报后负有查明案件事实、收集相关证据的职责；四是本案多名证人证言证实 900 万元并未用在工程上，对于 900 万元的实际去向，需进一步查证。

监督结果。2020 年 1 月 6 日，淮安经济技术开发区人民检察院发出《通知立案书》，通知新城公安分局对秦某进行立案侦查。同时，淮安经济技术开发区人民检察院将秦某涉嫌挪用资金罪的侦查思路和补充侦查详细提纲与公安机关侦查人员进行了沟通。另，淮安经济技术开发区人民检察院还将在审查该案中发现的魏某涉嫌挪用资金罪的案件线索一并移送给新城公安分局。2020 年 1 月 19 日，新城公安分局决定对秦某挪用资金案立案侦查。

典型意义

1. 办理涉民营企业的立案监督案件，要紧扣公安机关对立案标准把握是否恰当，充分履行监督职能。民营企业在经营中发生企业高管及员工涉嫌挪用资金、职务侵占类案件，由于涉及职务行为，案发具有隐蔽性，调查取证也存在难度，不能让企业承担超出必要的证明责任。对于公安机关不予立案的，人民检察院应当从切实保护企业经营的角度，主动对涉嫌犯罪的关键问题进行调查核实，发现可能构成犯罪且应当追究刑事责任的，应当监督公安机关立案侦查，依法打击侵害企业权益的刑事违法行为，切实维护民营企业正常生产经营活动。

2. 强化调查核实，充分发挥在刑事诉讼中的主导作用。对民营企业工作人员涉嫌挪用资金、职务侵占进行立案监督时，人民检察院应当充分关注案件是否存在犯罪事实，是否需要追究刑事责任等焦点问题，针对证据薄弱环节，要主动开展补充调查，重点围绕涉案资金去向及用途、涉案人员是否利用职务便利等问题进行调查核实，全面收集能够证实涉案人员有罪或无罪的证据，发现其他涉案人员的，也应当及时将案件线索移送公安机关，切实维护民营企业合法权益。

3. 检察机关监督立案的，应当做好对公安机关的引导取证。涉民营企业案件证据复杂、专业性要求高、法律适用疑难，人民检察院监督公安机关立案后，应当做好后续的跟进引导侦查工作，引导公安机关确定侦查方向，对公安机关的侦查取证活动提出意见和建议，增强侦查取证活动的针对性和实效性，从源头上提高报捕起诉案件质量，以此推动建立良性互动关系，形成打击侵犯民营企业合法权益的合力。

（江苏省人民检察院报送）

范某某虚假诉讼立案监督案

案件承办单位

安徽省合肥高新技术产业开发区人民检察院

基本案情

安徽省 A 建设集团有限公司（以下简称 A 公司）。

范某某，男，1967 年 2 月出生。

2008 年之前，范某某与范某浩（A 公司四分公司负责人）曾长期以 A 公司的名义合伙承接工程项目。二人合伙账目未清算，长期存在经济纠纷。2010 年至 2013 年，范某某以工程项目需要资金周转等理由，从 9 名出借人处借款 479 万元，借款均以范某某个人名义向出借人出具了借条，借款人为范某某。2014年七八月间，因无力偿还上述个人借款，范某某向该 9 名出借人出具私自加盖 A 公司四分公司公章及范某浩私章的新借据。其中，向 4 人出具新"借条"，注明借款人为 A 公司四分公司范某某，并私自加盖 A 公司四分公司公章及范某浩私章，借款金额、借款时间、借款利息等其他内容保持不变；向其余 5 人出具新"借支单"，注明借支人为 A 公司四分公司，并私自加盖 A 公司四分公司财务专用章及范某浩私章，借款金额、借款时间、借款利息等其他内容保持不变。

随后，范某某提供代理律师、缴纳诉讼费用，指使该 9 名出借人持盖章的新借据向人民法院提起民事诉讼，诉请判令 A 公司四分公司、A 公司偿还借款本息 900 万余元。2016 年 7 月，合肥高新技术产业开发区人民法院作出一审判决，之后，合肥市中级人民法院作出二审判决。法院判令 A 公司及其四分公司偿还 8 名出借人的借款本息。

检察机关履职过程

线索发现。2015 年 6 月 3 日，A 公司向合肥高新技术产业开发区人民检察院反映，集团公司对上述本息合计达 900 万余元的民间借贷毫不知情，范某某虚构事实，提起虚假民事诉讼涉嫌诈骗罪，已向合肥市公安局经济技术开发区分局报案，但公安机关拒不立案，请求检察机关监督公安机关立案。

要求说明不立案理由。合肥高新技术产业开发区人民检察院经审查，发现该案中范某某涉嫌犯罪，存在刑事立案的可能性，遂于当日决定对案件线索进行审查，并于 2015 年 6 月 11 日向合肥市公安局经济技术产业开发区分局发出《要求说明不立案理由通知书》，该局回复《不立案理由说明书》，认为本案系经济纠纷，没有犯罪事实，不符合立案条件。

调查核实。合肥高新技术产业开发区人民检察院在审查中发现本案存在几处细节：一是范某某借款对象均为其亲朋好友，系利害关系人；二是 9 名债权人的诉讼代理人、诉讼费用均由范某某提供，较为反常；三是在提起民事诉讼过程中，向法庭提供的重要证据《借支单》存在伪造的嫌疑。合肥高新技术产业开发区人民检察院随后开展了以下调查核实工作：一是调阅合肥市公安局经济技术产业开发区分局卷宗材料；二是调阅部分法院民事审判卷宗材料；三是听取 A 公司总经理胡某某的意见；四是建议 A 公司向法院提出申请，对《借支单》的形成时间进行鉴定，判别是否伪造。经鉴定，《借支单》检材中黑色手写字迹的形成时间晚于样本中字迹形成时间。

监督意见。合肥高新技术产业开发区人民检察院审查认为：公安机关不立案理由不成立，范某某伪造证据、指使多人，以捏造的事实提起虚假民事诉讼，严重妨害司法秩序和侵害 A 公司的合法权益，其行为已触犯了《刑法》第 307 条之一的规定，符合虚假诉讼罪的立案标准。

监督结果。2017 年 7 月 28 日，经合肥高新技术产业开发区人民检察院立案监督，合肥市公安局经济技术产业开发区分局决定立案侦查。2017 年 12 月 4 日，合肥市公安局经济技术产业开发区分局刑警大队将范某某从其家中传唤到案，并于次日对其刑事拘留；2018 年 1 月 12 日，合肥高新技术产业开发区人民检察院批准逮捕范某某。2018 年 5 月 23 日，合肥高新技术产业开发区人民检察院以被告人范某某涉嫌虚假诉讼罪向合肥高新技术产业开发区人民法院提起公诉。2018 年 8 月 20 日，一审判决被告人范某某犯虚假诉讼罪，判处有期徒刑 9 个月，并处罚金 3 万元。一审判决后，合肥高新技术产业开发区人民检察院认为该判决认定事实确有错误，量刑明显不当，提出抗诉。2018 年 12 月 19 日，合肥市中级人民法院二审认定被告人范某某的虚假诉讼行为严重妨害司法秩序和侵害他人的合法权益，情节严重，判决被告人范某某犯虚假诉讼罪，判处有期徒刑 4 年，并处罚金 5 万元。

典型意义

1. 明确虚假诉讼罪的犯罪构成。为谋取不正当利益，采取伪造借款凭证，组织他人做虚假陈述，以捏造的事实提起民事诉讼，妨害司法秩序或者严重侵害他人合法权益的，构成虚假诉讼罪。被告人范某某在借款时所出具的借款凭证均是以个人名义，并未加盖公司印章，后期为谋取不正当利益，逃避个人债务，遂联系债权人，重新出具加盖公司印章的借款凭证，组织债权人向法院提起民事诉讼，并导致一审、二审法院作出错误的民事判决。被害单位作为一家长期从事建设工程的民营企业，因卷入多起民间借贷纠纷，尤其是被人民法院列为有巨额未履行债务的被执行人，致公司信用和业务严重受损。被告人范某某以虚假的借款凭证提起民事诉讼，不仅妨害了司法秩序，也严重侵害了他人合法权益，且情节严重，符合虚假诉讼罪的犯罪构成，应当依据刑法予以追诉。

2. 准确认定"情节严重"。以捏造的事实提起民事诉讼，诉讼标的数额巨大，诉讼周期长，严重浪费诉讼资源，损害司法公信力，以及严重侵害他人合法权益，造成企业信用和经济严重受损，应当认定情节严重。一审法院判决认定，"截至目前，尚未给被害人造成实际损失"，未认定"情节严重"，属认定事实错误。本案被害人为应诉一审、二审而支出律师代理费用、上诉受理费用、鉴定费用等直接财产损失约 30 万元。同时，被害人公司信用和业务严重受损。本案存在以下情节：一是提起虚假诉讼的金额特别巨大，本金 479 万元，本息合计达 900 万余元；二是提起虚假诉讼的人次多，指使 9 人次提起虚假诉讼；三是经历的诉讼阶段多，经过一审、二审并且已进入执行阶段；四是被告人的行为既妨害司法秩序，又严重侵犯他人合法权益；五是犯罪的后果较为严重。范某某在法院审理中、刑事侦查中均指使他人作伪证，导致诉讼时间长、侦查时间长，司法资源浪费严重；被害人的合法权益受到严重侵害，被害人不仅遭受了一定的直接财产损失，而且遭受了严重的信用损害，还面临巨额财产被执行的紧迫风险。根据《刑法》第 307 条之一的规定，虚假诉讼罪有两档法定刑：3 年以下有期徒刑、拘役或者管制，并处或者单处罚金；情节严重的，处 3 年以上 7 年以下有期徒刑，并处罚金。二审法院采纳检察机关抗诉意见，认定被告人范某某虚假诉讼罪，判处有期徒刑 4 年，并处罚金 5 万元。

3. 综合运用立案监督、刑事审判监督，严厉打击涉企刑事犯罪，维护民营企业合法权益，助力民营企业健康发展。检察机关在办理涉企犯罪立案监督过程中，应主动适应民营经济发展的司法需求，依法保护民营企业产权和合法权益。认真听取企业意见，将诉讼监督贯穿刑事诉讼各个环节，充分发挥提前介入引导侦查作用，精准监督、精准施策。对于实践中民刑交叉，纠纷复杂的案件，要擅于剖析案中细节，抽丝剥茧。案情复杂的，应有针对性地进行必要的调查核实。审查认为公安机关应当立案而不立案的，应当监督公安机关立案。对于人民法院认定事实错误、量刑不当的，检察机关应当提出抗诉，充分发挥检察职能，维护司法权威，营造公平竞争、诚信有序的市场环境。

（安徽省人民检察院报送）

李某合同诈骗立案监督案

案件承办单位

河南省漯河市舞阳县人民检察院

基本案情

李某，男，1979 年 11 月出生，无锡市 A 化工科技有限公司（以下简称 A 公司）法定代表人。

2018 年 11 月，河南 B 化学有限公司（以下简称 B 公司）总经理赖某某通过微信与 A 公司负责人李某商谈购销六氟丙烯事宜，李某承诺为 B 公司供应六氟丙烯（气体）现货。双方通过微信聊天商定后，李某以 A 公司的名义与 B 公司签订销售合同。双方签订合同后，B 公司总经理赖某某按合同约定分别于 2018 年 11 月 16 日、2018 年 11 月 23 日向李某的 A 公司账户汇款 233600 元、226300 元。李某在收到两笔货款后，既没有按照合同约定发货，也没有积极组织货源，而是分别于 2018 年 11 月 18 日、2018 年 11 月 23 日将 B 公司转来的该两笔货款从 A 公司账户层层转至其多个个人银行账户后，用于个人消费、挥霍、偿还其个人欠款（利息）。

在多次催促李某发货未果后，B 公司总经理赖某某到 A 公司所在地公安机关报案，之后李某在公安机关向赖某某出具发货承诺书。事后李某不仅未发货，也未退还货款，更失去联系。B 公司总经理赖某某向公安机关报案时，舞阳县公安局以双方属于合同纠纷为由不予立案。

检察机关履职过程

线索发现。为依法平等保护民营企业合法权益，2019 年 4 月，河南省漯河市舞阳县人民检察院组织干警主动走访民营企业，听取企业经营过程中存在的问题和困难，征求民营企业对检察机关服务民营企业的意见和建议。得知检察机关积极保护民营企业发展后，2019 年 5 月 27 日，B 公司总经理赖某某到舞阳县人民检察院 12309 检察服务中心递交控告材料，反映自己公司被骗近 50 万元而公安机关一直不予立案。

调查核实。舞阳县人民检察院收到赖某某的材料后，非常重视，立即进行审查，但对李某收到货款不发货也不退还货款的行为是属于合同诈骗还是合同履行不能，根据现有的材料还不能准确判定。为了慎重起见，舞阳县人民检察院组织员额检察官联席会，并邀请市院的业务专家共同会商，综合研判。通过仔细向赖某某了解整个事件的详细过程，结合被害人提供的材料，初步认为 A 公司负责人李某在收到 B 公司货款后，既没有按照合同发货，也没有积极组织货源。被害人第一次报警后，在当地公安机关见证下李某向被害人赖某某出具了发货承诺书，但事后仍然不按照发货承诺书发货，并且切断与被害人的联系，其行为已经涉嫌合同诈骗犯罪，赖某某所反映情况符合检察机关立案监督条件。但是要认定李某涉嫌合同诈骗犯罪，仍然需要调取充分的证据证明李某是否有履行合同的能力以及李某在收到这两笔货款后的资金用途。

要求说明不立案理由。经检察长批准后，舞阳县人民检察院于 2019 年 6 月 25 日向舞阳县公安局发出《要求说明不立案理由通知书》。公安机关在收到文书的次日就对李某涉嫌合同诈骗案进行了立案侦查，并对李某进行了上网追逃。公安机关立案后，舞阳县人民检察院及时向舞阳县公安局发出调取证据函，把检察机关前期会商结果及需要查证的关键证据向公安机关列明，建议公安机关围绕合同诈骗犯罪的主观故意方面进行查证。2019 年 7 月 24 日，犯罪嫌疑人李某被江苏省无锡市公安局经济开发区分局华庄派出所抓获归案。

监督意见。犯罪嫌疑人归案后，李某辩称自己只是没有及时履行合同，不构成合同诈骗犯罪。舞阳县人民检察院根据该案的现有证据及被告人的认罪态度，继续跟踪该案的办理情况，提前介入该案，围绕下一步批准逮捕和提起公诉所需证据，根据前期公安机关调取的李某个人银行交易记录及出行记录，向公安机关建议查明：李某前期个人资信情况及收到 B 公司货款的用途，以及李某与赖某某之间的微信交流记录、李某组织货源的情况，引导公安机关侦查取证。经过查证，李某在与 B 公司签订供货合同前，因做生意经营不善、外借高利贷、在澳门赌博累计欠款 700 余万元。李某在收到货款后，虽然向江苏泰州 C 公司联系组织货源，但是由于李某在收到 B 公司货款后，就将该款用于归还个人欠款及个人消费，根本没有能力向江苏泰州 C 公司支付货款，C 公司也没有发货。因此可以证实李某在收到 B 公司货款后，没有积极履行合同的主观意愿。

监督结果。因涉嫌合同诈骗犯罪，犯罪嫌疑人李某于 2019 年 8 月 13 日被舞阳县人民检察院批准逮捕，同日被舞阳县公安局执行逮捕；2019 年 11 月 8 日，舞阳县人民检察院以被告人李某涉嫌合同诈骗犯罪，向舞阳县人民法院提起公诉；2020 年 4 月 8 日，舞阳县人民法院以合同诈骗罪判处李某有期徒刑 5 年，并处罚金 8 万元，并责令李某退赔被害人损失 459900 元。李某不服上诉。2020 年 6 月，漯河市中级人民法院驳回李某的上诉，维持原判。鉴于被告人李某在被抓获前已经将 B 公司货款挥霍一空，舞阳县人民检察院在判决生效后，建议舞阳县人民法院加大追赃力度，尽最大能力挽回被害人的经济损失。

典型意义

1. 检察机关应发挥立案监督的作用。保护民营企业，不能仅坐等上门，而是要主动出击，加强宣传，走进民营企业，拓宽立案监督线索，精准监督，解决有案不立、不应立案而立案的问题，从而营造良好的营商法治环境。

2. 检察机关应该对刑事诉讼全程监督。在捕诉一体情况下，检察机关要综合发挥刑事立案监督、刑事侦查活动监督、刑事审判监督、刑事执行监督作用，各个部门形成监督合力，确保法律的统一实施和刑事案件司法公正。

3. 平等保护民营企业，检察机关应该担负起应有的法律责任。对于民营企业内部人员犯罪，要慎捕慎诉；对于侵犯民营企业合法权益的犯罪行为，检察机关要做到切实、准确打击。

（河南省人民检察院报送）

张某伪造公司印章立案监督案

案件承办单位

江苏省南京市浦口区人民检察院

基本案情

张某，男，1974年11月出生，南京A医疗仪器制造有限公司（以下简称A公司）销售总监。

2015年4月开始，张某在大连B科技有限公司（以下简称B公司）任职销售经理。2016年7月，A公司通过"猎聘"网与张某取得联系，聘请其担任公司销售总监，后双方于同年8月10日签订劳动合同。入职时，A公司要求张某提供其从B公司离职的证明。张某为隐瞒其并未实际离职的事实，私自制作了盖有伪造的B公司印章的离职证明提交给A公司。此后，张某还帮助其在B公司的同事畅某、季某某、王某、许某、姜某、戴某某等6人，以同样的方式提供离职证明以入职A公司。

2017年3月初，A公司发现张某等人仍在B公司任职的情况，并发现张某等人离职证明上盖有的B公司印章为假印章，遂向公安机关报案，认为张某涉嫌诈骗。同年3月17日，南京市公安局浦口分局受案并开展初查。2019年3月27日，该分局以"伪造证明文件违法"，对张某作出行政拘留8日的处罚。

检察机关履职过程

线索发现。2019 年 3 月 28 日，A 公司通过来访的形式，向南京市浦口区人民检察院提出控告，认为公安机关对张某涉嫌诈骗不予立案的决定不当，要求检察机关监督，追究张某的刑事责任。

要求说明不立案理由。南京市浦口区人民检察院依法受理后，向公安机关调取相关材料，经审查后认为张某的行为可能涉嫌犯罪，公安机关以行政处罚表明不予立案的做法，应纳入立案监督范围。2019 年 4 月 17 日，南京市浦口区人民检察院向南京市公安局浦口分局发出《要求说明不立案理由通知书》。该分局回复称，张某通过伪造虚假的离职证明，使其本人及畅某、季某某、王某、许某、姜某、戴某某等人得以成功与 A 公司签订劳动合同，获取劳动报酬，其行为已构成"伪造证明文件违法"，根据《治安管理处罚法》第 52 条第 2 项之规定，对张某作出行政拘留 8 日的处罚。

调查核实。南京市浦口区人民检察院认为公安机关说明的不立案理由不能成立。鉴于该案涉及民营企业权利保护，检察长高度重视，亲自担任案件承办人，成立了以检察长为组长的员额检察官办案组。同时，检察长作为该信访事项矛盾化解第一责任人，带案下访，主动上门前往 A 公司，向相关负责人了解情况，并就案件后续调查取证多次召集办案组开会，进行研究部署，制订周密计划。办案组一方面前往 A 公司所在地辖区派出所、区公安分局法制大队等单位，进一步听取公安机关意见；另一方面实地走访 A 公司，补充调取张某等人的离职证明、任职证明以及 A 公司在张某等人入职前后经营业绩等方面证据。此外，由控申部门牵头，组织刑检、民行等多部门进行研讨，对张某的行为性质及法律适用进行综合研判。

监督意见。综合各方证据，南京市浦口区人民检察院审查认为，伪造公司印章罪所侵犯的客体是社会管理秩序，本案中，张某虽然仅使用了一枚伪造的印章，但其先后用于制作了 7 份虚假的证明文件，并衍生出后续的民事欺诈，对 A 公司的正常经营产生了较大影响。综合考量张某的犯罪动机、犯罪手段，以及所造成的损害结果，根据《刑法》第 280 条第 2 款的规定，应当认定张某的行为构成伪造公司印章罪，根据《刑事诉讼法》第 113 条的规定，通知公安机关立案，依法追究张某的刑事责任。

监督结果。南京市浦口区人民检察院于 2019 年 4 月 25 日向南京市公安局浦口分局发出《通知立案书》。该分局于同年 4 月 30 日对张某以涉嫌伪造公司印章罪立案侦查，并于同年 10 月 29 日移送审查起诉。同年 12 月 13 日，南京市浦口区人民检察院以伪造公司印章罪对张某依法提起公诉。2020 年 1 月 9 日，南京市浦口区人民法院以伪造公司印章罪判处张某拘役 3 个月，缓刑 3 个月，罚金人民币 4000 元。张某未上诉，该案判决已生效。在案件办理过程中，浦口区人民检察院随时与 A 公司保持联系，及时将办理结果通知 A 公司，A 公司向检察机关赠送锦旗，信访矛盾得以顺利化解，案件的办理得到区委领导的批示肯定。

典型意义

当前，在做好新冠肺炎疫情防控的大背景下，实现"六稳"和"六保"工作总目标，检察机关责无旁贷。该案的成功办理，体现了检察机关扎扎实实贯彻落实中央要求，主动靠前作为，真正做到政治效果、社会效果和法律效果的统一，切实把案件办理与化解矛盾纠纷有机结合，努力实现"案结事了人和"。

1. 严格落实"群众信访件件有回复"。对来信来访做到件件有回复，是检察机关对全社会作出的庄严承诺。南京市浦口区人民检察院始终秉持"群众来信无小事"工作理念，第一时间回应群众诉求，规范办理群众信访，100%做到信访 7 日内程序性回复，办理结果 3 个月内答复。

2. 努力实现法律监督效果最大化。在办理涉民营企业案件中，南京市浦口区人民检察院高度重视，充分发挥一把手检察长在办理疑难复杂信访案件中的带头作用，强化法律监督本位。检察长担任案件承办人和矛盾纠纷化解责任人，带案下访，深入群众，体察民意，开展释法说理，既身体力行落实检察长接访下访制度，又促进履行法律监督职能的力度更大、效率更高、效果更好。

3. 有力维护民营企业合法利益。法治环境是最好的营商环境。本案信访人系一家民营高新技术医疗企业，其合法权益受到侵害长达 2 年时间，不仅造成企业经济利益的持续受损，也直接影响当事企业和员工对司法机关的信任。南京市浦口区人民检察院高度重视民营企业信访诉求，积极在法律层面寻求解决路径，通过法律监督化解矛盾纠纷，有力维护了民营企业的合法权益，为民营企业健康发展营造了优良的法治环境，彰显了检察机关依法公正办案的良好形象，得到民营企业的高度认可。

（江苏省人民检察院报送）

王某某职务侵占立案监督案

案件承办单位

福建省泉州市丰泽区人民检察院

基本案情

王某某，原系 A 公司员工，负责 A 公司在某临近地级市的饲料销售及收款工作。

2009 年，王某某到 A 公司任销售代表，其后利用职务之便，采取收取公司客户货款不入账、伪造客户签名等方式侵占公司货款，至 2019 年 2 月，共侵占公司 20 余万元货款。

检察机关履职过程

线索发现。丰泽区人民检察院建立"纵向区分级别、横向划分网格"的立体化管理体系，采取"三级网格"模式，将辖区 8 个街道 78 个社区全部纳入体系管理。2019 年 5 月，泉州市丰泽区人民检察院社区网格员在日常走访中从 A 公司了解到，该司某地区销售代表王某某侵占公司货款 20 余万元，因王某某多年在异地作案，公司长期未能发现犯罪事实，待公司发现受害事实，提出控告后，泉州市公安局丰泽分局迟迟未予立案，公司合法权益得不到维护。

要求说明不立案理由。社区网格员将了解到的情况向丰泽区人民检察院反映，该院随即启动三级联动机制，布置敦促社区检察官、社区网格员开展调查核实，并充分发挥 12309 检察服务中心作用，启动受理涉企案件控告申诉"绿色通道"，推动实现涉企服务事项"马上办、就近办"，全面收集 A 公司法定代表人提供的信件、证据等材料，并立即转办给案件承办部门。经审查，泉州市丰泽区人民检察院于 2019 年 5 月 20 日以泉丰检侦监不立通〔2019〕2 号文件，向泉州市公安局丰泽分局发出《要求说明不立案理由通知书》。

调查核实。丰泽区人民检察院检察官到该公司实地走访，与派出所领导、经侦大队办案民警座谈探讨，追根溯源，分析不立案的具体原因，摸清案件"卡"在何处。经了解，案件迟迟不立案存在两个问题：一是案件管辖权存在争议；二是客观证据尚有欠缺。针对该案证据过少、内容过于粗糙等问题，丰泽区人民检察院强化引导取证，提出了针对性强的专业意见，公安机关通过调取公司账目等书证并提取多名证人证言，初步查明：截至 2019 年 2 月，王某某利用其担任该公司某市销售代表的职务之便，采取收取公司客户货款不入账、伪造客户签名等方式，侵占公司货款 20 余万元。

监督意见。综合各方证据，丰泽区人民检察院控申部门与侦监、公诉部门研判，认为根据法律规定，刑事案件由犯罪行为地或者结果地的公安机关管辖，包括犯罪行为的实施地以及预备地、开始地、犯罪对象被侵害地、犯罪所得地、藏匿地、使用地、销售地等。本案中王某某虽然在异地作案，但犯罪对象被侵害地即本案民营企业所在地系丰泽区，由本地公安机关立案管辖完全符合法律规定，本案由丰泽公安分局管辖并无争议；在市场经济大潮下，企业业务员频繁出差、流动性强，以企业所在地优先管辖的思路符合社会发展的现实需要，故职务侵占行为的管辖问题不应成为不立案的理由。王某某的行为涉嫌职务侵占罪，已达到刑事立案条件，依法启动监督公安机关立案程序。

监督结果。泉州市公安局丰泽分局于 2019 年 6 月 11 日对该案立案。在大量客观证据面前，王某某向 A 公司提交《还款承诺书》，恳请公司能够宽限处理。丰泽区人民检察院控申检察人员遂向 A 公司法定代表人详细介绍了检察机关的办案过程和案件进展，并耐心细致地作了释法说理。民营企业对检察机关下沉检力、精准办案的专业化工作表示满意。同时，检察人员结合办案，深入分析案发原因，发现该企业在经营管理尤其是仓储管理制度中存在漏洞，遂提出整改意见。目前，该公司已按检察建议重新制定了仓库管理制度、财务报账制度和内部监督制度，制定了定期检查和月报制度，以期杜绝类似案件再次发生。

典型意义

1. 立足检察职能，以法治思维服务民营经济。职务侵占、挪用资金等企业内部员工职务犯罪较常发生，企业员工从企业内部侵吞企业资产，若未及时发现，容易对企业资产造成不可挽回的损失，且容易出现人人挖墙脚的"破窗效应"。丰泽区人民检察院深化细化服务举措，通过全面收集和了解社情民意，及时把握企业反映强烈的焦点热点问题，提高做群众工作的能力与水平，建立及时受理、依法处理、及时反馈的"绿色通道"，进行全方位、全流程、持续性的法律监督，按需切入精准服务，履行检察机关法治建设职能。该院还积极转变控申工作视角，在办理侵犯民营企业合法权益立案监督案件时，注重反向审视，全面、有针对性地指出侦查机关在办案方面存在的问题，做到既注重维护司法公正，又注重维护民营企业的合法权益，实现双赢多赢共赢，切实保障司法公正与维护民营企业健康发展相统一。

2. 倾听群众诉求，对智慧控申加大投入力度。控申工作是了解民情、集中民智、维护民利、凝聚民心的一项重要工作，是人民检察院与人民群众交流的窗口，是联系群众的重要纽带。丰泽区人民检察院依托信息化手段，以网格为切入点发现群众诉求，利用"智慧丰泽"综治管控管理体系与所挂钩的社区网格员建立信息互动平台，及时准确地收集社区网格员上报的检察信息及当月工作情况，形成三级联动机制。对信息分析研判，经筛选、分类后汇总本院网格化工作领导小组办公室，打破信息传递链冗长的壁垒，准确传递、有效解决基层群众的需求和问题，实现了"点对点"、扁平化的信息互联互通。推动多地联动，快速响应，实现访情可知、风险可控、指挥可视，推动控告申诉检察工作从传统模式向人机结合模式转变，从被动应对到主动对接，实现了智慧受理、办理和管理的周期联动。

3. 承载控申担当，用创新服务提供优质产品。信访反映民生，民生关乎民心，民心连着党心。控申检察工作应主动适应社会主要矛盾的历史性变化，在工作中始终站稳群众立场、贯穿群众路线、强化群众意识，深入一线，扎根基层，带着对群众的深厚感情，切实把群众反映的问题解决好、把群众情绪疏导好，在法治轨道上推进问题解决、提升服务质效。丰泽区人民检察院针对民企反映强烈的"有案不立、无案强立、插手经济、违法强制"以及"立案难、执行难、权益保障难和法律风险防控难"

等问题，积极和公安机关、人民法院等单位沟通，强化制度刚性意识，巩固长效机制成果，建立快速协同机制，提高风险防范意识和治理水平，用实实在在的工作，让群众切身感受到检察机关服务群众、司法为民的诚意和态度。通过做好控申检察工作，在法治领域增强人民群众的获得感、幸福感和安全感，为推动国家治理体系和治理能力现代化贡献检察力量。

（福建省人民检察院报送）

吴某某等人虚假诉讼立案监督案

案件承办单位

江苏省镇江经济开发区人民检察院

基本案情

2015 年 2 月，镇江经济开发区人民法院开庭审理原告吴某某诉被告 A 建设集团有限公司新区分公司（以下简称 A 分公司）、被告 A 建设集团有限公司（民营企业，以下简称 A 集团）借贷纠纷案。原告诉称 2012 年至 2013 年，被告 A 分公司向原告两次借款共计 60 万元，该借款未按约归还，故原告请求判令两被告偿还借款本金及利息。一审判决认定被告 A 分公司与原告借贷关系成立，A 分公司不具有法人资格，其民事责任由被告 A 集团承担，判决被告 A 集团返还原告借款本金及利息。被告 A 集团提出上诉。2016 年 1 月，镇江市中级人民法院作出二审判决，驳回上诉，维持原判。2017 年 1 月，原告吴某某通过镇江经济开发区人民法院执行获得 A 集团 110 万元案款。A 集团认为上述民事案件涉嫌虚假诉讼并向镇江市公安局新区分局报案，该局审查后于 2019 年 8 月 16 日出具《不予立案通知书》。

检察机关履职过程

线索发现。2020 年 3 月 25 日，A 集团董事金某至镇江经济开发区人民检察院 12309 检察服务中心反映该虚假诉讼案件线索。该院检察长依托 12309 检察服务中心非公经济法律服务"绿色通道"接待来访。金某反映上述案件不仅让公司遭受直接经济损失，且企业信誉也受到较为恶劣的影响，加之突如其来的新冠肺炎疫情让公司的经营和维权更加困难，因此希望检察机关能够对公安机关不予立案决定等事项进行监督。

调查核实。因该案刑民交叉、案情复杂，检察长靠前指挥办案，成立了以控申部门为主体，刑事检察部门、民事检察部门参与的办案组，在调阅审查法院一审、二审民事卷宗，以及公安机关侦查卷宗的基础上，比对证据，筛选疑点，依法对该案的相关问题开展全面调查核实工作。一是从外围入手，进一步查询当事人之间的银行往来资料以及相关书证，梳理与案件有关的明细账目，核实借款资金的来源去向；二是审查当事人在法院和公安机关的陈述，审查相关人员之间的陈述是否存在矛盾，以及与书证之间是否一致；三是排查询问相关当事人、证人，查证有关经济往来的真实性以及是否涉嫌相关犯罪。经审查查明，公职人员王某某（原告吴某某的丈夫）以 5% 的月息向刑满释放人员陈某某放贷，陈某某又以 10% 的月息向 A 分公司朱某某放贷。后因陈某某无力还贷，王某某指使其胁迫朱某某出具 A 分公司向吴某某借款 60 万元的借条，由吴某某向法院提起诉讼，以此将个人债务转嫁给 A 集团，并申请法院强制执行被告 A 集团。该案既涉嫌虚假诉讼罪，又涉及民事虚假诉讼，且关联有"套路贷"线索。为提升监督效果，检察长批示要求既要监督公安机关加大对虚假诉讼侦查力度，也要对案件涉及的涉恶线索及时移交相关部门严肃追查，不留死角。

监督意见。经过对立案监督案件实体审查，镇江经济开发区人民检察院向镇江市公安局新区分局发出了《要求说明不立案理由通知书》。对于该案涉及民事虚假诉讼线索，鉴于经历了二审程序，该院控申部门依法移送镇江市人民检察院民事检察部门审查监督，镇江市人民检察院经检委会讨论后于2020年6月5日向镇江市中级人民法院发出再审检察建议。对于该案涉及公职人员王某某违纪违法的线索，该院及时将其移送纪委监委处理。对于该案涉案人员陈某某涉及"套路贷"涉恶线索，该院于2020年4月14日移送当地扫黑办处理。

监督结果。镇江市公安局新区分局于2020年4月18日对该案进行了刑事立案侦查。根据镇江市人民检察院的民事再审检察建议，镇江市中级人民法院于2020年8月14日裁定对该案再审。其他部门对于相关线索正在进一步调查中。信访人金某对于检察机关的处理表示满意。镇江经济开发区人民检察院为落实好"保市场主体"的要求，结合办案跟进主动服务，及时对A集团进行回访，了解企业生产经营情况，听取工作意见建议。针对该案暴露出的企业印章管理、分公司资金风险管控等管理漏洞，及时提出防范治理建议，受到企业重视采纳。

典型意义

1. 控告申诉检察部门加强履职，做深做实服务民营企业"绿色通道"，依法做好实体审查。镇江经济开发区人民检察院认真服务保障民营企业，凡是涉嫌影响非公经济发展，特别是涉及民企复工复产的来访事项，均由检察长或分管领导负责首次接待。控告申诉检察部门注重与刑事检察部门等做好衔接工作，及时回复来访人处理结果。控告申诉检察部门强化实体办案意识，加大办案力度，保障办案质量，不是简单地当"二传手"。对公安机关不予立案的行为进行实体审查监督，不仅调阅公安卷宗书面审查，还对相关涉案人员进行询问，核实言词证据是否与公安卷宗中存在矛盾，注重"走出去"调取客观证据，通过主客观证据的比对验证还原犯罪事实。同时根据案情延伸办案效果，及时发现民事虚假诉讼监督案件线索，努力挖掘涉非公经济案件背后的公职人员违纪违法线索，并及时将线索移交相关机关依法查处，从而切实提升控告申诉检察部门在检察机关的"业务贡献度"。

2. 全方位监督，做到刑民并重，做实内外联动。在司法改革大背景下，检察机关应坚持"四大检察"并重，改变过去重刑轻民的传统。对于涉及非公经济的相关线索，不仅要从立案监督角度调查监督公安机关的不予刑事立案是否合法，而且要对可能涉及的民事诉讼监督线索、职务犯罪线索进行梳理，与刑事检察部门、民事检察部门、纪委监委等进行工作上的有效衔接，形成内外联动机制。

（江苏省人民检察院报送）

金某某合同诈骗立案监督案

案件承办单位

浙江省绍兴市越城区人民检察院

基本案情

2015年1月12日，被告人金某某伙同谢某某等人以绍兴A流体控制设备有限公司（以下简称A公司）的名义，经事先商量，以人民币487.5万元的价格从四川省成都市B矿业有限公司（以下简称B公司）员工李某某处购买总额人民币500万元的承兑汇票共计9张，并将上述承兑汇票出售。A公司收到全款后，仅支付B公司人民币225万元。B公司报案后，越城区公安分局仅作为证人制作询问笔录，未决定立案。

检察机关履职过程

线索发现。2019年1月28日，绍兴市越城区人民检察院公益损害与诉讼违法举报中心收到B公司的举报，反映金某某骗取其公司的贴现承兑汇票进而骗取贴现款，给企业造成了重大经济损失，公安机关应当立案侦查而不立案侦查，要求检察机关依法予以监督。

调查核实。根据《浙江省检察机关公益损害与诉讼违法举报中心工作规则（试行）》规定，绍兴市越城区人民检察院依法予以受理。针对举报线索，该院向越城区公安分局调取涉及金某某的相关材料，并依法讯问了同案犯谢某某，经调查查明：金某某伙同谢某某等人经事先商量，以 A 公司名义和人民币 487.5 万元的价格，从 B 公司员工李某某处购买总额人民币 500 万元的承兑汇票共计 9 张，并将上述承兑汇票出售，A 公司仅支付 B 公司人民币 225 万元，骗取人民币 262.5 万元承兑汇票款据为己有。

监督意见。越城区人民检察院认为金某某涉嫌合同诈骗罪，但公安机关未对其立案，仅将其作为证人制作询问笔录，根据《刑事诉讼法》第 113 条规定，应当要求公安机关说明不立案的理由。2019 年 2 月 1 日，越城区人民检察院向越城区公安分局发出《要求说明不立案理由通知书》。

监督结果。2019 年 2 月 2 日，越城区公安分局对犯罪嫌疑人金某某立案并刑拘上网追逃，同年 4 月 23 日，向越城区人民检察院提请批准逮捕犯罪嫌疑人金某某，同年 7 月 31 日移送审查起诉。同年 11 月 13 日，越城区人民检察院以被告人金某某犯合同诈骗罪向越城区人民法院提起公诉。2019 年 12 月 23 日，越城区人民法院作出一审判决，判决认定被告人金某某犯合同诈骗罪，依法判处有期徒刑 11 年 4 个月，并处罚金人民币 10 万元，责令其退赔被害单位 B 公司人民币 262.5 万元。2020 年 5 月 11 日，绍兴市中级人民法院对本案作出二审裁定，裁定维持原判。

典型意义

1. 畅通侵害非公经济线索流通渠道，开展多部门联合监督。侵害非公企业的刑事犯罪往往涉及经济纠纷，调查核实相较一般刑事案件更为复杂。检察机关要畅通侵害非公经济犯罪线索的流通渠道，多部门互相配合，互通有无，确保线索核实快速准确。对确有侵害非公企业的犯罪线索要勇于监督、善于监督、精准监督，全力护航非公经济。

2. 兼顾反向打击与正面保护，全面保障非公经济。对于侵害非公经济犯罪行为，尤其是侵害非公企业财产利益的犯罪行为，检察机关除要依法审查案件，严厉打击犯罪，深挖证据破解不认罪僵局以准确指控犯罪外，更要注重追赃挽损，积极为非公企业提起诉讼提供帮助。还要调查核实被告人经济状况，督促被告人清退赃款。要办得了案、追得了赃，全方位保障被骗企业的利益，营造健康的非公经济环境。

3. 立足案件办理，深挖案件背后存在的社会治理问题。要通过专案推动、专人统筹、专题会议、专业支持的"四专模式"推进检察环节社会治理工作，让检察环节促进社会治理更有力度。同时通过走访企业，搜集相关线索，积极延伸检察服务触角，强化社会治理理念，明确以服务为主、服务和监督相结合的工作思路，全面提升检察机关在保障非公经济发展、服务非公企业中的能力和水平。

（浙江省人民检察院报送）

第四部分

刑事立案监督业务
理论与实务

控告申诉检察部门办理刑事立案监督案件的几个基本问题

赵景川 *

《刑事诉讼法》第 109 条规定："公安机关或者人民检察院发现犯罪事实或者犯罪嫌疑人，应当按照管辖范围，立案侦查。"立案是我国刑事诉讼程序中独立的诉讼阶段，是刑事诉讼的主要启动方式，是涉案当事人进入刑事诉讼程序成为犯罪嫌疑人，侦查机关正式开始侦查行为的程序前提和依据。立案程序一旦激活，将对涉案当事人的人身、财产等权利产生重大影响，而如果该启动不启动，也会对被害人的权益保护造成不利影响。因此，刑事诉讼法等法律、司法解释明确规定对刑事立案主体的立案活动进行法律监督，避免真正的罪犯被放纵，防止无罪者的合法权益被限制和剥夺。

刑事立案监督是检察机关法律监督职能的组成部分，承担着规范刑事立案程序的重要职责，监督对象主要是公安机关。另外，行使侦查权的监狱、走私犯罪侦查机关（中国海警局）、检察院侦查部门等也可以作为监督对象。检察机关应当依法监督纠正刑事立案主体应当立案而不立案和不应当立案而立案等违法行为，保障和促进刑事立案主体正确行使立案权，有效惩治犯罪，

---

* 最高人民检察院第十检察厅主办检察官，三级高级检察官。

积极维护涉案当事人的合法权益。

一、 刑事立案监督制度的法律渊源

总体而言，刑事立案监督制度渊源于法律和司法解释等规范性文件的专门规定，具体包括以下三个层面：

第一，宪法是根本依据。《宪法》第 134 条规定："中华人民共和国人民检察院是国家的法律监督机关。"作为对法律监督权的原则性规定，明确了人民检察院是我国的法律监督机关。检察机关有权对所有法律的实施进行监督，其中当然包括对刑事诉讼法的实施进行监督。《宪法》第 140 条规定："人民法院、人民检察院和公安机关办理刑事案件，应当分工负责，互相配合，互相制约，以保证准确有效地执行法律。"宪法的上述规定是我国构建刑事立案监督具体制度的最根本依据，是关于我国刑事立案监督立法的源头性规定。

第二，刑事诉讼法明确确立。《刑事诉讼法》第 7 条、第 8 条、第 112 条、第 113 条是检察机关依法享有刑事立案监督权的基本法律依据，其中第 113 条规定："人民检察院认为公安机关对应当立案侦查的案件而不立案侦查的，或者被害人认为公安机关对应当立案侦查的案件而不立案侦查，向人民检察院提出的，人民检察院应当要求公安机关说明不立案的理由。人民检察院认为公安机关不立案理由不能成立的，应当通知公安机关立案，公安机关接到通知后应当立案。"上述刑事诉讼法条文作为刑事立案监督制度的核心内容，构成了我国刑事立案监督制度的基本体系和具体职权，为检察机关制止和纠正在刑事诉讼立案环节出现的违法情形提供了直接法律依据。

第三，司法解释等规范性文件细化操作。最高人民检察院颁布《人民检察院刑事诉讼规则》，在"刑事立案监督"一节用10 个条文对检察机关立案监督工作进行了规范，明确了监督的内容、对象、范围、程序、方式、期限、案件来源、效力等重要问题，是检察机关开展立案监督工作的操作规范。最高人民检察院还印发《人民检察院立案监督工作问题解答》《侦查监督部门实施刑事诉讼法若干问答》等，联合公安部制发《关于刑事立案监督有关问题的规定（试行）》《关于公安机关办理经济犯罪案件的若干规定》，会同最高人民法院、公安部、国家安全部、司法部、全国人大常委会法制工作委员会制定《关于实施刑事诉讼法若干问题的规定》①，会同有关中央部委下发文件，建立行政执法与刑事司法衔接工作机制②，明确检察机关对行政执法机关移送涉嫌犯罪案件和公安机关有关立案活动，依法实施法律监督。

此外，国务院《行政执法机关移送涉嫌犯罪案件的规定》、公安部《公安机关办理刑事案件程序规定》等规范性文件，也对检察机关刑事立案监督作了相应规定。如《行政执法机关移送涉嫌犯罪案件的规定》第 9 条规定："行政执法机关接到公安机关不予立案的通知书后，认为依法应当由公安机关决定立案的，可以自接到不予立案通知书之日起 3 日内，提请作出不予立

---

① 根据该规定第 18 条，公安机关收到人民检察院要求说明不立案理由通知书后，应当在 7 日内将说明情况书面答复人民检察院；人民检察院认为公安机关不立案理由不能成立，发出通知立案书时，应当将有关证明应当立案的材料同时移送公安机关；公安机关收到通知立案书后，应当在 15 日内决定立案，并将立案决定书送达人民检察院。

② 如国务院法制办、中央纪委、最高人民法院、最高人民检察院、公安部、国家安全部、司法部、人力资源社会保障部《关于加强行政执法与刑事司法衔接工作的意见》；国家工商行政管理总局、公安部、最高人民检察院《关于加强工商行政执法与刑事司法衔接配合工作若干问题的意见》；食品药品监管总局、公安部、最高人民法院、最高人民检察院、国务院食品安全办《食品药品行政执法与刑事司法衔接工作办法》；等等。

案决定的公安机关复议，也可以建议人民检察院依法进行立案监督。作出不予立案决定的公安机关应当自收到行政执法机关提请复议的文件之日起 3 日内作出立案或者不予立案的决定，并书面通知移送案件的行政执法机关。移送案件的行政执法机关对公安机关不予立案的复议决定仍有异议的，应当自收到复议决定通知书之日起 3 日内建议人民检察院依法进行立案监督。公安机关应当接受人民检察院依法进行的立案监督。"

二、 刑事立案监督的范围

界定刑事立案监督的范围，是检察机关实现准确、有效监督的前提。根据刑事诉讼法和有关司法解释、规范性文件的规定，刑事立案监督主要是对公安机关立案活动的监督，同时还包括对检察机关等刑事立案主体立案活动的监督。

（一） 对公安机关立案活动的三种情形应当进行刑事立案监督

1. 应当立案侦查而不立案侦查的情形（消极立案）

根据《刑事诉讼法》第 113 条和《人民检察院刑事诉讼规则》第 557 条第 1 款的规定，被害人及其法定代理人、近亲属或者行政执法机关，认为公安机关对其控告或者移送的案件应当立案侦查而不立案侦查，向检察机关提出的，检察机关应当受理并进行审查。这类案件主要是指对于符合立案条件的案件，公安机关出于对事实证据、法律适用存在理解分歧，甚或极个别办案人员徇私枉法、以权谋私等原因，而对单位和个人的报案、控告、举报不予立案、直接作行政处理等。如焦某某诈骗立案监督案，某基层院控申检察部门接访一起案件，被害人王某某反映，焦某某为了骗取王某某信任，虚构自己承揽某报刊户外广告安装需要资金等事由，多次向被害人以借款名义骗取现金 162800 元，用于个人挥霍，其间王某某多次催要，焦某某采取伪造承诺书、多次打借条、归还极小数额现金的形式，掩饰其非法占有的目的，不予归还。王某某向公安机关控告焦某某涉嫌诈骗案后，公安机关以"没有诈骗的犯罪事实"为由作出不立案的决定。检察机关受理王某某的来访后，启动立案监督程序，并最终监督公安机关立案侦查。①

此外，从司法实践看，还包括刑事案件已经发案，公安机关已经掌握了基本的犯罪事实，但由于没有报案、控告和举报，不主动行使法定的职责而不立案的情况；以及不破不立的案件，即公安机关在绩效考核压力下，对于一时难以侦破的案件，不立案就展开调查，等到破案时再行补办立案手续。《人民检察院刑事诉讼规则》第 557 条第 2 款因此也规定："人民检察院发现公安机关可能存在应当立案侦查而不立案侦查情形的，应当依法进行审查。"

根据最高人民法院《关于适用〈中华人民共和国刑事诉讼法〉的解释》第 1 条第 2 项规定，对于人民检察院没有提起公诉，被害人有证据证明的轻微刑事案件，被害人直接向人民法院起诉的，人民法院应当依法受理；对于其中证据不足，可以由公安机关受理的，或者认为对被告人可能判处 3 年有期徒刑以上刑罚的，应当告知被害人向公安机关报案，或者移送公安机关立案侦查。对此种情况的案件，如果被害人及其法定代理人、近亲属反映公安机关应当立案侦查而不立案侦查的，也属于检察机关刑事立案监督的范围。

---

① 该案最终法院以诈骗罪判处焦某某有期徒刑 6 年 6 个月，并处罚金 11.5 万元。

需要注意的是，根据《刑事诉讼法》第 112 条规定，公安机关决定不予立案的，应当将不立案的原因通知控告人，控告人如果不服，可以申请复议。《公安机关办理刑事案件程序规定》第 179 条据此规定："控告人对不予立案决定不服的，可以在收到不予立案通知书后七日以内向作出决定的公安机关申请复议；公安机关应当在收到复议申请后三十日以内作出决定，并将决定书送达控告人。控告人对不予立案的复议决定不服的，可以在收到复议决定书后七日以内向上一级公安机关申请复核；上一级公安机关应当在收到复核申请后三十日以内作出决定。对上级公安机关撤销不予立案决定的，下级公安机关应当执行。"即控告人通过行使法定复议权和复核权也可以对公安机关的消极立案活动进行监督。

另，根据《人民检察院刑事诉讼规则》第 557 条第 3 款规定，检察机关接到控告、举报或者发现行政执法机关不移送涉嫌犯罪案件的，经检察长批准，应当向行政执法机关提出检察意见，要求其按照管辖规定向公安机关移送涉嫌犯罪案件。即检察机关对于行政执法机关应当移送而不移送的案件，也应当进行法律监督。如王某某非法占用农用地案，王某某先后雇佣 5 台农机车牵引重耙，将其所承包的 2400 余亩的草场进行了开垦，经测量，开垦草原面积为 2284 亩，造成原有植被严重毁坏。当地草原监管部门对王某某的行为是否属于改变被占用草原用途在法律适用上拿捏不准，在是否移送案件线索上犹豫不定，没有及时移送公安机关立案侦查。当地基层检察院主动提前介入，认为王某某的行为涉嫌非法占用农用地罪，遂监督草原监管部门将此线索

移送公安机关立案侦查。^①

2. 不应当立案而立案的情形（违法立案）

根据《人民检察院刑事诉讼规则》第 557 条第 1 款的规定，当事人认为公安机关不应当立案而立案，向检察机关提出的，检察机关应当受理并进行审查。这类案件是指公安机关对于不符合立案条件的案件予以立案侦查，导致国家追诉权的滥用，对公民合法权益造成危害。1999 年《人民检察院刑事诉讼规则》第 378 条"对于公安机关不应当立案而立案侦查的，人民检察院应当向公安机关提出纠正违法意见"的规定，首次将该违法立案情形纳入监督范围，但规定得比较粗略。2000 年《人民检察院立案监督工作问题解答》第十九问提出，在办理此类案件时，要从严掌握。2010 年最高人民检察院、公安部《关于刑事立案监督有关问题的规定（试行）》第 6 条第 2 款对此作了较为具体规定，并为 2019 年《人民检察院刑事诉讼规则》第 557 条、第 559 条等规定所吸收。

根据规定，插手经济纠纷、报复陷害、敲诈勒索、谋取非法利益等四种严重违法立案情形，是该类案件的监督重点。除此之外，其他明显违反法律规定予以刑事立案的情形，如没有证据证明有犯罪事实发生或虽有犯罪事实发生但不是犯罪嫌疑人所为，公安机关仍予以立案的，或者对明显不构成犯罪或者依法不应追究刑事责任的人立案的，也应当进行立案监督。^② 如仲某盗窃立案监督案，某物流公司委托仲某等人将 6 辆欧曼昆仑自卸整车配

---

① 该案起诉至法院后，一审法院以非法占用农用地罪判处王某某有期徒刑 2 年，并处罚金人民币 5 万元。

② 参见《人民检察院刑事诉讼规则》第 559 条第 2 款、最高人民检察院《侦查监督部门实施刑事诉讼法若干问答》第十一问。

送至新疆霍尔果斯口岸，并签订了商品汽车司机运费支付单，仲某获得所驾驶车的手续和一张价值 5000 元的中石油加油卡。之后，仲某将加油卡以 4500 元卖给他人，又因被追债 2 万元，先后以每条 1200—1500 元不等的价格卖给他人 11 条轮胎，仲某还编造各种理由让其他人认为其正驾车前往目的地。物流公司发现后，将仲某扭送至公安机关。经鉴定，仲某所卖轮胎共计价值 32670 元。公安机关对仲某以涉嫌盗窃罪立案侦查。仲某近亲属向检察机关提出控告。检察机关启动立案监督程序，审查认为仲某涉嫌侵占罪，但侵占罪系告诉才处理的犯罪，故公安机关不应立案，遂通知公安机关撤销案件。

3. 在规定期限内不作出是否立案决定的情形（拖延立案）

根据《人民检察院刑事诉讼规则》第 562 条规定，公安机关对当事人的报案、控告、举报或者行政执法机关移送的涉嫌犯罪案件受理后未在规定期限内作出是否立案决定，当事人或者行政执法机关向检察机关提出的，检察机关应当受理并进行审查。这类案件是指公安机关对单位和个人的报案、控告、举报或者行政执法机关移送的涉嫌犯罪案件受理后未在规定期限作出是否立案决定，久拖不决，致使当事人的合法权益不能得到及时保障，甚至因此造成难以弥补的伤害。如王某某职务侵占立案监督案，福建泉州丰泽区检察院社区网格员在日常走访中向某公司了解到，该公司某地区销售代表王某某侵占公司货款 20 余万元，行为发生与公司住所分属两地，导致公司长期未能发现犯罪事实，而报案后公安机关又迟迟未予立案，致使公司权益得不到救济。网格员将了解到的情况向丰泽区检察院反映，该院决定启动立案监督程序，公安机关于 2019 年 6 月 11 日对该案立案，2020 年 8 月 17 日以王某某涉嫌职务侵占罪向丰泽区检察院移送审查起诉，后丰泽区法院以职务侵占罪判处王某某有期徒刑 1 年，退出赃款 8 万元发还被害单位，不足部分继续赔偿。

此类违法情形的监督较早规定于 2004 年 3 月 18 日最高人民检察院、全国整顿和规范市场经济秩序领导小组办公室、公安部联合印发的《关于加强行政执法机关与公安机关、人民检察院工作联系的意见》，该意见第 4 条提出："加强立案监督工作，确保对涉嫌犯罪案件依法立案侦查。人民检察院对于行政执法机关已经移送公安机关的涉嫌犯罪案件，应当跟踪了解公安机关的立案情况。对于公安机关未及时受理或者立案的，应当依法开展立案监督，督促公安机关在法定期限内依法受理或者立案侦查。"2014 年，最高人民检察院《侦查监督部门实施刑事诉讼法若干问答》增加了当事人可以对此类案件提出监督申请①，并细化了监督程序，该规范性文件第十问明确："公安机关对当事人的报案、控告、举报受理后长期不作出是否立案决定，当事人向人民检察院提出的，人民检察院应当受理并进行审查，认为符合刑事立案条件的，应当将案件线索移送有管辖权的公安机关，并要求公安机关及时书面回复审查处理情况。公安机关未在合理期限内作出立案或者不立案决定，也未向人民检察院说明情况的，人民检察院应当进行立案监督。"最高人民检察院、公安部《关于公安机关办理经济犯罪案件的若干规定》第 27 条作出对应性规定，《人民检察院刑事诉讼规则》第 562 条充分吸收后，对该类案件的立案监督进行了具体规范。

司法实务中，还存在公安机关出于各种原因，对报案、控

---

① 而之前的最高人民检察院、公安部《关于刑事立案监督有关问题的规定（试行）》第 5 条第 3 项规定，人民检察院对于公安机关应当立案侦查而不立案侦查的线索进行审查后，公安机关尚未作出不予立案决定的，移送公安机关处理。

告、举报不予接受或者不出具受案回执，当事人因而向检察机关申诉、控告的情况，对于该类控告申诉案件，应当移送公安机关处理，必要时，也可以参照《人民检察院刑事诉讼规则》第562条的规定，探索进行监督，督促公安机关依法接受，或者按规定制作受案回执，并将受案回执交报案人、控告人、举报人。[①]

关于此类案件中的"规定期限"，适用公安部《关于改革完善受案立案制度的意见》（公通字〔2015〕32号）中关于立案审查期限的规定，即：接报案件后，应当立即进行受案立案审查；对于违法犯罪事实清楚的案件，公安机关各办案警种、部门应当即受即立即办，不得推诿拖延；刑事案件立案审查期限原则上不超过3日；涉嫌犯罪线索需要查证的，立案审查期限不超过7日；重大疑难复杂案件，经县级以上公安机关负责人批准，立案审查期限可以延长至30日；法律、法规、规章等对受案立案审查期限另有规定的，从其规定。如根据最高人民检察院、公安部《关于公安机关办理经济犯罪案件的若干规定》第15条、第16条的规定，公安机关接受涉嫌经济犯罪线索的报案、控告、举报和行政执法机关的移送，立案审查期限可以延长2次，最长期限为60日。

（二）对检察机关刑事立案活动的监督

《刑事诉讼法》第19条第2款规定："人民检察院在对诉讼

---

① 《刑事诉讼法》第110条第3款规定："公安机关、人民检察院或者人民法院对于报案、控告、举报，都应当接受。对于不属于自己管辖的，应当移送主管机关处理，并且通知报案人、控告人、举报人；对于不属于自己管辖而又必须采取紧急措施的，应当先采取紧急措施，然后移送主管机关。"《公安机关办理刑事案件程序规定》第169条也有明确要求，该规定第171条还规定："公安机关接受案件时，应当制作受案登记表和受案回执，并将受案回执交扭送人、报案人、控告人、举报人。扭送人、报案人、控告人、举报人无法取得联系或者拒绝接受回执的，应当在回执中注明。"

活动实行法律监督中发现的司法工作人员利用职权实施的非法拘禁、刑讯逼供、非法搜查等侵犯公民权利、损害司法公正的犯罪，可以由人民检察院立案侦查。对于公安机关管辖的国家机关工作人员利用职权实施的重大犯罪案件，需要由人民检察院直接受理的时候，经省级以上人民检察院决定，可以由人民检察院立案侦查。"检察机关立案侦查的案件为职务犯罪案件，立案活动作为检察机关自侦案件办理过程中非常重要的一个环节，是否符合法律规定，当事人的合法权益能否得到充分保障，也需要进行必要的立案监督。根据刑事诉讼法和相关司法解释、规范性文件的规定，对检察机关进行刑事立案监督主要包括以下两种情形。

1. 应当立案侦查而不立案侦查的情形（消极立案）

根据《刑事诉讼法》第 112 条规定，检察机关对于报案、控告、举报和自首的材料，应当按照管辖范围，迅速进行审查，认为没有犯罪事实，或者犯罪事实显著轻微，不需要追究刑事责任的时候，不予立案①，并且将不立案的原因通知控告人；控告人如果不服，可以申请复议。即控告人可以通过行使法定复议权对检察机关的消极立案活动进行监督。

《人民检察院刑事诉讼规则》第 173 条对该项内容作了进一步细化，该条第 1、2 款规定："对于控告和实名举报，决定不予立案的，应当制作不立案通知书，写明案由和案件来源、决定不立案的原因和法律依据，由负责侦查的部门在十五日以内送达控告人、举报人，同时告知本院负责控告申诉检察的部门。控告人如果不服，可以在收到不立案通知书后十日以内向上一级人民

---

① 《人民检察院刑事诉讼规则》第 171 条第 3 款明确规定："对具有下列情形之一的，报请检察长决定不予立案：（一）具有刑事诉讼法第十六条规定情形之一的；（二）认为没有犯罪事实的；（三）事实或者证据尚不符合立案条件的。"

检察院申请复议。不立案的复议，由上一级人民检察院负责侦查的部门审查办理。"由此，控告人、举报人认为检察机关对应当立案侦查的案件而不立案侦查的，可以向上一级人民检察院申请复议，上一级人民检察院控申检察部门受理复议申请后，应当及时移送本院负责侦查的部门审查办理。

另，《人民检察院刑事诉讼规则》第566条还规定了检察机关通过内部监督制约开展对该类案件的监督，该条规定："人民检察院负责捕诉的部门发现本院负责侦查的部门对应当立案侦查的案件不立案侦查或者对不应当立案侦查的案件立案侦查的，应当建议负责侦查的部门立案侦查或者撤销案件。建议不被采纳的，应当报请检察长决定。"司法实务中，控告人、举报人不服不立案决定，向本院控申检察部门申诉、控告的，控申检察部门应当告知其向上一级人民检察院申请复议；必要时，控申检察部门也可以根据案件具体情况，对该类控告申诉案件进行审查，认为需要本院侦查部门说明不立案理由的，可以提出意见，移送本院负责捕诉的部门处理。①

2. 不应当立案而立案的情形（违法立案）

如上所述，人民检察院负责捕诉的部门发现本院负责侦查的部门对不应当立案侦查的案件立案侦查的，应当依职权启动立案监督程序，建议负责侦查的部门撤销案件。负责捕诉的部门发现该类立案监督线索的途径有多种，如《人民检察院刑事诉讼规则》第366条规定："负责捕诉的部门对于本院负责侦查的部门移送起诉的案件，发现具有本规则第三百六十五条第一款规定情

---

① 《人民检察院举报工作规定》第49条第1款也规定："审查期间，举报人对不立案决定不服申请复议的，控告检察部门应当受理，并根据事实和法律进行审查，可以要求举报人提供有关材料。认为需要侦查部门说明不立案理由的，应当及时将案件移送侦查监督部门办理。"

形的，应当退回本院负责侦查的部门，建议撤销案件。"据此，司法实务中，如果犯罪嫌疑人及其辩护人认为检察机关不应当立案而立案，向检察机关提出申诉、控告的，控申检察部门应当受理，并根据事实和法律进行审查，认为需要侦查部门说明立案理由的，应当及时移送本院负责捕诉的部门办理。

三、 刑事立案监督申请的受理①

根据《人民检察院刑事诉讼规则》第 558 条等规定，对公安机关应当立案侦查而不立案侦查或者不应当立案而立案的申诉、控告，由办案的公安机关对应的同级人民检察院控申检察部门受理。

（一） 刑事立案监督线索来源

为开展好刑事立案监督工作，依法保障当事人合法权益，控申检察部门应当畅通案源渠道，使所有属于监督范围的案件都能顺畅进入监督程序。因此，控申检察部门要有主动监督的意识，在案源线索方面下足功夫，深入挖掘。司法实务中，可以通过以下途径发现案件线索和受理刑事立案监督申请。

1. 被害人及其法定代理人、近亲属认为公安机关对其控告的案件应当立案侦查而不立案侦查，或者犯罪嫌疑人及其辩护人认为公安机关不应当立案而立案，向检察机关提出申诉、控告。被害人是刑事案件的当事人，对自己的人身、财产和其他权益受侵害的程度体会最深，犯罪嫌疑人同样如此，并且他们还掌握着案件事实的第一手资料，是立案监督线索中主要的案源渠道。控

---

① 对检察机关刑事立案活动不服提出立案监督申请的受理和审查，不再单独论述，可参照适用对公安机关刑事立案监督申请的受理和审查的相关内容。

申检察部门收到被害人或者犯罪嫌疑人的监督申请后，对于材料齐备、属于本院管辖的，应当依法及时受理，不得推诿、敷衍、拖延。

如范某传虚假诉讼立案监督案，范某传与范某浩合伙挂靠安徽 A 公司承接工程项目，其中范某浩为安徽 A 公司四分公司负责人。范某传多次以工程项目资金周转等理由从范某升等 9 人处借款，借款本金 479 万元。之后，范某传因无力偿还债务，遂联系上述债权人起诉 A 公司，重新出具了加盖有"安徽 A 公司四分公司"公章以及范某浩私章的借条，并让范某升、尹某梅等 9 位债权人在相关民事诉讼文书上签字，后由范某传聘请的律师代为办理相关法律手续，相关诉讼费用由范某传支付。经审理，除范某升外，尹某梅等 8 人请求四分公司及 A 公司支付借款及利息的诉讼请求，法院均予支持。A 公司向公安机关报案，公安机关作出不立案决定。A 公司向合肥市高新技术产业开发区检察院提出立案监督申请，该院控申检察部门受理审查后，认为需要公安机关说明不立案理由，遂移送刑检部门办理，最终监督公安机关立案。①

又如王某某职务侵占立案监督案，山东枣庄台儿庄区公安分局接到某公司股东金某和杨某的报案，称该公司总经理王某某未经其他 5 名股东同意，伪造公司股东会决议、伪造股东签名和股东股权转让协议，并在工商部门非法变更登记公司章程和公司股权，在本人未实际出资的情况下，将股权扩大为 60%，侵害了公司其他股东公司管理中的股权，侵吞了金某 23.28% 公司管理的股权（合计 1124 万元）。台儿庄区公安分局决定对王某某以

_____

① 该案起诉后，法院最终以虚假诉讼罪判处范某传有期徒刑 4 年，并处罚金 5 万元。

涉嫌职务侵占罪立案侦查。王某某向台儿庄区检察院申请立案监督，该院控申检察部门依法受理后，及时导入办案程序，审查认为该案属于民事纠纷，遂监督公安机关撤销案件。

2. 工商、税务、环保、食药、海关、应急管理、文化稽查等行政执法机关认为公安机关对其移送的案件应当立案侦查而不立案侦查，通过"两法衔接"工作机制，向检察机关提出建议，也是立案监督线索中重要的案源渠道。"两法衔接"，是指为确保涉嫌犯罪案件及时移送司法机关处理，行政执法机关、公安机关、检察机关之间建立的打击犯罪的协作机制。该机制较早规定于2004年最高人民检察院、全国整顿和规范市场经济秩序领导小组办公室、公安部《关于加强行政执法机关与公安机关、人民检察院工作联系的意见》，2011年国务院法制办、中央纪委、最高人民法院、最高人民检察院、公安部、国家安全部、司法部、人力资源社会保障部《关于加强行政执法与刑事司法衔接工作的意见》作了进一步明确和规范，该意见第3条第16项规定："公安机关不受理行政执法机关移送的案件，或者未在法定期限内作出立案或者不予立案决定的，行政执法机关可以建议人民检察院进行立案监督。行政执法机关对公安机关作出的不予立案决定有异议的，可以向作出决定的公安机关提请复议，也可以建议人民检察院进行立案监督；对公安机关对公安机关不予立案的复议决定仍有异议的，可以建议人民检察院进行立案监督。行政执法机关对公安机关立案后作出撤销案件的决定有异议的，可以建议人民检察院进行立案监督。人民检察院对行政执法机关提出的立案监督建议，应当依法受理并进行审查。"之后，最高人民检察院又联合相关职能部门先后出台《关于加强工商行政执法与刑事司法衔接配合工作若干问题的意见》《食品药品行政执法与刑事司法衔接工作办法》《环境保护行政执法与刑事司法衔接工作办法》《安全生产行政执法与刑事司法衔接工作办法》等。从各地情况看，行政执法机关一般直接向刑检部门提出立案监督建议，由刑检部门直接受理审查。司法实务中，如果行政执法机关向控申检察部门移送立案监督线索或者提出建议的，控申检察部门应当依法及时受理和审查办理。

此外，根据《人民检察院刑事诉讼规则》第557条规定和"两法衔接"工作机制，控申检察部门接到控告、举报或者发现行政执法机关不移送涉嫌犯罪案件以及"以罚代刑"案件线索的，经检察长批准，可以向行政执法机关提出检察意见，要求其按照管辖规定向公安机关移送涉嫌犯罪案件。行政执法机关仍不移送的，检察机关应当将有关情况书面通知公安机关，由公安机关根据检察机关的意见，向行政执法机关查询案件，必要时直接立案侦查。[①]

3. 检察机关职能部门在办案或者开展诉讼监督活动中发现。如控申检察部门在办理刑事申诉案件过程中发现立案监督线索，

[①] 参见国务院法制办、中央纪委、最高人民法院、最高人民检察院、公安部、国家安全部、司法部、人力资源社会保障部《关于加强行政执法与刑事司法衔接工作的意见》第3条第15项规定。

刑检部门在办理批捕起诉案件过程中发现立案监督线索①，民事、行政、公益诉讼检察部门在履行法律监督职能过程中发现立案监督线索，执检部门在巡回检察时发现立案监督线索。对于上述立案监督线索，控申检察部门自行发现的，应当及时审查处理；其他职能部门如移送控申检察部门的，控申检察部门应当依法及时受理审查。

4. 通过审查公安机关刑事受案、立案、破案情况登记或者治安处罚、劳动教养等行政处罚案件发现。如公安机关已经立案但又作治安处罚或者劳动教养处理的案件，其实质是把刑事案件作为非刑事案件处理，检察机关经审查认为公安机关作治安处罚或者劳动教养不当，应当追究犯罪嫌疑人刑事责任的，可以按照立案监督程序办理。② 有些地方采取派驻公安机关执法办案管理

---

① 刑检部门在审查逮捕中发现遗漏犯罪事实或者犯罪嫌疑人的，不另行进行侦查，而应对报捕的案件事实进行审查，并依法作出是否批准逮捕的决定，同时对漏罪漏犯区分情况进行处理。所遗漏的犯罪事实与公安机关立案侦查的犯罪属于同一性质的，引导公安机关补充侦查取证；所遗漏的犯罪事实与立案侦查的犯罪属于不同种类犯罪的，按照立案监督程序办理。所遗漏的犯罪嫌疑人与公安机关立案侦查的犯罪嫌疑人构成共同犯罪的（同案人），应当将线索移送公安机关，如果现有事实、证据证明该同案人符合逮捕条件的，应当按照《人民检察院刑事诉讼规则》第288条规定的纠正漏捕程序办理；所遗漏的犯罪嫌疑人与立案侦查的犯罪嫌疑人不构成共同犯罪的（如上下游犯罪嫌疑人），可按照立案监督程序办理。参见最高人民检察院侦查监督厅《侦查监督部门实施刑事诉讼法若干问答》第十四问。在审查起诉中发现遗漏犯罪事实或者犯罪嫌疑人的，也应分别情形，按照《人民检察院刑事诉讼规则》第356条规定的纠正漏诉程序办理，或者按照立案监督程序办理。但是，共同犯罪案件中，部分被告人已被判决有罪且判决已经生效的，如果认为还应当追究其他共同犯罪人的刑事责任，但公安机关应当立案侦查而不立案侦查的，应当按照立案监督程序办理。

② 需要注意的是，对于公安机关立案后又撤销案件或者降格处理的监督是否属于刑事立案监督，目前规定有所不同。如应急管理部、公安部、最高人民法院、最高人民检察院《安全生产行政执法与刑事司法衔接工作办法》第14条第3款规定："应急管理部门对公安机关逾期未作出是否立案决定以及立案后撤销案件决定有异议的，可以建议人民检察院进行立案监督。"《环境保护行政执法与刑事司法衔接工作办法》第12条、《食品药品行政执法与刑事司法衔接工作办法》第10条也有类似规定。而《刑事诉讼法》第163条规定的立案后撤销案件规定在第二编第二章"侦查"，《人民检察院刑事诉讼规则》第567条第10项则亦规定侦查过程中的"不应当撤案而撤案的"属于侦查活动监督。

中心检察室的方式推动立案监督工作模式的转型，检察室能够第一时间了解案件立案、撤案、行政处罚等程序信息，拓宽了案源，也解决了立案监督工作中的及时性问题，检察室如将立案监督线索移送控申检察部门的，控申检察部门应当依法及时受理审查。

5. 通过刑事案件信息共享机制发现。根据最高人民检察院、公安部《关于刑事立案监督有关问题的规定（试行）》第3条第2款规定，公安机关与人民检察院应当建立刑事案件信息通报制度，定期相互通报刑事发案、报案、立案、破案和刑事立案监督、侦查活动监督、批捕、起诉等情况，重大案件随时通报，有条件的地方，应当建立刑事案件信息共享平台。控申检察部门如通过刑事案件信息共享机制发现立案监督线索的，应当依法及时审查。

6. 通过新闻媒体发现。既包括报刊、广播、电视等传统新闻媒体，也包括博客、微博、微信等互联网新媒体，特别是已经形成网络舆情的案（事）件，控申检察部门应当及时关注，发现可能存在应当立案侦查而不立案侦查或者不应当立案而立案情形的，应当依法进行审查。

7. 上级检察院或者检察长交办。《人民检察院组织法》第10条第2款、第36条规定，最高人民检察院领导地方各级人民检察院和专门人民检察院的工作，上级人民检察院领导下级人民检察院的工作；人民检察院检察长领导本院检察工作。对于上级检察院和检察长交办控申检察部门的立案监督案件，控申检察部门应当依法及时审查。

8. 人大代表、政协委员、人民监督员、特约检察员等转办。这类立案监督线索如移送控申检察部门的，控申检察部门应当依法及时审查。

9. 通过其他途径发现。如人民代表大会常务委员会、人民法院、政府信访部门等国家机关向检察机关转交的立案监督线索。此类立案监督线索如移送控申检察部门的，控申检察部门应当依法及时受理审查。

（二）受理刑事立案监督申请

对于当事人提出的刑事立案监督申诉、控告，控申检察部门首先应当审查申请材料是否齐备。申请材料应当包括申请（诉）书、身份证明材料、相关法律文书等。申请（诉）书应当载明当事人的基本情况，具体要求、事实根据和理由，申请的时间，当事人也可以口头申请并制作笔录。申请人不是当事人本人的，应当要求其说明与当事人的关系，并提供相应证明，如授权委托书，系代理律师的，应当同时提供律师执业证及律师事务所介绍函。相关法律文书主要系指公安机关不立案或者立案的相关法律文书。如果经过复议、复核的，应当提供复议、复核维持不予立案决定的材料。对于公安机关拖延立案行为提出申诉、控告的，应当提供公安机关逾期未作出是否立案决定的材料，如受案回执。

如果系行政执法机关移送的刑事立案监督线索，行政执法机关应当提供立案监督建议书、相关案件材料、公安机关不予立案决定以及其他必要材料等。①

---

① 如环境保护部、公安部、最高人民检察院《环境保护行政执法与刑事司法衔接工作办法》第13条规定："环保部门建议人民检察院进行立案监督的案件，应当提供立案监督建议书、相关案件材料，并附公安机关不予立案、立案后撤销案件决定及说明理由材料，复议维持不予立案决定材料或者公安机关逾期未作出是否立案决定的材料。"

（三）依法处理刑事立案监督程序和复议复核程序的关系

控告人对公安机关作出的不予立案决定不服的，既可以依据《刑事诉讼法》第113条向检察机关提出刑事立案监督申请，也可以依据《刑事诉讼法》第112条向公安机关申请复议，对复议结果不服的，还可以依据《公安机关办理刑事案件程序规定》第179条规定继续向上一级公安机关申请复核。① 《公安机关办理刑事复议复核案件程序规定》第7条亦规定："刑事复议申请人对公安机关就本规定第六条②第二至四项决定作出的刑事复议决定不服的，可以向其上一级公安机关提出刑事复核申请。"

根据以上规定，控告人或者行政执法机关对公安机关作出的不予立案决定不服，既可以选择提出复议，也可以选择提起立案监督申请，有些规范性文件对此还作出了规定。如国务院法制办、中央纪委、最高人民法院、最高人民检察院、公安部、国家安全部、司法部、人力资源社会保障部《关于加强行政执法与刑事司法衔接工作的意见》第3条第16项规定，行政执法机关对公安机关作出的不予立案决定有异议的，可以向作出决定的公安机关提请复议，也可以建议人民检察院进行立案监督。但是实

---

① 《公安机关办理刑事案件程序规定》第181条还规定："移送案件的行政执法机关对不予立案决定不服的，可以在收到不予立案通知书后三日以内向作出决定的公安机关申请复议；公安机关应当在收到行政执法机关的复议申请后三日以内作出决定，并书面通知移送案件的行政执法机关。"即未规定移送案件的行政执法机关可以继续申请复核。

② 《公安机关办理刑事复议复核案件程序规定》第6条规定："在办理刑事案件过程中，下列相关人员可以依法向作出决定的公安机关提出刑事复议申请：（一）对驳回申请回避决定不服的，当事人及其法定代理人、诉讼代理人、辩护律师可以提出；（二）对没收保证金决定不服的，被取保候审人或者其法定代理人可以提出；（三）保证人对罚款决定不服的，其本人可以提出；（四）对不予立案决定不服的，控告人可以提出；（五）移送案件的行政机关对不予立案决定不服的，该行政机关可以提出。"

际申请救济时，上述两种方式只能择一进行，不能同时选择。如《公安机关办理刑事复议复核案件程序规定》第 16 条规定："收到控告人对不予立案决定的刑事复议、复核申请后，公安机关应当对控告人是否就同一事项向检察机关提出控告、申诉进行审核。检察机关已经受理控告人对同一事项的控告、申诉的，公安机关应当决定不予受理；公安机关受理后，控告人就同一事项向检察机关提出控告、申诉，检察机关已经受理的，公安机关应当终止刑事复议、复核程序。"

需要特别注意的是，最高人民法院、最高人民检察院、公安部、司法部《关于依法处理涉法涉诉信访工作衔接配合的规定》第 3 条规定："控告人对公安机关不予立案决定不服，既向公安机关提出刑事复议、复核申请，又向人民检察院提出立案监督请求，公安机关已经受理且正在审查程序当中的，人民检察院应当告知控告人待公安机关处理完毕后如不服再向人民检察院提出立案监督请求；人民检察院已经受理或者已经作出法律结论的，公安机关不予受理或者终止办理，但发现有新证据的除外。未向公安机关申请刑事复议、复核，直接向人民检察院提出立案监督请求的，人民检察院应当告知控告人如检察机关受理后公安机关将不予受理的后果，并引导控告人先行向公安机关申请复议、复核。控告人坚持立案监督请求的，人民检察院应当受理。"即刑事立案监督程序是对公安机关立案活动的终决监督程序，对于公安机关的不予立案决定，检察机关已经受理或者已经作出法律结论的，原则上公安机关不予受理或者终止办理控告人提出的复议、复核申请，但公安机关已经作出复议、复核决定的，不影响检察机关之后受理控告人的立案监督申请。

这就要求，司法实务中，控申检察部门接到被害人不服公安机关不立案决定的申诉、控告时，应当引导其先行向公安机关申请复议、复核，告知其复议、复核不影响检察监督；之后，其不服还可以再向检察机关申请立案监督。如果被害人坚持选择向检察机关申请立案监督，应当明确告知其检察机关作出结论后，公安机关不再受理其复议、复核申请。在被害人签字确认放弃向公安机关申请复议、复核的权利后，检察机关应当依法受理其刑事立案监督申请。

四、 刑事立案监督案件的审查

《人民检察院刑事诉讼规则》第 558 条规定："人民检察院负责控告申诉检察的部门受理对公安机关应当立案而不立案或者不应当立案而立案的控告、申诉，应当根据事实、法律进行审查。认为需要公安机关说明不立案或者立案理由的，应当及时将案件移送负责捕诉的部门办理；认为公安机关立案或者不立案决定正确的，应当制作相关法律文书，答复控告人、申诉人。"控申检察部门受理刑事立案监督申请后，不是简单作程序性的要件审查，申请材料齐备即移送刑检部门办理，而是应当根据事实、法律进行实体性审查，也只有经过实体性的审查评估后，才能确定是否需要公安机关说明不立案或者立案理由，才有移送刑检部门办理的价值和必要。对此问题，最高人民检察院控告检察厅曾于 2015 年 3 月 31 日答复广东省人民检察院控告检察处："对于要求人民检察院对公安机关实行刑事立案监督的控告或者申诉，控告检察部门在审查受理时，应当根据事实和法律，对控告、申诉材料进行实体性审查，或者认为需要公安机关说明不立案或者立案理由的，应当及时将案件移送侦查监督部门办理。"

（一）审查的内容

对公安机关应当立案侦查而不立案侦查或者不应当立案而立案的申诉、控告，控申检察部门审查的内容包括以下方面：

1. 是否有犯罪事实且需要追究刑事责任。根据《刑事诉讼法》第112条规定，公安机关对于报案、控告、举报和自首的材料，应当按照管辖范围，迅速进行审查，认为有犯罪事实需要追究刑事责任的时候，应当立案。因此，控申检察部门应当重点审查是否"有犯罪事实"且"需要追究刑事责任"。所谓有犯罪事实，即具备初步证明程度的证据，可以证实刑法规定的符合犯罪构成要件的基本事实，如被害人到公安机关报案称被抢劫。所谓需要追究刑事责任，即已经达到刑法规定的追诉标准，明显排除不需要追究刑事责任的情况，如被害人到公安机关报案称其花100元购买的旧自行车被盗窃，则就不属于需要追究刑事责任的情况；又如犯罪嫌疑人未达到刑事责任年龄，或者无刑事责任能力，也属于不需要追究刑事责任的情况。需要注意的是，在立案阶段，对于因事立案的，不能要求证据必须能够证实犯罪嫌疑人是谁；对于因人立案的，不能要求证据足以证实犯罪目的、动机、手段、方法等所有情节。

如王某抢劫立案监督案，王某到某中学找一熟识学生借钱无果后，就窜至该中学公寓楼103、211、304号男生宿舍，采用恐吓、搜身等方式，抢走该校学生肖某、徐某、郑某、杨某一、杨某二等人现金人民币合计55元。案发后，公安机关以敲诈勒索对王某处以行政拘留6日。立案监督期间，检察机关审查认为，本案中有确实、充分的证据证明王某主观上以非法占有为目的，客观上采取了恐吓和搜身等手段，胁迫在校学生交出其身上的财物，侵犯了被害人的财产权和人身权，其行为符合抢劫罪的构成要件，涉嫌构成抢劫罪。遂监督公安机关立案，最终法院以抢劫罪判处王某有期徒刑 3 年，缓刑 3 年，并处罚金 1000 元。

2. 是否属于被申诉、控告的公安机关管辖。公安机关发现犯罪事实或者犯罪嫌疑人，应当按照管辖范围立案侦查。《刑事诉讼法》第 25 条规定了刑事案件管辖的基本原则，即：刑事案件由犯罪地的公安机关管辖，如果由犯罪嫌疑人居住地的公安机关管辖更为适宜的，可以由犯罪嫌疑人居住地的公安机关管辖。《公安机关办理刑事案件程序规定》第二章则规定了公安机关行使管辖权的各种具体情况。依据《刑事诉讼法》第 110 条规定，对于不属于自己管辖的报案、控告、举报，公安机关应当移送有管辖权的公安机关；如果案件属于自诉案件或应当由检察机关立案侦查的，应当将线索移送至有管辖权的人民法院或者检察院，并且通知报案人、控告人、举报人。控申检察部门应当据此审查公安机关是否具有法定管辖权，公安机关决定不立案是否系因不具有管辖权，或者公安机关是否系在不具有管辖权的情况下强行立案管辖。

如丁某某、林某某等人假冒注册商标立案监督案，丁某某、林某某等人雇用民工在福建省晋江市生产假冒"德芙"巧克力，累计价值人民币 150 余万元，张某等人购进上述部分巧克力，通过注册的网店向社会公开销售。浙江嘉兴市公安局接玛氏公司报案，该局指定南湖公安分局立案侦查。南湖区检察院发现公安机关可能存在对制假犯罪应当立案侦查而未立案侦查的情况，而南湖公安分局认为，本案涉及多个侵权行为实施地，制假犯罪不属本地管辖。南湖区检察院认为，无论是根据最初受理地、侵权结果发生地管辖原则，还是基于制假售假行为的关联案件管辖原则，南湖公安分局对本案中的制假犯罪均具有管辖权，决定监督公安机关对上游制假犯罪立案侦查。①

3. 公安机关是否已经作出不立案或者立案决定

根据《刑事诉讼法》第 112 条规定，公安机关对于报案、控告、举报和自首的材料，审查认为有犯罪事实需要追究刑事责任的时候，应当立案；认为没有犯罪事实，或者犯罪事实显著轻微，不需要追究刑事责任的时候，不予立案，并且将不立案的原因通知控告人。《公安机关办理刑事案件程序规定》第 178 条对此作了进一步明确，并且第 2 款专门规定："对有控告人的案件，决定不予立案的，公安机关应当制作不予立案通知书，并在三日以内送达控告人。"控申检察部门应当审查公安机关是否按照法律规定作出不予立案决定并向控告人送达不予立案通知书，或者当事人已因涉嫌犯罪被公安机关刑事立案，还要进一步审查公安机关不予立案或者决定立案的事由。

对于公安机关在规定期限内不作出是否立案决定的申诉、控告，控申检察部门审查时，主要是程序性审查，重点审查申请材料是否齐备，公安机关何时受理的报案、控告、举报，公安机关未作出是否立案的决定有没有超过公安部《关于改革完善受案立案制度的意见》等规范性文件中关于立案审查期限的规定。

（二）开展必要的调查核实

没有调查就没有发言权。控申检察部门既然要对刑事立案监督申请进行实体性审查，自然就要求进行适当的调查核实，这也是准确认定公安机关立案活动是否合法、是否需要说明不立案或者立案理由的保证。

---

① 最终法院以假冒注册商标罪判处丁某某、林某某等 7 人有期徒刑 1 年 2 个月至 4 年 2 个月，并处罚金。参见最高人民检察院第二十四批指导性案例（检例第 93 号）。

　　根据刑事诉讼法、《人民检察院刑事诉讼规则》① 和最高人民检察院、公安部《关于刑事立案监督有关问题的规定（试行）》② 等规定，控申检察部门在立案监督工作中，可以适当展开查明是否存在应当立案侦查而不立案侦查的事实或不应当立案而立案的事实，可以适当方式调取相关证据，达到足以需要公安机关说明不立案或者立案理由的程度即可。如核实公安机关不立案理由或立案理由是否符合刑事诉讼法的规定，核实犯罪嫌疑人涉嫌犯罪的主客观要件，核实犯罪事实是否符合不追究刑事责任的情形等。如通过调查核实，仍未达到足以需要公安机关说明不立案或者立案理由的程度，则应认为公安机关不立案或者立案决定正确。

　　决定调查核实的，承办人应当制作调查方案，列明线索来源、线索成案的可能性、调查所需要解决的问题、调查的方法、步骤、调查的人员配备和分工以及调查需要注意的事项，报经部门负责人审核，分管检察长批准后实施。

　　开展调查核实的方式既可以是书面审查，也可以进行必要的实地调查。如可以要求控告人、申诉人提供有关材料，可以调

---

① 如《人民检察院刑事诉讼规则》第551条第2、3款规定："人民检察院对于涉嫌违法的事实，可以采取以下方式进行调查核实：（一）讯问、询问犯罪嫌疑人；（二）询问证人、被害人或者其他诉讼参与人；（三）询问办案人员；（四）询问在场人员或者其他可能知情的人员；（五）听取申诉人或者控告人的意见；（六）听取辩护人、值班律师意见；（七）调取、查询、复制相关登记表册、法律文书、体检记录及案卷材料等；（八）调取讯问笔录、询问笔录及相关录音、录像或其他视听资料；（九）进行伤情、病情检查或者鉴定；（十）其他调查核实方式。人民检察院在调查核实过程中不得限制被调查对象的人身、财产权利。"需注意的是，以上调查核实方式并非都可以用于刑事立案监督。

② 最高人民检察院、公安部《关于刑事立案监督有关问题的规定（试行）》第8条第2款规定："人民检察院开展调查核实，可以询问办案人员和有关当事人，查阅、复印公安机关刑事受案、立案、破案等登记表册和立案、不立案、撤销案件、治安处罚、劳动教养等相关法律文书及案卷材料，公安机关应当配合。"

取、审查有关书面材料，可以询问证人，可以采取其他不涉及限制犯罪嫌疑人人身权利、财产权利的手段了解案件事实真相。决定进行实地调查的，要经部门负责人和检察长批准，严格依法进行，严禁使用强制措施；调查要秘密进行，一般不接触犯罪嫌疑人。[①] 目前的统一业务系统中提供了询问通知书、调取证据通知书、调取证据清单等法律文书。

如上海甲建筑装饰有限公司、吕某拒不执行判决立案监督案，上海青浦区检察院在收到立案监督申请后，立即开展调查核实，调阅青浦公安分局侦查卷宗和青浦区法院执行卷宗，调取甲公司银行流水，听取控告人乙公司法定代表人金某意见，并查询国家企业信用信息公示系统，查明甲公司实际经营人吕某在同乙公司诉讼过程中，将甲公司更名并变更法定代表人为马某某，以致法院判决甲公司败诉后，在执行阶段无法找到甲公司资产。为调查核实甲公司资产情况，承办人调阅甲公司银行流水，发现该公司与丙集团南昌房地产事业部有业务往来，丙集团曾向甲公司以转账形式支付货款。为进一步核实证据，承办人又赴丙集团南昌房地产事业部调取与甲公司相关的往来账目、合同、汇票等证据，最终确认丙集团以汇票的形式将货款支付给甲公司，其后吕某将该银行汇票背书转让给由其实际经营的丁公司，该笔资金用于甲公司日常经营活动。青浦区检察院认为，甲公司舍弃电子支付、银行转账等便捷方式，却派人专程从上海至南昌取走银行汇票，该款未进入甲公司账户，但实际用于甲公司日常经营活动，其目的就是利用汇票背书形式规避法院的执行，甲公司及其直接主管人员涉嫌拒不执行判决罪。该案最终监督公安机关立案，法

---

① 参见《人民检察院立案监督工作问题解答》第十一问。

院以拒不执行判决罪判处甲公司罚金人民币 15 万元，判处吕某处有期徒刑 10 个月，缓刑 1 年。①

如果在调查核实过程中，发现办案人员违纪违法或者职务犯罪线索的，应当报经检察长决定后，及时移交有关职能机关或者部门处理。如徐某合同诈骗立案监督案，检察机关在立案监督过程中发现某派出所副所长王某某涉嫌徇私枉法犯罪线索，其行为致使徐某被刑事立案追究，并被网上追逃近 1 年、刑事拘留 1 个月，经营的多家健身连锁店因此先后关停。遂移送侦查部门立案侦查，王某某被依法追究刑事责任。

（三）依法提出审查意见

对公安机关应当立案而不立案的申诉、控告，控申检察部门经审查，认为可能有犯罪事实，符合立案追诉标准，需要追究刑事责任，且属于该公安机关管辖的，应当及时将案件移送刑检部门，由刑检部门制作《要求说明不立案理由通知书》，通知公安机关在收到通知后 7 日以内书面说明不立案的情况、依据和理由，并继续做好后续监督等相关工作。② 如果认为没有犯罪事实，或者犯罪情节显著轻微不需要追究刑事责任，或者具有其他依法不追究刑事责任情形，或者不属于该公安机关管辖的，控申检察部门应当制作《立案监督审查通知书》，答复申诉人、控告人。如某公司法定代表人杨某某向公安机关举报康某某、吴某某涉嫌挪用资金犯罪，公安机关以案件主体不符合挪用资金罪构成要件，作出不予立案决定，杨某某不服，先后提出复议、复核，

---

① 参见最高人民检察院第二十四批指导性案例（检例第 92 号）。

② 根据《人民检察院刑事诉讼规则》第 561 条规定，认为公安机关不立案理由不能成立的，制作《通知立案书》，通知公安机关立案；认为公安机关不立案理由成立的，制作《不立案理由审查意见通知书》，告知被害人及其法定代理人、近亲属或者行政执法机关。

均维持了原不立案决定。杨某某向某基层检察院控申部门提出监督申请。经审查，康某某、吴某某并非某公司工作人员，仅系合作关系，公安机关针对挪用资金罪不予立案的理由成立，遂按照"群众信访件件有回复"的要求，依法答复了申诉人杨某某，并开展了释法说理工作。

对公安机关不应当立案而立案的申诉、控告，控申检察部门经审查，认为可能没有犯罪事实，或者犯罪情节显著轻微不需要追究刑事责任，或者具有其他依法不追究刑事责任的情形，或者不属于该公安机关管辖的，应当及时将案件移送刑检部门，由刑检部门制作《要求说明立案理由通知书》，通知公安机关在收到通知后7日以内书面说明立案的情况、依据和理由，并继续做好后续监督等相关工作。① 认为公安机关的立案决定没有违反法律规定的，应当制作《立案监督审查通知书》，答复申诉人、控告人。另，最高人民检察院、公安部《关于公安机关办理经济犯罪案件的若干规定》第25条第1款第1项、第2项规定："在侦查过程中，公安机关发现具有下列情形之一的，应当及时撤销案件：（一）对犯罪嫌疑人解除强制措施之日起十二个月以内，仍然不能移送审查起诉或者依法作其他处理的；（二）对犯罪嫌疑人未采取强制措施，自立案之日起二年以内，仍然不能移送审查起诉或者依法作其他处理的。"对于犯罪嫌疑人及其法定代理人、近亲属或者辩护人据此规定提出申诉、控告，要求监督公安机关撤案的，控申检察部门应重点审查办案期限，超过上述规定中的"十二月""二年"的，即应将案件移送刑检部门通知公安

---

① 根据《人民检察院刑事诉讼规则》第561条规定，认为公安机关立案理由不能成立的，制作《通知撤销案件书》，通知公安机关撤销案件；认为公安机关立案理由成立的，制作《立案理由审查意见通知书》，告知当事人及其法定代理人、近亲属或者辩护人。

机关撤销案件。① 如周某虚开增值税专用发票立案监督案，2016年8月12日，公安机关对某公司法定代表人周某涉嫌虚开增值税专用发票罪立案侦查，刑事拘留后于2016年11月11日将其取保候审。2017年11月1日，公安机关将该案移送至检察机关审查起诉，检察机关审查认为公安机关移送的案件中缺少相应的书证等证据材料，达不到起诉条件，将该案退回公安机关补充侦查，至2020年2月，公安机关仍未将该案补充移送至检察机关。检察机关发现该立案监督线索后，进行了调查核实，审查认为本案对犯罪嫌疑人周某采取了取保候审强制措施，其强制措施解除后已超过12个月，公安机关应当撤案。经提出监督意见，公安机关于2020年2月18日向检察机关送达了《撤销案件决定书》。

对于公安机关在规定期限内不作出是否立案决定的申诉、控告，控申检察部门经审查，认为公安机关尚未超过规定期限的，应当移送公安机关处理，并答复报案人、控告人、举报人或者行政执法机关，书面答复可以采取《立案监督审查通知书》的形式；审查认为超过规定期限的，应当及时将案件移送刑检部门，由刑检部门要求公安机关在7日以内书面说明逾期不作出是否立案决定的理由，并继续做好后续监督等相关工作。②

五、 不服刑事立案监督案件审查决定的处理

根据《刑事诉讼法》第113条规定，被害人认为公安机关

---

① 根据最高人民检察院、公安部《关于公安机关办理经济犯罪案件的若干规定》第25条第2款规定，有该条第1款第1项、第2项情形，但有证据证明有犯罪事实需要进一步侦查的，经省级以上公安机关负责人批准，可以不撤销案件，继续侦查。

② 根据《人民检察院刑事诉讼规则》第562条规定，检察机关应当制作《要求说明逾期不作立案决定理由通知书》送达公安机关，公安机关在7日以内不说明理由也不作出立案或者不立案决定的，检察机关应当提出纠正意见。检察机关经审查有关证据材料认为符合立案条件的，应当通知公安机关立案。

对应当立案侦查的案件而不立案侦查的，可以向检察机关提出立案监督申请，如果检察机关审查后，作出不支持被害人诉求的决定，刑事诉讼法没有规定被害人可以对该决定再次申诉或者申请复议。《人民检察院刑事诉讼规则》及其他相关司法解释也均没有另外规定申诉人、控告人不服检察机关立案监督审查决定的再次申诉权或者复议权。[①] 我们认为，刑事立案监督应当适用"一次申请"原则，对检察机关已经审查终结作出决定的案件，不论是认为公安机关不立案或者立案决定正确，还是通知公安机关立案或者撤销案件，当事人就同一事项再次控告申诉的，检察机关都不再受理。[②] 最高人民检察院控告检察厅曾于 2015 年 3 月 31 日对此问题作出过专门答复。[③]

　　司法实务中，一些被害人及其法定代理人、近亲属或者当事人不服检察机关立案监督审查决定，继续向检察机关申诉、控告，或者向上一级检察机关申诉、控告。对此情况，我们认为，如果系被害人及其法定代理人、近亲属向作出审查决定的检察机关再次申诉、控告的，作出审查决定的检察机关应当开展释法说理、教育疏导工作，对于符合《人民检察院控告申诉案件终结办法》第 6 条规定条件的，可以根据案件情况和化解工作需要，建议原办案公安机关按程序依法终结，并附检察机关审查结论；如果系不服立案决定的当事人向作出审查决定的检察机关再次申

---

① 《人民检察院刑事诉讼规则》第 565 条规定了公安机关要求同级检察机关复议程序和提请上一级检察机关复核程序。主要是考虑侦查工作的特殊性，很多案件往往需要进行大量的侦查之后才能确定是否属于犯罪，侦查机关往往对案件的真实情况有更多的了解，因此通知公安机关撤销案件必须十分慎重，应当赋予公安机关提出复议、复核的权利和程序。

② 需要注意的是，《人民检察院控告、申诉首办责任制实施办法（试行）》第 5 条曾规定，对不服公安机关不立案决定，经人民检察院复查仍然不服的来信来访，由上一级人民检察院侦查监督部门负责处理。

③ 参见最高人民检察院控告检察厅《关于审查受理控告申诉事项有关问题的答复》。

诉、控告的，应当引导其在后续的批捕、审查起诉等程序中申请救济。如果被害人及其法定代理人、近亲属或者当事人系向上一级检察机关申诉、控告的，在不予受理的同时，应当将控告申诉材料移送作出审查决定的检察机关处理，并答复申诉人、控告人。

此外，《人民检察院刑事诉讼规则》第 173 条第 2 款规定了上一级检察机关负责侦查的部门审查办理控告人不服检察机关不立案决定的复议，司法实务中因此还存在控告人对上一级检察机关的复议决定不服，继续申诉、控告的情况。我们认为，对检察机关不立案的监督适用上一级检察机关"一次复议"原则，对上一级检察机关复议后作出决定的案件，不论是认为下一级检察机关的不立案决定正确，还是要求下一级检察机关立案侦查，控告人就同一事项再次申诉、控告的，检察机关都不再受理。①

六、 扎实做好控申环节刑事立案监督工作

检察机关的刑事立案监督工作对于保障宪法法律的统一正确实施，依法惩罚犯罪和保障人权，维护国家、社会和公民的合法权益，发挥着重要作用。控申检察部门在刑事立案监督工作中不仅要畅通诉求表达渠道、依法及时接受案件线索，还要进行实体性审查、开展必要调查核实、依法提出审查意见，因此，必须切

---

① 有意见认为，对此类控告申诉，应当依据 2014 年《人民检察院受理控告申诉依法导入法律程序实施办法》第 17 条和《人民检察院举报工作规定》第 53 条规定予以受理，但是前述第 17 条和第 53 条规定的基础是 2012 年《人民检察院刑事诉讼规则（试行）》第 184 条，根据该条第 2 款，对不立案的复议，由作出不立案决定的检察机关控告部门受理。因此，《人民检察院受理控告申诉依法导入法律程序实施办法》第 17 条和《人民检察院举报工作规定》第 53 条规定的上一级检察机关控告部门应当受理不服下级检察机关复议决定提出的申诉，实际坚持的仍是上一级检察机关"一次复议"原则。

实更新司法理念，准确把握角色定位，充分履职尽责，做实、做好、做优控申检察部门承担的相应法律监督工作。特别是基层检察院控申检察部门，本院管辖的刑事申诉案件不多，但受理的刑事立案监督案件基数较大，应当强化办案意识，加大办案力度，总结办案经验，着力推动立案监督制度与实践在控申环节实现创新发展。

（一）树立双赢多赢共赢监督理念

《刑事诉讼法》第 7 条规定："人民法院、人民检察院和公安机关进行刑事诉讼，应当分工负责，互相配合，互相制约，以保证准确有效地执行法律。"检察机关对公安机关的立案活动进行监督、制约，是该条规定在审前程序中的直接体现，也是中国检察制度的特色。检察机关通过法律监督对立案活动进行制约，根本目的是确保公安机关更加准确把握刑事立案标准，查明事实真相。因此，检察机关既要主动作为、敢于监督，更要善于监督，善作善成。对于因案件事实的认定或对法律的理解不同而造成的分歧，应当与公安机关加强沟通，达成共识，将"监督制约"容易引发的紧张、冲突关系，转化为双方的良性互动关系，共同树立"做好立案监督就是保障依法追诉，就是支持公安机关依法立案"的理念，在立案监督工作中充分赢得公安机关的配合，从而确保国家诉追制度的统一实施，彰显公平正义。

（二）推进刑事立案监督案件化办理

刑事立案监督案件化办理，是指检察机关在办理刑事立案监督案件过程中，从线索发现、案件受理、调查核实、审查理由以及后续监督工作全流程、全方位案件办理运行模式。凡是刑事立案监督案件在统一业务应用系统创建立案监督流程的，均一案一卷建立完整案件卷宗，在形式上建立案卡、案号、业务卷宗、业务档案。刑事立案监督案件化办理对检察官个体以及控申检察部门均有积极价值。对检察官个体而言，案件化办理的立案监督业务可以将立案监督评价体系落在实处，为检察官员额确定提供参考依据，实现科学认定司法责任，充分调动监督者主观能动性。对控申检察部门而言，立案监督案件化办理可以全面反映立案监督的受理、调查、处理、跟踪等过程，可以保障立案监督按照法定规则运行。①

（三）通过刑事立案监督化解侦查环节"挂案"

在当前司法实践中，由于立案标准、工作程序和认识分歧等原因，有相当数量的刑事案件逾期滞留在侦查环节，既未结案又未被移送审查起诉，形成侦查环节"挂案"。根据法律和有关规范性文件的规定②，侦查环节"挂案"主要包括以下几类：一是对犯罪嫌疑人没有采取取保候审、监视居住、拘留或者逮捕等强制措施，公安机关自立案之日起超过 2 年没有移送审查起诉、依法作其他处理或者撤销案件的；二是对犯罪嫌疑人采取了强制措施，在解除强制措施后超过 1 年没有移送审查起诉、依法作其他处理或者撤销案件的；三是经检察机关通知撤销案件而没有及时撤销案件的。侦查环节"挂案"导致犯罪嫌疑人长期处于被追诉状态，严重影响其正常生活，也损害了司法机关的公信力。

为解决侦查环节"挂案"问题，最高人民法院、最高人民检察院曾于 2015 年制定《关于办理刑事赔偿案件适用法律若干问题的解释》，明确符合条件的"疑罪从挂"案件应当视为"终

---

① 参见孙谦：《刑事立案与法律监督》，载《中国刑事法杂志》2019 年第 3 期。
② 参见最高人民检察院、公安部《关于公安机关办理经济犯罪案件的若干规定》第 25 条等规定。

止追究刑事责任"的情形，可以向赔偿义务机关请求国家赔偿。但国家赔偿决定毕竟不能等同于撤案决定，对于犯罪嫌疑人获得国家赔偿后仍然就"挂案"问题向检察机关提出申诉、控告，或者请求国家赔偿时一并申诉、控告，符合立案监督案件受理条件的，控申检察部门应当及时受理审查。根据罪刑法定、疑罪从无原则，对于确无侦查必要或者不构成犯罪的，应当移送刑检部门办理，依法监督公安机关撤销案件。如果案件确实具备进一步侦查条件和价值，也应移送刑检部门办理，督促公安机关加快侦查进度，尽快侦查终结。[①]

　　如温某某合同诈骗立案监督案，2010 年 4 月至 5 月间，甲公司分别与乙公司、丙公司签订引水供水工程《建设工程施工合同》。根据合同约定，乙公司和丙公司分别向甲公司支付 70 万元和 110 万元的施工合同履约保证金。工程报建审批手续完成后，甲公司和乙公司、丙公司因工程款支付问题发生纠纷。2011 年 10 月 14 日，公安机关根据丙公司报案，对甲公司负责人温某某以涉嫌合同诈骗罪刑事立案，但一直未传唤温某某，也未采取刑事强制措施。直至 2019 年 8 月 13 日，温某某被公安机关采取刑事拘留措施。温某某的辩护律师向广西南宁良庆区检察院提出立案监督申请，良庆区检察院经调查核实认为，该案是公安机关立案后久侦未结形成的侦查环节"挂案"，不足以认定温某某在签订合同时具有虚构事实或者隐瞒真相的行为和非法占有对方财物的目的，公安机关以合同诈骗罪予以刑事立案的理由不能成立，应当监督纠正。根据良庆区检察院的通知，公安机关于

---

　　① 最高人民检察院 2019 年专门对既未撤案又未移送审查起诉、长期搁置的涉民营企业刑事诉讼"挂案"组织专项清理。参见最高人民检察院工作报告（2020 年 5 月 25 日）。

2019 年 9 月 30 日决定撤销温某某合同诈骗案。[①]

（四）做好答复释疑工作

刑事立案监督案件的答复释疑工作是检务公开在立案监督程序中的体现。答复释疑能够增强立案监督工作的透明度。法律的生命在于实施，答复释疑就是法律实施的"显在化"，它能告诉申诉人、控告人乃至社会公众，检察官是如何根据法律依据，作出认定案件事实与否的决定，从而呈现出"以理服人"的司法本性，进而实现政治效果、法律效果和社会效果的有机统一。检察机关作为"法律的守护人"和"公平正义的维护者"，不能仅仅满足于程序上的结案。在司法领域里实现公平正义，在很大程度上依赖于恪守程序规程，严格遵守法律程序办案，依照证明标准认定事实，有理、有据地答复结论、释疑说法，使有关机关和当事人心悦诚服。从长远来看，答复释疑有助于培育社会的法治精神、规则意识，有助于社会对检察机关法律监督理念、作用的理解和认可。[②]

---

① 参见最高人民检察院第二十四批指导性案例（检例第 91 号）。
② 参见孙谦：《刑事立案与法律监督》，载《中国刑事法杂志》2019 年第 3 期。

刑事立案监督业务相关法律文书[*]

××××人民检察院
立案监督审查通知书

××检立监控申审通〔20××〕×号

_____（控告人／申诉人姓名）：

你不服（写明公安机关名称、不立案通知书文号），请求提起立案监督的申诉材料收悉。经本院审查认为，……（阐明具体依据和理由），公安机关不立案决定（或者立案）符合法律规定。

特此通知

20××年×月×日

（院印）

---

[*] 参见童建明、万春主编：《人民检察院刑事诉讼法律文书适用指南》，中国检察出版社2020年版，第1239—1269页、第1383页、第1392页。

制 作 说 明

一、本文书依据《中华人民共和国刑事诉讼法》第一百一十三条、《人民检察院刑事诉讼规则》第五百五十八条的规定制作。为检察机关负责控告申诉的部门在对申诉材料、有关案件材料或案卷进行审查后，认为原侦查机关不立案决定正确，通知控告、申诉人时使用。

二、本文书一式二份，一份送达控告、申诉人（单位），一份附卷。

××××人民检察院
要求说明立案理由通知书
（存　根）

××检××立通〔20××〕×号

案　　由＿＿＿＿＿＿＿＿＿＿＿＿＿＿＿＿＿＿＿＿＿＿＿＿＿

犯罪嫌疑人＿＿＿＿＿＿＿＿＿＿＿＿＿＿＿＿＿＿＿＿＿＿＿＿＿

发现途径＿＿＿＿＿＿＿＿＿＿＿＿＿＿＿＿＿＿＿＿＿＿＿＿＿＿

公安机关立案时间＿＿＿年＿＿＿月＿＿＿日

送达机关＿＿＿＿＿＿＿＿＿＿＿＿＿＿＿＿＿＿＿＿＿＿＿＿＿＿

批　准　人＿＿＿＿＿＿＿＿＿＿＿＿＿＿＿＿＿＿＿＿＿＿＿＿＿

承　办　人＿＿＿＿＿＿＿＿＿＿＿＿＿＿＿＿＿＿＿＿＿＿＿＿＿

填　发　人＿＿＿＿＿＿＿＿＿＿＿＿＿＿＿＿＿＿＿＿＿＿＿＿＿

填发时间＿＿＿＿＿＿＿＿＿＿＿＿＿＿＿＿＿＿＿＿＿＿＿＿＿＿

第一联　　统一保存

××××人民检察院
要求说明立案理由通知书
（副　本）

××检××立通〔20××〕×号

_____：

　　根据《人民检察院刑事诉讼规则》第五百五十九条、第五百六十条和《最高人民检察院、公安部关于刑事立案监督有关问题的规定（试行）》第六条的规定，请在收到本通知书以后七日以内向本院书面说明_____一案的立案理由。

20××年×月×日

（院印）

第二联　附卷

××××人民检察院
要求说明立案理由通知书

××检××立通〔20××〕×号

_____：

　　根据《人民检察院刑事诉讼规则》第五百五十九条、第五百六十条和《最高人民检察院、公安部关于刑事立案监督有关问题的规定（试行）》第六条的规定，请在收到本通知书以后七日以内向本院书面说明_____一案的立案理由。

20××年×月×日
（院印）

第三联　　送达公安机关

制作说明

一、本文书依据《人民检察院刑事诉讼规则》第五百五十九条、第五百六十条和《最高人民检察院、公安部关于刑事立案监督有关问题的规定（试行）》第六条的规定制作。要求公安机关书面说明立案理由时使用。

二、本文书以案为单位制作。

三、本文书共三联，第一联统一保存备查，第二联附卷，第三联送达公安机关。

××××人民检察院
要求说明不立案理由通知书
（存　根）

××检××不立通〔20××〕×号

案　　由＿＿＿＿＿＿＿＿＿＿＿＿＿＿＿＿＿＿＿＿

犯罪嫌疑人＿＿＿＿＿＿＿＿＿＿＿＿＿＿＿＿＿＿

发现途径＿＿＿＿＿＿＿＿＿＿＿＿＿＿＿＿＿＿＿＿

提出侦查机关不立案的时间＿＿＿＿＿年＿＿月＿＿日

送达机关＿＿＿＿＿＿＿＿＿＿＿＿＿＿＿＿＿＿＿＿

批　准　人＿＿＿＿＿＿＿＿＿＿＿＿＿＿＿＿＿＿＿

承　办　人＿＿＿＿＿＿＿＿＿＿＿＿＿＿＿＿＿＿＿

填　发　人＿＿＿＿＿＿＿＿＿＿＿＿＿＿＿＿＿＿＿

填发时间＿＿＿＿＿＿＿＿＿＿＿＿＿＿＿＿＿＿＿＿

第一联　　统一保存

×××× 人民检察院

要求说明不立案理由通知书

（副　本）

×× 检 ×× 不立通〔20××〕× 号

_____:

　　根据《中华人民共和国刑事诉讼法》第一百一十三条的规定，请在收到本通知书以后七日以内向本院书面说明_____ _____ 一案的不立案理由。

20×× 年 × 月 × 日

（院印）

第二联　　附卷

××××人民检察院
要求说明不立案理由通知书

××检××不立通〔20××〕×号

_____:

　　根据《中华人民共和国刑事诉讼法》第一百一十三条的规定，请在收到本通知书以后七日以内向本院书面说明_____一案的不立案理由。

20××年×月×日

（院印）

第三联　送达侦查机关

制作说明

一、本文书依据《中华人民共和国刑事诉讼法》第一百一十三条和《人民检察院刑事诉讼规则》第五百五十九条、第五百六十条、第六百八十条的规定制作。要求公安机关、国家安全机关、海警机关、监狱等书面说明不立案理由时使用。

二、本文书以案为单位制作。

三、本文书共三联，第一联统一保存备查，第二联附卷，第三联送达侦查机关。

×××× 人民检察院
要求说明逾期不作立案决定理由通知书
（存　根）

×× 检 ×× 逾通〔20××〕×号

案　　由_____

犯罪嫌疑人_____

发现途径_____

提出侦查机关逾期不作是否立案决定的时间____年__月__日

送达机关_____

批　准　人_____

承　办　人_____

填　发　人_____

填发时间_____

第一联　统一保存

××××人民检察院

要求说明逾期不作立案决定理由通知书

（副　本）

××检××逾通〔20××〕×号

＿＿＿＿＿＿＿：

　　根据《人民检察院刑事诉讼规则》第五百六十二条的规定，请在收到本通知书以后七日以内向本院书面说明＿＿＿＿＿＿＿＿＿＿＿＿＿＿＿一案逾期不作出是否立案决定的理由。

20××年×月×日

（院印）

第二联　附卷

×××× 人民检察院
要求说明逾期不作立案决定理由通知书

×× 检 ×× 逾通〔20××〕× 号

_____：

根据《人民检察院刑事诉讼规则》第五百六十二条的规定，请在收到本通知书以后七日以内向本院书面说明 _____ _____ 一案逾期不作出是否立案决定的理由。

20×× 年 × 月 × 日

（院印）

第三联　送达侦查机关

制 作 说 明

一、本文书为新增文书，依据《人民检察院刑事诉讼规则》第五百六十二条、第六百八十条的规定制作。要求公安机关、国家安全机关、海警机关、监狱等单位书面说明逾期不作出是否立案决定的理由时使用。

二、本文书以案为单位制作。

三、本文书共三联，第一联统一保存备查，第二联附卷，第三联送达侦查机关。

××××人民检察院
不立案理由审查意见通知书
（存　根）

××检××不立审〔20××〕×号

案　　由＿＿＿＿＿＿＿＿＿＿＿＿＿＿＿＿＿＿＿＿＿＿＿＿

被 害 人＿＿＿＿＿＿＿＿＿＿＿＿＿＿＿＿＿＿＿＿＿＿＿＿

被控告人＿＿＿＿＿＿＿＿＿＿＿＿＿＿＿＿＿＿＿＿＿＿＿＿

不立案侦查机关＿＿＿＿＿＿＿＿＿＿＿＿＿＿＿＿＿＿＿＿＿＿

批 准 人＿＿＿＿＿＿＿＿＿＿＿＿＿＿＿＿＿＿＿＿＿＿＿＿

承 办 人＿＿＿＿＿＿＿＿＿＿＿＿＿＿＿＿＿＿＿＿＿＿＿＿

填 发 人＿＿＿＿＿＿＿＿＿＿＿＿＿＿＿＿＿＿＿＿＿＿＿＿

填发时间＿＿＿＿＿＿＿＿＿＿＿＿＿＿＿＿＿＿＿＿＿＿＿＿

第一联　统一保存

××××人民检察院
不立案理由审查意见通知书

（副　本）

××检××不立审〔20××〕×号

＿＿＿＿＿＿：

　　关于你（单位）指控＿＿＿＿＿＿涉嫌＿＿＿＿＿一案，向本院提出＿＿＿＿＿对应当立案侦查的案件不立案侦查，＿＿＿＿＿＿＿＿＿＿＿＿＿＿＿已向本院说明不立案的理由。根据《中华人民共和国刑事诉讼法》第一百一十三条的规定，经本院审查认为：＿＿＿＿＿＿＿＿＿＿说明的不立案理由成立。

　　特此通知

20××年×月×日

（院印）

第二联　附卷

×××× 人民检察院
不立案理由审查意见通知书

×× 检 ×× 不立审〔20××〕× 号

_____ :

关于你（单位）指控_____ 涉嫌_____ 一案，向本院提出_____ 对应当立案侦查的案件不立案侦查，_____ 已向本院说明不立案的理由。根据《中华人民共和国刑事诉讼法》第一百一十三条的规定，经本院审查认为：_____ 说明的不立案理由成立。

特此通知

20×× 年 × 月 × 日

（院印）

第三联　送达被通知人

制作说明

一、本文书依据《中华人民共和国刑事诉讼法》第一百一十三条和《人民检察院刑事诉讼规则》第五百五十七条、第五百六十一条的规定制作。为人民检察院审查侦查机关说明的不立案理由后，认为其不立案理由成立时，通知被害人及其法定代理人（近亲属）时使用。

二、本文书共三联，第一联统一保存备查，第二联附卷，第三联送达被通知人。

××××人民检察院
立案理由审查意见通知书
（存　根）

××检××立审〔20××〕×号

案　　由＿＿＿＿＿＿＿＿＿＿＿＿＿＿＿＿＿＿＿＿＿＿＿＿＿＿

控告人（申诉人）＿＿＿＿＿＿＿＿＿＿＿＿＿＿＿＿＿＿＿＿＿

立案侦查机关＿＿＿＿＿＿＿＿＿＿＿＿＿＿＿＿＿＿＿＿＿＿＿＿

批　准　人＿＿＿＿＿＿＿＿＿＿＿＿＿＿＿＿＿＿＿＿＿＿＿＿＿

承　办　人＿＿＿＿＿＿＿＿＿＿＿＿＿＿＿＿＿＿＿＿＿＿＿＿＿

填　发　人＿＿＿＿＿＿＿＿＿＿＿＿＿＿＿＿＿＿＿＿＿＿＿＿＿

填发时间＿＿＿＿＿＿＿＿＿＿＿＿＿＿＿＿＿＿＿＿＿＿＿＿＿＿

第一联　统一保存

××××人民检察院
立案理由审查意见通知书
（副　本）

××检××立审〔20××〕×号

_____：

　　关于你控告（申诉）_____（侦查机关名称）对_____（当事人姓名）不应当立案侦查而立案侦查一案，向本院提出_____对不应当立案侦查的案件立案侦查，_____已向本院说明立案的理由。根据《人民检察院刑事诉讼规则》第五百五十八条的规定，经本院审查认为：_____说明的立案理由成立。

　　特此通知

20××年×月×日

（院印）

第二联　附卷

×××× 人民检察院

立案理由审查意见通知书

× × 检 × × 立审 〔20 × ×〕 × 号

_____:

　　关于你控告（申诉）_____（侦查机关名称）对_____（当事人姓名）不应当立案侦查而立案侦查一案，向本院提出_____对不应当立案侦查的案件立案侦查，_____已向本院说明立案的理由。根据《人民检察院刑事诉讼规则》第五百五十八条的规定，经本院审查认为：_____说明的立案理由成立。

　　特此通知

20 × × 年 × 月 × 日

（院印）

第三联　　送达被通知人

制作说明

　　一、本文书依据《人民检察院刑事诉讼规则》第五百五十七条、第五百六十一条的规定制作。为人民检察院审查侦查机关说明的立案理由后，认为其立案理由成立时，通知当事人时使用。

　　二、本文书共三联，第一联统一保存备查，第二联附卷，第三联送达被通知人。

×××人民检察院

通知撤销案件书

×× 检 ×× 通撤〔20××〕×号

_____（侦查机关名称）：

本院于____年____月____日收到你局回复的_____案的《立案理由说明书》，经审查认为：

（写明侦查机关立案理由不能成立的原因和应当撤销案件的事实、法律依据。）

根据《人民检察院刑事诉讼规则》第五百六十一条、第五百六十三条、第五百六十四条和《最高人民检察院、公安部关于刑事立案监督有关问题的规定（试行）》第八条、第九条的规定，现通知你局撤销_____案并将撤销案件决定书复印件及时送达本院。

20××年×月×日

（院印）

制 作 说 明

一、本文书依据《人民检察院刑事诉讼规则》第五百六十一条、第五百六十三条、第五百六十四条和《最高人民检察院、公安部关于刑事立案监督有关问题的规定（试行）》第八条、第九条的规定制作。为公安机关说明的立案理由不成立，要求公安机关撤销案件时使用。

二、本文书一式二份，一份留存，一份送达公安机关。

三、本文书采用叙述式，按以下层次叙写：

1. 发往单位。

2. 写明公安机关回复《立案理由说明书》的时间。

3. 写明公安机关立案理由不能成立的原因和应当撤销案件的事实、法律根据。

4. 写明通知公安机关撤销案件的法律依据和要求。

××××人民检察院
通知立案书

××检××通立〔20××〕×号

_____（侦查机关名称）：

　　本院于____年____月____日收到你局回复的_____（姓名）涉嫌_____（罪名）_____的《不立案理由说明书》，本院审查认为：

　　（写明侦查机关关于不立案理由不能成立的原因和应当立案的事实根据和法律依据。）

　　根据《中华人民共和国刑事诉讼法》第一百一十三条的规定，现通知你局在收到本《通知立案书》后十五日以内对涉嫌_____（罪名）的_（姓名）_进行立案，并将立案决定书副本送达本院。

20××年×月×日

（院印）

制作说明

一、本文书依据《中华人民共和国刑事诉讼法》第一百一十三条和《人民检察院刑事诉讼规则》第五百六十三条的规定制作。人民检察院认为侦查机关说明的不立案理由不能成立，或侦查机关不说明不立案理由，但经审查符合立案条件，通知侦查机关立案时使用。

二、本文书一式二份，一份留存，一份送达侦查机关。

三、本文书采用叙述式，按以下层次叙写：

1. 发往单位。

2. 写明侦查机关回复《不立案理由说明书》的时间。

3. 写明侦查机关关于不立案理由不能成立的原因和应当立案的事实根据和法律依据。

4. 写明通知侦查机关立案的法律依据和要求。

（立案监督复议）

××××人民检察院
复议决定书
（存　根）

××检××立监议〔20××〕×号

案　　由_____

犯罪嫌疑人基本情况_____

复议决定内容_____

送达单位_____

批 准 人_____

承 办 人_____

填 发 人_____

填发时间_____

第一联　统一保存

×××× 人民检察院

复议决定书

（副本）

×× 检 ×× 立监议〔20××〕× 号

_____ 侦查机关：

你单位对本院撤销 _____ 案的通知书要求复议的意见书收悉。经本院复议认为：_____。根据《人民检察院刑事诉讼规则》第五百六十五条、《最高人民检察院、公安部关于刑事立案监督有关问题的规定（试行）》第十条之规定，本院决定 _____。

20×× 年 × 月 × 日

（院印）

××××人民检察院
复议决定书

××检××立监议〔20××〕×号

_____侦查机关：

你单位对本院撤销_____案的通知书要求复议的意见书收悉。经本院复议认为：_____。根据《人民检察院刑事诉讼规则》第五百六十五条、《最高人民检察院、公安部关于刑事立案监督有关问题的规定（试行）》第十条之规定，本院决定_____。

20××年×月×日

（院印）

第三联 送达公安机关

制 作 说 明

一、本文书依据《中华人民共和国刑事诉讼法》第九十二条、第一百一十二条、第一百七十九条、第二百八十二条，最高人民检察院、公安部《关于刑事立案监督有关问题的规定（试行）》第十条的规定制作。为人民检察院在当事人、辩护人认为维持不立案决定有错误，侦查机关认为不批捕、不起诉、通知撤销案件决定有错误，向作出决定的人民检察院要求复议，复议后作出决定时使用。其中，控告人不服人民检察院不立案决定申请复议的，以及监察机关对人民检察院不起诉决定提请复议的，由上一级人民检察院办理，其余复议由同级人民检察院办理。

二、本文书共三联：第一联存根，统一保存备查；第二联附卷；第三联送达侦查机关或者当事人/辩护人。在当事人/辩护人等提出复议时，可对文书内容进行适当调整。

（立案监督复核）

×××人民检察院
复核决定书
（存　根）

×检××立监核〔20××〕×号

案　　由_____

犯罪嫌疑人基本情况_____

复核决定内容_____

送达单位_____

批　准　人_____

承　办　人_____

填　发　人_____

填发时间_____

第一联　统一保存

×××× 人民检察院

复核决定书

（副本）

×× 检 ×× 立监核〔20××〕×号

_____公安局：

你局对_____人民检察院_____号通知撤销案件书提请复核的意见书和案件材料收悉。经本院复核认为：_____。根据《人民检察院刑事诉讼规则》第五百六十五条、《最高人民检察院、公安部关于刑事立案监督有关问题的规定（试行）》第十条之规定，本院决定_____。

20×× 年 × 月 × 日

（院印）

第二联　附卷

××××人民检察院
复核决定书

××检××立监核〔20××〕×号

_____公安局：

你局对_____人民检察院_____号通知撤销案件书提请复核的意见书和案件材料收悉。经本院复核认为：_____。根据《人民检察院刑事诉讼规则》第五百六十五条、《最高人民检察院、公安部关于刑事立案监督有关问题的规定（试行）》第十条之规定，本院决定_____。

20××年×月×日

（院印）

第三联　送达公安机关

××××人民检察院
复核决定通知书

××检××立监核〔20××〕×号

_____人民检察院：

_____公安局对你院_____号通知撤销案件书提请复核的意见书和案件材料收悉。经本院复核认为：_____。根据《人民检察院刑事诉讼规则》第五百六十五条、《最高人民检察院、公安部关于刑事立案监督有关问题的规定（试行)》第十条之规定，本院决定_____，现通知你院执行。

20××年×月×日

（院印）

第四联　送达下级人民检察院

制作说明

一、本文书依据《中华人民共和国刑事诉讼法》第九十二条、第一百七十九条、第二百八十二条，最高人民检察院、公安部《关于刑事立案监督有关问题的规定（试行）》第十条的规定制作。为人民检察院在侦查机关认为不批捕、不起诉、附条件不起诉或者通知撤销案件决定有错误，向作出决定的人民检察院要求复议，意见未被接受，向上一级人民检察院提请复核，上一级人民检察院作出复核决定时使用。

二、本文书共四联，第一联统一保存备查，第二联附卷，第三联送达下级侦查机关，第四联送达作出决定的下级人民检察院。

××××人民检察院
纠正违法通知书

××检×××纠违〔20××〕×号

_____（侦查机关）：

本院在办理_____案件中（或在工作中）发现，你_____在侦查_____案过程中存在下列违法行为：

1. 发现的违法情况。包括违法人员的姓名、单位、职务、违法事实等，如果是单位违法，要写明违法单位的名称。违法事实，要写明违法时间、地点、经过、手段、目的和后果等。可表述为：经调查核实，发现……。

2. 认定违法的理由和法律依据。包括违法行为触犯的法律、法规和规范性文件的具体条款，违法行为的性质等。可表述为：本院认为……。

根据《中华人民共和国刑事诉讼法》第_____条之规定，现通知你_____予以纠正，并在收到本通知书后十五日内将纠正情况告知本院。

20××年×月×日

（院印）

制作说明

一、本文书依据《中华人民共和国刑事诉讼法》第八条、第五十七条、第一百条、第一百一十七条、第一百七十一条、第二百七十六条，《人民检察院刑事诉讼规则》第二百八十七条、第五百五十二条、第五百五十三条、第五百六十四条、第六百一十八条、第六百二十四条等规定制作。为人民检察院依法纠正侦查机关、审判机关、执行机关的违法活动时使用。

二、本文书的文号" 检 纠违〔   〕号"由提出纠正违法意见的具体业务部门分别按顺序编号。

三、本文书采用叙述式，按以下层次叙写：

1. 写明发往单位，即发生违法情况的单位，行文上顶格书写。

2. 写明发现的违法情况。书写为：经调查核实，发现……。"发现"后书写顺序为：（1）发生违法情况的具体单位和人员。违法人员要写明姓名、所在单位、职务等。（2）违法事实。写明违法的时间、地点、经过、手段、目的和后果等。

3. 检察机关认定违法的理由及其法律依据。书写为：本院认为……。"本院认为"后写明违法行为触犯的法律、法规的具体条款、违法行为的性质等。

4. 纠正意见。写明：根据……（法律依据）的规定，特通知你单位予以纠正。请将纠正情况告知本院。

四、本文书一案一文书，同一案件发现多项违法问题的，制发一份文书即可，各违法项按照严重程度从重到轻排序。

五、人民检察院可以直接向本院所办理案件的同级单位发送纠正违法通知书；办案单位为上级机关的，应当层报被纠违单位的同级人民检察院决定并发送纠正违法通知书，或者由办理案件的人民检察院制作纠正违法通知书后，层报被纠违单位的同级人民检察院审核并转送被纠违单位。

需要向下级有关单位发送纠正违法通知书的，可以指令对应的下级人民检察院发送纠正违法通知书。

需要向异地有关单位发送纠正违法通知书，应当征求被纠违单位所在地同级人民检察院意见。被纠违单位所在地同级人民检察院提出不同意见，办理案件的人民检察院坚持认为应当发送纠正违法通知书的，层报共同的上级人民检察院决定。

六、本文书一式二份，一份送达发生违法行为的单位，一份附卷。

××××人民检察院
检察意见书

××检××意〔20××〕×号

一、发往单位。

二、案件来源及查处（审查）情况。

三、认定的事实、证据、决定事项（认定结论）及法律依据。

四、根据法律规定，提出检察意见的具体内容和要求。

20××年×月×日

（院印）

制作说明

一、本文书依据《中华人民共和国刑事诉讼法》第一百七十七条第三款和《人民检察院刑事诉讼规则》第一百七十三条、第二百四十八条、第三百七十三条、第三百七十五条、第五百五十七条等规定制作。为人民检察院向有关主管机关提出对被不起诉人给予行政处罚、行政处分（在向有关机关提出对被不起诉人给予行政处罚、行政处分时，应与不起诉决定书一并送有关主管机关）。人民检察院接到控告、举报或者发现行政执法机关不移送涉嫌犯罪案件的，应当向行政执法机关提出检察意见，要求其按照管辖规定向公安机关或者人民检察院移送涉嫌犯罪案件，被控告人、被举报人行为未构成犯罪，但需要追究党纪、政纪、违法责任的，移送有管辖权的主管机关，或向其他有关单位提出其他检察意见时使用。

二、本文书文号" 检 意〔 〕 号"应由提出检察意见的具体业务部门分别填写。

三、本文书一式二份，一份送达有关机关，一份附卷。

附录

刑事立案监督主要法律规范

一、中华人民共和国刑事诉讼法（节录）

（根据 2018 年 10 月 26 日第十三次全国人民代表大会常务委员会第六次会议《关于修改〈中华人民共和国刑事诉讼法〉的决定》第三次修正）

第十九条　刑事案件的侦查由公安机关进行，法律另有规定的除外。

人民检察院在对诉讼活动实行法律监督中发现的司法工作人员利用职权实施的非法拘禁、刑讯逼供、非法搜查等侵犯公民权利、损害司法公正的犯罪，可以由人民检察院立案侦查。对于公安机关管辖的国家机关工作人员利用职权实施的重大犯罪案件，需要由人民检察院直接受理的时候，经省级以上人民检察院决定，可以由人民检察院立案侦查。

自诉案件，由人民法院直接受理。

第一百零九条　公安机关或者人民检察院发现犯罪事实或者犯罪嫌疑人，应当按照管辖范围，立案侦查。

第一百一十条　任何单位和个人发现有犯罪事实或者犯罪嫌疑人，有权利也有义务向公安机关、人民检察院或者人民法院报案或者举报。

被害人对侵犯其人身、财产权利的犯罪事实或者犯罪嫌疑人，有权向公安机关、人民检察院或者人民法院报案或者控告。

公安机关、人民检察院或者人民法院对于报案、控告、举报，都应当接受。对于不属于自己管辖的，应当移送主管机关处理，并且通知报案人、控告人、举报人；对于不属于自己管辖而又必须采取紧急措施的，应当先采取紧急措施，然后移送主管机关。

犯罪人向公安机关、人民检察院或者人民法院自首的，适用第三款规定。

第一百一十一条 报案、控告、举报可以用书面或者口头提出。接受口头报案、控告、举报的工作人员，应当写成笔录，经宣读无误后，由报案人、控告人、举报人签名或者盖章。

接受控告、举报的工作人员，应当向控告人、举报人说明诬告应负的法律责任。但是，只要不是捏造事实，伪造证据，即使控告、举报的事实有出入，甚至是错告的，也要和诬告严格加以区别。

公安机关、人民检察院或者人民法院应当保障报案人、控告人、举报人及其近亲属的安全。报案人、控告人、举报人如果不愿公开自己的姓名和报案、控告、举报的行为，应当为他保守秘密。

第一百一十二条 人民法院、人民检察院或者公安机关对于报案、控告、举报和自首的材料，应当按照管辖范围，迅速进行审查，认为有犯罪事实需要追究刑事责任的时候，应当立案；认为没有犯罪事实，或者犯罪事实显著轻微，不需要追究刑事责任的时候，不予立案，并且将不立案的原因通知控告人。控告人如果不服，可以申请复议。

第一百一十三条 人民检察院认为公安机关对应当立案侦查的案件而不立案侦查的，或者被害人认为公安机关对应当立案侦查的案件而不立案侦查，向人民检察院提出的，人民检察院应当要求公安机关说明不立案的理由。人民检察院认为公安机关不立案理由不能成立的，应当通知公安机关立案，公安机关接到通知后应当立案。

　　第一百一十四条　对于自诉案件，被害人有权向人民法院直接起诉。被害人死亡或者丧失行为能力的，被害人的法定代理人、近亲属有权向人民法院起诉。人民法院应当依法受理。

二、最高人民法院、最高人民检察院、公安部、国家安全部、司法部、全国人大常委会法制工作委员会关于实施刑事诉讼法若干问题的规定（节录）

（2012 年 12 月 26 日公布，2013 年 1 月 1 日起施行）

五、 立案

18. 刑事诉讼法第一百一十一条规定："人民检察院认为公安机关对应当立案侦查的案件而不立案侦查的，或者被害人认为公安机关对应当立案侦查的案件而不立案侦查，向人民检察院提出的，人民检察院应当要求公安机关说明不立案的理由。人民检察院认为公安机关不立案理由不能成立的，应当通知公安机关立案，公安机关接到通知后应当立案。"根据上述规定，公安机关收到人民检察院要求说明不立案理由通知书后，应当在七日内将说明情况书面答复人民检察院。人民检察院认为公安机关不立案理由不能成立，发出通知立案书时，应当将有关证明应当立案的材料同时移送公安机关。公安机关收到通知立案书后，应当在十五日内决定立案，并将立案决定书送达人民检察院。

三、人民检察院刑事诉讼规则（节录）

（2019 年 12 月 2 日最高人民检察院第十三届检察委员会第二十八次会议通过，自 2019 年 12 月 30 日起施行）

第八条 对同一刑事案件的审查逮捕、审查起诉、出庭支持公诉和立案监督、侦查监督、审判监督等工作，由同一检察官或者检察官办案组负责，但是审查逮捕、审查起诉由不同人民检察院管辖，或者依照法律、有关规定应当另行指派检察官或者检察官办案组办理的除外。

人民检察院履行审查逮捕和审查起诉职责的办案部门，本规则中统称为负责捕诉的部门。

第一百七十一条 人民检察院对于直接受理的案件，经审查认为有犯罪事实需要追究刑事责任的，应当制作立案报告书，经检察长批准后予以立案。

符合立案条件，但犯罪嫌疑人尚未确定的，可以依据已查明的犯罪事实作出立案决定。

对具有下列情形之一的，报请检察长决定不予立案：

（一）具有刑事诉讼法第十六条规定情形之一的；

（二）认为没有犯罪事实的；

（三）事实或者证据尚不符合立案条件的。

第一百七十二条 对于其他机关或者本院其他办案部门移送的案件线索，决定不予立案的，负责侦查的部门应当制作不立案通知书，写明案由和案件来源、决定不立案的原因和法律依据，自作出不立案决定之日起十日以内送达移送案件线索的机关或者部门。

第一百七十三条 对于控告和实名举报，决定不予立案的，应当制作不立案通知书，写明案由和案件来源、决定不立案的原因和法律依据，由负责侦查的部门在十五日以内送达控告人、举报人，同时告知本院负责控告申诉检察的部门。

控告人如果不服，可以在收到不立案通知书后十日以内向上一级人民检察院申请复议。不立案的复议，由上一级人民检察院负责侦查的部门审查办理。

人民检察院认为被控告人、被举报人的行为未构成犯罪，决定不予立案，但需要追究其党纪、政纪、违法责任的，应当移送有管辖权的主管机关处理。

第二百四十二条 人民检察院在侦查过程中或者侦查终结后，发现具有下列情形之一的，负责侦查的部门应当制作拟撤销案件意见书，报请检察长决定：

（一）具有刑事诉讼法第十六条规定情形之一的；

（二）没有犯罪事实的，或者依照刑法规定不负刑事责任或者不是犯罪的；

（三）虽有犯罪事实，但不是犯罪嫌疑人所为的。

对于共同犯罪的案件，如有符合本条规定情形的犯罪嫌疑人，应当撤销对该犯罪嫌疑人的立案。

第二百五十三条 人民检察院直接受理侦查的案件，对犯罪嫌疑人没有采取取保候审、监视居住、拘留或者逮捕措施的，负责侦查的部门应当在立案后二年以内提出移送起诉、移送不起诉或者撤销案件的意见；对犯罪嫌疑人采取取保候审、监视居住、拘留或者逮捕措施的，负责侦查的部门应当在解除或者撤销强制措施后一年以内提出移送起诉、移送不起诉或者撤销案件的意见。

第二百五十四条 人民检察院直接受理侦查的案件，撤销案件以后，又发现新的事实或者证据，认为有犯罪事实需要追究刑事责任的，可以重新立案侦查。

第二百八十七条 对于没有犯罪事实或者犯罪嫌疑人具有刑事诉讼法第十六条规定情形之一，人民检察院作出不批准逮捕决定的，应当同时告知公安机关撤销案件。

对于有犯罪事实需要追究刑事责任，但不是被立案侦查的犯罪嫌疑人实施，或者共同犯罪案件中部分犯罪嫌疑人不负刑事责任，人民检察院作出不批准逮捕决定的，应当同时告知公安机关对有关犯罪嫌疑人终止侦查。

公安机关在收到不批准逮捕决定书后超过十五日未要求复议、提请复核，也不撤销案件或者终止侦查的，人民检察院应当发出纠正违法通知书。公安机关仍不纠正的，报上一级人民检察院协商同级公安机关处理。

第五百五十七条 被害人及其法定代理人、近亲属或者行政执法机关，认为公安机关对其控告或者移送的案件应当立案侦查而不立案侦查，或者当事人认为公安机关不应当立案而立案，向人民检察院提出的，人民检察院应当受理并进行审查。

人民检察院发现公安机关可能存在应当立案侦查而不立案侦查情形的，应当依法进行审查。

人民检察院接到控告、举报或者发现行政执法机关不移送涉嫌犯罪案件的，经检察长批准，应当向行政执法机关提出检察意见，要求其按照管辖规定向公安机关移送涉嫌犯罪案件。

第五百五十八条 人民检察院负责控告申诉检察的部门受理对公安机关应当立案而不立案或者不应当立案而立案的控告、申诉，应当根据事实、法律进行审查。认为需要公安机关说明不立案或者立案理由的，应当及时将案件移送负责捕诉的部门办理；认为公安机关立案或者不立案决定正确的，应当制作相关法律文书，答复控告人、申诉人。

第五百五十九条 人民检察院经审查，认为需要公安机关说明不立案理由的，应当要求公安机关书面说明不立案的理由。

对于有证据证明公安机关可能存在违法动用刑事手段插手民事、经济纠纷，或者利用立案实施报复陷害、敲诈勒索以及谋取其他非法利益等违法立案情形，尚未提请批准逮捕或者移送起诉的，人民检察院应当要求公安机关书面说明立案理由。

第五百六十条 人民检察院要求公安机关说明不立案或者立案理由，应当书面通知公安机关，并且告知公安机关在收到通知后七日以内，书面说明不立案或者立案的情况、依据和理由，连同有关证据材料回复人民检察院。

第五百六十一条 公安机关说明不立案或者立案的理由后，人民检察院应当进行审查。认为公安机关不立案或者立案理由不能成立的，经检察长决定，应当通知公安机关立案或者撤销案件。

人民检察院认为公安机关不立案或者立案理由成立的，应当在十日以内将不立案或者立案的依据和理由告知被害人及其法定代理人、近亲属或者行政执法机关。

第五百六十二条 公安机关对当事人的报案、控告、举报或者行政执法机关移送的涉嫌犯罪案件受理后未在规定期限内作出是否立案决定，当事人或者行政执法机关向人民检察院提出的，人民检察院应当受理并进行审查。经审查，认为尚未超过规定期限的，应当移送公安机关处理，并答复报案人、控告人、举报人或者行政执法机关；认为超过规定期限的，应当要求公安机关在七日以内书面说明逾期不作出是否立案决定的理由，连同有关证据材料回复人民检察院。公安机关在七日以内不说明理由也不作出立案或者不立案决定的，人民检察院应当提出纠正意见。人民检察院经审查有关证据材料认为符合立案条件的，应当通知公安机关立案。

第五百六十三条　人民检察院通知公安机关立案或者撤销案件，应当制作通知立案书或者通知撤销案件书，说明依据和理由，连同证据材料送达公安机关，并且告知公安机关应当在收到通知立案书后十五日以内立案，对通知撤销案件书没有异议的应当立即撤销案件，并将立案决定书或者撤销案件决定书及时送达人民检察院。

第五百六十四条　人民检察院通知公安机关立案或者撤销案件的，应当依法对执行情况进行监督。

公安机关在收到通知立案书或者通知撤销案件书后超过十五日不予立案或者未要求复议、提请复核也不撤销案件的，人民检察院应当发出纠正违法通知书。公安机关仍不纠正的，报上一级人民检察院协商同级公安机关处理。

公安机关立案后三个月以内未侦查终结的，人民检察院可以向公安机关发出立案监督案件催办函，要求公安机关及时向人民检察院反馈侦查工作进展情况。

第五百六十五条　公安机关认为人民检察院撤销案件通知有错误，要求同级人民检察院复议的，人民检察院应当重新审查。在收到要求复议意见书和案卷材料后七日以内作出是否变更的决定，并通知公安机关。

公安机关不接受人民检察院复议决定，提请上一级人民检察院复核的，上级人民检察院应当在收到提请复核意见书和案卷材料后十五日以内作出是否变更的决定，通知下级人民检察院和公安机关执行。

上级人民检察院复核认为撤销案件通知有错误的，下级人民检察院应当立即纠正；上级人民检察院复核认为撤销案件通知正确的，应当作出复核决定并送达下级公安机关。

第五百六十六条　人民检察院负责捕诉的部门发现本院负责侦查的部门对应当立案侦查的案件不立案侦查或者对不应当立案侦查的案件立案侦查的，应当建议负责侦查的部门立案侦查或者撤销案件。建议不被采纳的，应当报请检察长决定。

第六百六十五条　人民检察院负责案件管理的部门发现本院办案活动具有下列情形之一的，应当及时提出纠正意见：

（一）查封、扣押、冻结、保管、处理涉案财物不符合有关法律和规定的；

（二）法律文书制作、使用不符合法律和有关规定的；

（三）违反羁押期限、办案期限规定的；

（四）侵害当事人、辩护人、诉讼代理人的诉讼权利的；

（五）未依法对立案、侦查、审查逮捕、公诉、审判等诉讼活动以及执行活动中的违法行为履行法律监督职责的；

（六）其他应当提出纠正意见的情形。

情节轻微的，可以口头提示；情节较重的，应当发送案件流程监控通知书，提示办案部门及时查明情况并予以纠正；情节严重的，应当同时向检察长报告。

办案部门收到案件流程监控通知书后，应当在十日以内将核查情况书面回复负责案件管理的部门。

四、最高人民检察院、公安部关于刑事立案监督有关问题的规定（试行）

（2010 年 7 月 26 日公布，2010 年 10 月 1 日起施行）

为加强和规范刑事立案监督工作，保障刑事侦查权的正确行使，根据《中华人民共和国刑事诉讼法》等有关规定，结合工作实际，制定本规定。

第一条 刑事立案监督的任务是确保依法立案，防止和纠正有案不立和违法立案，依法、及时打击犯罪，保护公民的合法权利，保障国家法律的统一正确实施，维护社会和谐稳定。

第二条 刑事立案监督应当坚持监督与配合相统一，人民检察院法律监督与公安机关内部监督相结合，办案数量、质量、效率、效果相统一和有错必纠的原则。

第三条 公安机关对于接受的案件或者发现的犯罪线索，应当及时进行审查，依照法律和有关规定作出立案或者不予立案的决定。

公安机关与人民检察院应当建立刑事案件信息通报制度，定期相互通报刑事发案、报案、立案、破案和刑事立案监督、侦查活动监督、批捕、起诉等情况，重大案件随时通报。有条件的地方，应当建立刑事案件信息共享平台。

第四条 被害人及其法定代理人、近亲属或者行政执法机关，认为公安机关对其控告或者移送的案件应当立案侦查而不立案侦查，向人民检察院提出的，人民检察院应当受理并进行审查。

人民检察院发现公安机关可能存在应当立案侦查而不立案侦查情形的，应当依法进行审查。

第五条　人民检察院对于公安机关应当立案侦查而不立案侦查的线索进行审查后，应当根据不同情况分别作出处理：

（一）没有犯罪事实发生，或者犯罪情节显著轻微不需要追究刑事责任，或者具有其他依法不追究刑事责任情形的，及时答复投诉人或者行政执法机关；

（二）不属于被投诉的公安机关管辖的，应当将有管辖权的机关告知投诉人或者行政执法机关，并建议向该机关控告或者移送；

（三）公安机关尚未作出不予立案决定的，移送公安机关处理；

（四）有犯罪事实需要追究刑事责任，属于被投诉的公安机关管辖，且公安机关已作出不立案决定的，经检察长批准，应当要求公安机关书面说明不立案理由。

第六条　人民检察院对于不服公安机关立案决定的投诉，可以移送立案的公安机关处理。

人民检察院经审查，有证据证明公安机关可能存在违法动用刑事手段插手民事、经济纠纷，或者办案人员利用立案实施报复陷害、敲诈勒索以及谋取其他非法利益等违法立案情形，且已采取刑事拘留等强制措施或者搜查、扣押、冻结等强制性侦查措施，尚未提请批准逮捕或者移送审查起诉的，经检察长批准，应当要求公安机关书面说明立案理由。

第七条　人民检察院要求公安机关说明不立案或者立案理

由，应当制作《要求说明不立案理由通知书》或者《要求说明立案理由通知书》，及时送达公安机关。

公安机关应当在收到《要求说明不立案理由通知书》或者《要求说明立案理由通知书》后七日以内作出书面说明，客观反映不立案或者立案的情况、依据和理由，连同有关证据材料复印件回复人民检察院。公安机关主动立案或者撤销案件的，应当将《立案决定书》或者《撤销案件决定书》复印件及时送达人民检察院。

第八条　人民检察院经调查核实，认为公安机关不立案或者立案理由不成立的，经检察长或者检察委员会决定，应当通知公安机关立案或者撤销案件。

人民检察院开展调查核实，可以询问办案人员和有关当事人，查阅、复印公安机关刑事受案、立案、破案等登记表册和立案、不立案、撤销案件、治安处罚、劳动教养等相关法律文书及案卷材料，公安机关应当配合。

第九条　人民检察院通知公安机关立案或者撤销案件的，应当制作《通知立案书》或者《通知撤销案件书》，说明依据和理由，连同证据材料移送公安机关。

公安机关应当在收到《通知立案书》后十五日以内决定立案，对《通知撤销案件书》没有异议的应当立即撤销案件，并将《立案决定书》或者《撤销案件决定书》复印件及时送达人民检察院。

第十条　公安机关认为人民检察院撤销案件通知有错误的，应当在五日以内经县级以上公安机关负责人批准，要求同级人民检察院复议。人民检察院应当重新审查，在收到《要求复议意见书》和案卷材料后七日以内作出是否变更的决定，并通知公安机关。

公安机关不接受人民检察院复议决定的，应当在五日以内经县级以上公安机关负责人批准，提请上一级人民检察院复核。上级人民检察院应当在收到《提请复核意见书》和案卷材料后十五日以内作出是否变更的决定，通知下级人民检察院和公安机关执行。

上级人民检察院复核认为撤销案件通知有错误的，下级人民检察院应当立即纠正；上级人民检察院复核认为撤销案件通知正确的，下级公安机关应当立即撤销案件，并将《撤销案件决定书》复印件及时送达同级人民检察院。

第十一条　公安机关对人民检察院监督立案的案件应当及时侦查。犯罪嫌疑人在逃的，应当加大追捕力度；符合逮捕条件的，应当及时提请人民检察院批准逮捕；侦查终结需要追究刑事责任的，应当及时移送人民检察院审查起诉。

监督立案后三个月未侦查终结的，人民检察院可以发出《立案监督案件催办函》，公安机关应当及时向人民检察院反馈侦查进展情况。

第十二条　人民检察院在立案监督过程中，发现侦查人员涉嫌徇私舞弊等违法违纪行为的，应当移交有关部门处理；涉嫌职务犯罪的，依法立案侦查。

第十三条　公安机关在提请批准逮捕、移送审查起诉时，应当将人民检察院刑事立案监督法律文书和相关材料随案移送。人民检察院在审查逮捕、审查起诉时，应当及时录入刑事立案监督信息。

第十四条　本规定自 2010 年 10 月 1 日起试行。

五、最高人民检察院、公安部关于公安机关办理经济犯罪案件的若干规定

（2017 年 11 月 24 日公布，2018 年 1 月 1 日起施行）

第一章　总　则

第一条　为了规范公安机关办理经济犯罪案件程序，加强人民检察院的法律监督，保证严格、规范、公正、文明执法，依法惩治经济犯罪，维护社会主义市场经济秩序，保护公民、法人和其他组织的合法权益，依据《中华人民共和国刑事诉讼法》等有关法律、法规和规章，结合工作实际，制定本规定。

第二条　公安机关办理经济犯罪案件，应当坚持惩罚犯罪与保障人权并重、实体公正与程序公正并重、查证犯罪与挽回损失并重，严格区分经济犯罪与经济纠纷的界限，不得滥用职权、玩忽职守。

第三条　公安机关办理经济犯罪案件，应当坚持平等保护公有制经济与非公有制经济，坚持各类市场主体的诉讼地位平等、法律适用平等、法律责任平等，加强对各种所有制经济产权与合法利益的保护。

第四条　公安机关办理经济犯罪案件，应当严格依照法定程序进行，规范使用调查性侦查措施，准确适用限制人身、财产权利的强制性措施。

第五条 公安机关办理经济犯罪案件，应当既坚持严格依法办案，又注意办案方法，慎重选择办案时机和方式，注重保障正常的生产经营活动顺利进行。

第六条 公安机关办理经济犯罪案件，应当坚持以事实为根据、以法律为准绳，同人民检察院、人民法院分工负责、互相配合、互相制约，以保证准确有效地执行法律。

第七条 公安机关、人民检察院应当按照法律规定的证据裁判要求和标准收集、固定、审查、运用证据，没有确实、充分的证据不得认定犯罪事实，严禁刑讯逼供和以威胁、引诱、欺骗以及其他非法方法收集证据，不得强迫任何人证实自己有罪。

第二章　管　辖

第八条 经济犯罪案件由犯罪地的公安机关管辖。如果由犯罪嫌疑人居住地的公安机关管辖更为适宜的，可以由犯罪嫌疑人居住地的公安机关管辖。

犯罪地包括犯罪行为发生地和犯罪结果发生地。犯罪行为发生地，包括犯罪行为的实施地以及预备地、开始地、途经地、结束地等与犯罪行为有关的地点；犯罪行为有连续、持续或者继续状态的，犯罪行为连续、持续或者继续实施的地方都属于犯罪行为发生地。犯罪结果发生地，包括犯罪对象被侵害地、犯罪所得的实际取得地、藏匿地、转移地、使用地、销售地。

居住地包括户籍所在地、经常居住地。户籍所在地与经常居住地不一致的，由经常居住地的公安机关管辖。经常居住地是指公民离开户籍所在地最后连续居住一年以上的地方，但是住院就医的除外。

单位涉嫌经济犯罪的，由犯罪地或者所在地公安机关管辖。所在地是指单位登记的住所地。主要营业地或者主要办事机构所在地与登记的住所地不一致的，主要营业地或者主要办事机构所在地为其所在地。

法律、司法解释或者其他规范性文件对有关经济犯罪案件的管辖作出特别规定的，从其规定。

第九条　非国家工作人员利用职务上的便利实施经济犯罪的，由犯罪嫌疑人工作单位所在地公安机关管辖。如果由犯罪行为实施地或者犯罪嫌疑人居住地的公安机关管辖更为适宜的，也可以由犯罪行为实施地或者犯罪嫌疑人居住地的公安机关管辖。

第十条　上级公安机关必要时可以立案侦查或者组织、指挥、参与侦查下级公安机关管辖的经济犯罪案件。

对重大、疑难、复杂或者跨区域性经济犯罪案件，需要由上级公安机关立案侦查的，下级公安机关可以请求移送上一级公安机关立案侦查。

第十一条　几个公安机关都有权管辖的经济犯罪案件，由最初受理的公安机关管辖。必要时，可以由主要犯罪地的公安机关管辖。对管辖不明确或者有争议的，应当协商管辖；协商不成的，由共同的上级公安机关指定管辖。

主要利用通讯工具、互联网等技术手段实施的经济犯罪案件，由最初发现、受理的公安机关或者主要犯罪地的公安机关管辖。

第十二条　公安机关办理跨区域性涉众型经济犯罪案件，应当坚持统一指挥协调、统一办案要求的原则。

对跨区域性涉众型经济犯罪案件，犯罪地公安机关应当立案侦查，并由一个地方公安机关为主侦查，其他公安机关应当积极协助。必要时，可以并案侦查。

第十三条　上级公安机关指定下级公安机关立案侦查的经济

犯罪案件，需要逮捕犯罪嫌疑人的，由侦查该案件的公安机关提请同级人民检察院审查批准；需要移送审查起诉的，由侦查该案件的公安机关移送同级人民检察院审查起诉。

人民检察院受理公安机关移送审查起诉的经济犯罪案件，认为需要依照刑事诉讼法的规定指定审判管辖的，应当协商同级人民法院办理指定管辖有关事宜。

对跨区域性涉众型经济犯罪案件，公安机关指定管辖的，应当事先向同级人民检察院、人民法院通报和协商。

第三章　立案、撤案

第十四条　公安机关对涉嫌经济犯罪线索的报案、控告、举报、自动投案，不论是否有管辖权，都应当接受并登记，由最初受理的公安机关依照法定程序办理，不得以管辖权为由推诿或者拒绝。

经审查，认为有犯罪事实，但不属于其管辖的案件，应当及时移送有管辖权的机关处理。对于不属于其管辖又必须采取紧急措施的，应当先采取紧急措施，再移送主管机关。

第十五条　公安机关接受涉嫌经济犯罪线索的报案、控告、举报、自动投案后，应当立即进行审查，并在七日以内决定是否立案；重大、疑难、复杂线索，经县级以上公安机关负责人批准，立案审查期限可以延长至三十日；特别重大、疑难、复杂或者跨区域性的线索，经上一级公安机关负责人批准，立案审查期限可以再延长三十日。

上级公安机关指定管辖或者书面通知立案的，应当在指定期限以内立案侦查。人民检察院通知立案的，应当在十五日以内立案侦查。

第十六条　公安机关接受行政执法机关移送的涉嫌经济犯罪

案件后，移送材料符合相关规定的，应当在三日以内进行审查并决定是否立案，至迟应当在十日以内作出决定。案情重大、疑难、复杂或者跨区域性的，经县级以上公安机关负责人批准，应当在三十日以内决定是否立案。情况特殊的，经上一级公安机关负责人批准，可以再延长三十日作出决定。

第十七条 公安机关经立案审查，同时符合下列条件的，应当立案：

（一）认为有犯罪事实；

（二）涉嫌犯罪数额、结果或者其他情节符合经济犯罪案件的立案追诉标准，需要追究刑事责任；

（三）属于该公安机关管辖。

第十八条 在立案审查中，发现案件事实或者线索不明的，经公安机关办案部门负责人批准，可以依照有关规定采取询问、查询、勘验、鉴定和调取证据材料等不限制被调查对象人身、财产权利的措施。经审查，认为有犯罪事实，需要追究刑事责任的，经县级以上公安机关负责人批准，予以立案。

公安机关立案后，应当采取调查性侦查措施，但是一般不得采取限制人身、财产权利的强制性措施。确有必要采取的，必须严格依照法律规定的条件和程序。严禁在没有证据的情况下，查封、扣押、冻结涉案财物或者拘留、逮捕犯罪嫌疑人。

公安机关立案后，在三十日以内经积极侦查，仍然无法收集到证明有犯罪事实需要对犯罪嫌疑人追究刑事责任的充分证据的，应当立即撤销案件或者终止侦查。重大、疑难、复杂案件，经上一级公安机关负责人批准，可以再延长三十日。

上级公安机关认为不应当立案，责令限期纠正的，或者人民检察院认为不应当立案，通知撤销案件的，公安机关应当及时撤销案件。

第十九条 对有控告人的案件，经审查决定不予立案的，应当在立案审查的期限内制作不予立案通知书，并在三日以内送达控告人。

第二十条 涉嫌经济犯罪的案件与人民法院正在审理或者作出生效裁判文书的民事案件，属于同一法律事实或者有牵连关系，符合下列条件之一的，应当立案：

人民法院在审理民事案件或者执行过程中，发现有经济犯罪嫌疑，裁定不予受理、驳回起诉、中止诉讼、判决驳回诉讼请求或者中止执行生效裁判文书，并将有关材料移送公安机关的；

（二）人民检察院依法通知公安机关立案的；

（三）公安机关认为有证据证明有犯罪事实，需要追究刑事责任，经省级以上公安机关负责人批准的。

有前款第二项、第三项情形的，公安机关立案后，应当严格依照法律规定的条件和程序采取强制措施和侦查措施，并将立案决定书等法律文书及相关案件材料复印件抄送正在审理或者作出生效裁判文书的人民法院并说明立案理由，同时通报与办理民事案件的人民法院同级的人民检察院，必要时可以报告上级公安机关。

在侦查过程中，不得妨碍人民法院民事诉讼活动的正常进行。

第二十一条 公安机关在侦查过程中、人民检察院在审查起诉过程中，发现具有下列情形之一的，应当将立案决定书、起诉意见书等法律文书及相关案件材料复印件抄送正在审理或者作出生效裁判文书的人民法院，由人民法院依法处理：

（一）侦查、审查起诉的经济犯罪案件与人民法院正在审理或者作出生效裁判文书的民事案件属于同一法律事实或者有牵连关系的；

（二）涉案财物已被有关当事人申请执行的。

有前款规定情形的，公安机关、人民检察院应当同时将有关情况通报与办理民事案件的人民法院同级的人民检察院。

公安机关将相关法律文书及案件材料复印件抄送人民法院后一个月以内未收到回复的，必要时，可以报告上级公安机关。

立案侦查、审查起诉的经济犯罪案件与仲裁机构作出仲裁裁决的民事案件属于同一法律事实或者有牵连关系，且人民法院已经受理与该仲裁裁决相关申请的，依照本条第一款至第三款的规定办理。

第二十二条　涉嫌经济犯罪的案件与人民法院正在审理或者作出生效裁判文书以及仲裁机构作出裁决的民事案件有关联但不属同一法律事实的，公安机关可以立案侦查，但是不得以刑事立案为由要求人民法院移送案件、裁定驳回起诉、中止诉讼、判决驳回诉讼请求、中止执行或者撤销判决、裁定，或者要求人民法院撤销仲裁裁决。

第二十三条　人民法院在办理民事案件过程中，认为该案件不属于民事纠纷而有经济犯罪嫌疑需要追究刑事责任，并将涉嫌经济犯罪的线索、材料移送公安机关的，接受案件的公安机关应当立即审查，并在十日以内决定是否立案。公安机关不立案的，应当及时告知人民法院。

第二十四条　人民法院在办理民事案件过程中，发现与民事纠纷虽然不是同一事实但是有关联的经济犯罪线索、材料，并将涉嫌经济犯罪的线索、材料移送公安机关的，接受案件的公安机关应当立即审查，并在十日以内决定是否立案。公安机关不立案的，应当及时告知人民法院。

第二十五条 在侦查过程中，公安机关发现具有下列情形之一的，应当及时撤销案件：

（一）对犯罪嫌疑人解除强制措施之日起十二个月以内，仍然不能移送审查起诉或者依法作其他处理的；

（二）对犯罪嫌疑人未采取强制措施，自立案之日起二年以内，仍然不能移送审查起诉或者依法作其他处理的；

（三）人民检察院通知撤销案件的；

（四）其他符合法律规定的撤销案件情形的。

有前款第一项、第二项情形，但是有证据证明有犯罪事实需要进一步侦查的，经省级以上公安机关负责人批准，可以不撤销案件，继续侦查。

撤销案件后，公安机关应当立即停止侦查活动，并解除相关的侦查措施和强制措施。

撤销案件后，又发现新的事实或者证据，依法需要追究刑事责任的，公安机关应当重新立案侦查。

第二十六条 公安机关接报案件后，报案人、控告人、举报人、被害人及其法定代理人、近亲属查询立案情况的，应当在三日以内告知立案情况并记录在案。对已经立案的，应当告知立案时间、涉嫌罪名、办案单位等情况。

第二十七条 对报案、控告、举报、移送的经济犯罪案件，公安机关作出不予立案决定、撤销案件决定或者逾期未作出是否立案决定有异议的，报案人、控告人、举报人可以申请人民检察院进行立案监督，移送案件的行政执法机关可以建议人民检察院进行立案监督。

人民检察院认为需要公安机关说明不予立案、撤销案件或者

逾期未作出是否立案决定的理由的，应当要求公安机关在七日以
内说明理由。公安机关应当书面说明理由，连同有关证据材料回
复人民检察院。人民检察院认为不予立案或者撤销案件的理由不
能成立的，应当通知公安机关立案。人民检察院要求公安机关说
明逾期未作出是否立案决定的理由后，公安机关在七日以内既不
说明理由又不作出是否立案的决定的，人民检察院应当发出纠正
违法通知书予以纠正，经审查案件有关证据材料，认为符合立案
条件的，应当通知公安机关立案。

　　第二十八条　犯罪嫌疑人及其法定代理人、近亲属或者辩护
律师对公安机关立案提出异议的，公安机关应当及时受理、认真
核查。

　　有证据证明公安机关可能存在违法介入经济纠纷，或者利用
立案实施报复陷害、敲诈勒索以及谋取其他非法利益等违法立案
情形的，人民检察院应当要求公安机关书面说明立案的理由。公
安机关应当在七日以内书面说明立案的依据和理由，连同有关证
据材料回复人民检察院。人民检察院认为立案理由不能成立的，
应当通知公安机关撤销案件。

　　第二十九条　人民检察院发现公安机关在办理经济犯罪案件
过程中适用另案处理存在违法或者不当的，可以向公安机关提出
书面纠正意见或者检察建议。公安机关应当认真审查，并将结果
及时反馈人民检察院。没有采纳的，应当说明理由。

　　第三十条　依照本规定，报经省级以上公安机关负责人批准
立案侦查或者继续侦查的案件，撤销案件时应当经原审批的省级
以上公安机关负责人批准。

　　人民检察院通知撤销案件的，应当立即撤销案件，并报告原
审批的省级以上公安机关。

第四章　强制措施

第三十一条　公安机关决定采取强制措施时，应当考虑犯罪嫌疑人涉嫌犯罪情节的轻重程度、有无继续犯罪和逃避或者妨碍侦查的可能性，使所适用的强制措施同犯罪的严重程度、犯罪嫌疑人的社会危险性相适应，依法慎用羁押性强制措施。

采取取保候审、监视居住措施足以防止发生社会危险性的，不得适用羁押性强制措施。

第三十二条　公安机关应当依照法律规定的条件和程序适用取保候审措施。

采取保证金担保方式的，应当综合考虑保证诉讼活动正常进行的需要，犯罪嫌疑人的社会危险性的大小，案件的性质、情节、涉案金额，可能判处刑罚的轻重以及犯罪嫌疑人的经济状况等情况，确定适当的保证金数额。

在取保候审期间，不得中断对经济犯罪案件的侦查。执行取保候审超过三个月的，应当至少每个月讯问一次被取保候审人。

第三十三条　对于被决定采取强制措施并上网追逃的犯罪嫌疑人，经审查发现不构成犯罪或者依法不予追究刑事责任的，应当立即撤销强制措施决定，并按照有关规定，报请省级以上公安机关删除相关信息。

第三十四条　公安机关办理经济犯罪案件应当加强统一审核，依照法律规定的条件和程序逐案逐人审查采取强制措施的合法性和适当性，发现采取强制措施不当的，应当及时撤销或者变更。犯罪嫌疑人在押的，应当立即释放。公安机关释放被逮捕的犯罪嫌疑人或者变更逮捕措施的，应当及时通知作出批准逮捕决定的人民检察院。

犯罪嫌疑人被逮捕后，人民检察院经审查认为不需要继续羁押提出检察建议的，公安机关应当予以调查核实，认为不需要继续羁押的，应当予以释放或者变更强制措施；认为需要继续羁押的，应当说明理由，并在十日以内将处理情况通知人民检察院。

犯罪嫌疑人及其法定代理人、近亲属或者辩护人有权申请人民检察院进行羁押必要性审查。

第五章　侦查取证

第三十五条　公安机关办理经济犯罪案件，应当及时进行侦查，依法全面、客观、及时地收集、调取、固定、审查能够证实犯罪嫌疑人有罪或者无罪、罪重或者罪轻以及与涉案财物有关的各种证据，并防止犯罪嫌疑人逃匿、销毁证据或者转移、隐匿涉案财物。

严禁调取与经济犯罪案件无关的证据材料，不得以侦查犯罪为由滥用侦查措施为他人收集民事诉讼证据。

第三十六条　公安机关办理经济犯罪案件，应当遵守法定程序，遵循有关技术标准，全面、客观、及时地收集、提取电子数据；人民检察院应当围绕真实性、合法性、关联性审查判断电子数据。

依照规定程序通过网络在线提取的电子数据，可以作为证据使用。

第三十七条　公安机关办理经济犯罪案件，需要采取技术侦查措施的，应当严格依照有关法律、规章和规范性文件规定的范围和程序办理。

第三十八条　公安机关办理非法集资、传销以及利用通讯工具、互联网等技术手段实施的经济犯罪案件，确因客观条件的限制无法逐一收集被害人陈述、证人证言等相关证据的，可以结合已收集的言词证据和依法收集并查证属实的物证、书证、视听资料、电子数据等实物证据，综合认定涉案人员人数和涉案资金数额等犯罪事实，做到证据确实、充分。

第三十九条 公安机关办理生产、销售伪劣商品犯罪案件、走私犯罪案件、侵犯知识产权犯罪案件，对同一批次或者同一类型的涉案物品，确因实物数量较大，无法逐一勘验、鉴定、检测、评估的，可以委托或者商请有资格的鉴定机构、专业机构或者行政执法机关依照程序按照一定比例随机抽样勘验、鉴定、检测、评估，并由其制作取样记录和出具相关书面意见。有关抽样勘验、鉴定、检测、评估的结果可以作为该批次或者该类型全部涉案物品的勘验、鉴定、检测、评估结果，但是不符合法定程序，且不能补正或者作出合理解释，可能严重影响案件公正处理的除外。

法律、法规和规范性文件对鉴定机构或者抽样方法另有规定的，从其规定。

第四十条 公安机关办理经济犯罪案件应当与行政执法机关加强联系、密切配合，保证准确有效地执行法律。

公安机关应当根据案件事实、证据和法律规定依法认定案件性质，对案情复杂、疑难，涉及专业性、技术性问题的，可以参考有关行政执法机关的认定意见。

行政执法机关对经济犯罪案件中有关行为性质的认定，不是案件进入刑事诉讼程序的必经程序或者前置条件。法律、法规和规章另有规定的，从其规定。

第四十一条 公安机关办理重大、疑难、复杂的经济犯罪案件，可以听取人民检察院的意见，人民检察院认为确有必要时，可以派员适时介入侦查活动，对收集证据、适用法律提出意见，监督侦查活动是否合法。对人民检察院提出的意见，公安机关应当认真审查，并将结果及时反馈人民检察院。没有采纳的，应当说明理由。

第四十二条　公安机关办理跨区域性的重大经济犯罪案件，应当向人民检察院通报立案侦查情况，人民检察院可以根据通报情况调度办案力量，开展指导协调等工作。需要逮捕犯罪嫌疑人的，公安机关应当提前与人民检察院沟通。

第四十三条　人民检察院在审查逮捕、审查起诉中发现公安机关办案人员以非法方法收集犯罪嫌疑人供述、被害人陈述、证人证言等证据材料的，应当依法排除非法证据并提出纠正意见。需要重新调查取证的，经县级以上公安机关负责人批准，应当另行指派办案人员重新调查取证。必要时，人民检察院也可以自行收集犯罪嫌疑人供述、被害人陈述、证人证言等证据材料。

公安机关发现收集物证、书证不符合法定程序，可能严重影响司法公正的，应当要求办案人员予以补正或者作出合理解释；不能补正或者作出合理解释的，应当依法予以排除，不得作为提请批准逮捕、移送审查起诉的依据。

人民检察院发现收集物证、书证不符合法定程序，可能严重影响司法公正的，应当要求公安机关予以补正或者作出合理解释，不能补正或者作出合理解释的，应当依法予以排除，不得作为批准逮捕、提起公诉的依据。

第四十四条　对民事诉讼中的证据材料，公安机关在立案后应当依照刑事诉讼法以及相关司法解释的规定进行审查或者重新收集。未经查证核实的证据材料，不得作为刑事证据使用。

第四十五条　人民检察院已经作出不起诉决定的案件，公安机关不得针对同一法律事实的同一犯罪嫌疑人继续侦查或者补充侦查，但是有新的事实或者证据的，可以重新立案侦查。

第六章　涉案财物的控制和处置

第四十六条　查封、扣押、冻结以及处置涉案财物，应当依照法律规定的条件和程序进行。除法律法规和规范性文件另有规定以外，公安机关不得在诉讼程序终结之前处置涉案财物。严格区分违法所得、其他涉案财产与合法财产，严格区分企业法人财产与股东个人财产，严格区分犯罪嫌疑人个人财产与家庭成员财产，不得超权限、超范围、超数额、超时限查封、扣押、冻结，并注意保护利害关系人的合法权益。

对涉众型经济犯罪案件，需要追缴、返还涉案财物的，应当坚持统一资产处置原则。公安机关移送审查起诉时，应当将有关涉案财物及其清单随案移送人民检察院。人民检察院提起公诉时，应当将有关涉案财物及其清单一并移送受理案件的人民法院，并提出处理意见。

第四十七条　对依照有关规定可以分割的土地、房屋等涉案不动产，应当只对与案件有关的部分进行查封。

对不可分割的土地、房屋等涉案不动产或者车辆、船舶、航空器以及大型机器、设备等特定动产，可以查封、扣押、冻结犯罪嫌疑人提供的与涉案金额相当的其他财物。犯罪嫌疑人不能提供的，可以予以整体查封。

冻结涉案账户的款项数额，应当与涉案金额相当。

第四十八条　对自动投案时主动提交的涉案财物和权属证书等，公安机关可以先行接收，如实登记并出具接收财物凭证，根据立案和侦查情况决定是否查封、扣押、冻结。

第四十九条　已被依法查封、冻结的涉案财物，公安机关不得重复查封、冻结，但是可以轮候查封、冻结。

已被人民法院采取民事财产保全措施的涉案财物，依照前款规定办理。

第五十条 对不宜查封、扣押、冻结的经营性涉案财物，在保证侦查活动正常进行的同时，可以允许有关当事人继续合理使用，并采取必要的保值保管措施，以减少侦查办案对正常办公和合法生产经营的影响。必要时，可以申请当地政府指定有关部门或者委托有关机构代管。

第五十一条 对查封、扣押、冻结的涉案财物及其孳息，以及作为证据使用的实物，公安机关应当如实登记，妥善保管，随案移送，并与人民检察院及时交接，变更法律手续。

在查封、扣押、冻结涉案财物时，应当收集、固定与涉案财物来源、权属、性质等有关的证据材料并随案移送。对不宜移送或者依法不移送的实物，应当将其清单、照片或者其他证明文件随案移送。

第五十二条 涉嫌犯罪事实查证属实后，对有证据证明权属关系明确的被害人合法财产及其孳息，及时返还不损害其他被害人或者利害关系人的利益、不影响诉讼正常进行的，可以在登记、拍照或者录像、估价后，经县级以上公安机关负责人批准，开具发还清单，在诉讼程序终结之前返还被害人。办案人员应当在案卷中注明返还的理由，将原物照片、清单和被害人的领取手续存卷备查。

具有下列情形之一的，不得在诉讼程序终结之前返还：

（一）涉嫌犯罪事实尚未查清的；

（二）涉案财物及其孳息的权属关系不明确或者存在争议的；

（三）案件需要变更管辖的；

（四）可能损害其他被害人或者利害关系人利益的；

（五）可能影响诉讼程序正常进行的；

（六）其他不宜返还的。

第五十三条 有下列情形之一的，除依照有关法律法规和规范性文件另行处理的以外，应当立即解除对涉案财物的查封、扣押、冻结措施，并及时返还有关当事人：

（一）公安机关决定撤销案件或者对犯罪嫌疑人终止侦查的；

（二）人民检察院通知撤销案件或者作出不起诉决定的；

（三）人民法院作出生效判决、裁定应当返还的。

第五十四条 犯罪分子违法所得的一切财物及其孳息，应当予以追缴或者责令退赔。

发现犯罪嫌疑人将经济犯罪违法所得和其他涉案财物用于清偿债务、转让或者设定其他权利负担，具有下列情形之一的，应当依法查封、扣押、冻结：

（一）他人明知是经济犯罪违法所得和其他涉案财物而接受的；

（二）他人无偿或者以明显低于市场价格取得上述财物的；

（三）他人通过非法债务清偿或者违法犯罪活动取得上述财物的；

（四）他人通过其他恶意方式取得上述财物的。

他人明知是经济犯罪违法所得及其产生的收益，通过虚构债权债务关系、虚假交易等方式予以窝藏、转移、收购、代为销售或者以其他方法掩饰、隐瞒，构成犯罪的，应当依法追究刑事责任。

第五十五条 具有下列情形之一，依照刑法规定应当追缴其违法所得及其他涉案财物的，经县级以上公安机关负责人批准，公安机关应当出具没收违法所得意见书，连同相关证据材料一并移送同级人民检察院：

（一）重大的走私、金融诈骗、洗钱犯罪案件，犯罪嫌疑人逃匿，在通缉一年后不能到案的；

（二）犯罪嫌疑人死亡的；

（三）涉嫌重大走私、金融诈骗、洗钱犯罪的单位被撤销、注销，直接负责的主管人员和其他直接责任人员逃匿、死亡，导致案件无法适用普通刑事诉讼程序审理的。

犯罪嫌疑人死亡，现有证据证明其存在违法所得及其他涉案财物应当予以没收的，公安机关可以继续调查，并依法进行查封、扣押、冻结。

第七章　办案协作

第五十六条　公安机关办理经济犯罪案件，应当加强协作和配合，依法履行协查、协办等职责。

上级公安机关应当加强监督、协调和指导，及时解决跨区域性协作的争议事项。

第五十七条　办理经济犯罪案件需要异地公安机关协作的，委托地公安机关应当对案件的管辖、定性、证据认定以及所采取的侦查措施负责，办理有关的法律文书和手续，并对协作事项承担法律责任。但是协作地公安机关超权限、超范围采取相关措施的，应当承担相应的法律责任。

第五十八条　办理经济犯罪案件需要异地公安机关协作的，由委托地的县级以上公安机关制作办案协作函件和有关法律文书，通过协作地的县级以上公安机关联系有关协作事宜。协作地公安机关接到委托地公安机关请求协作的函件后，应当指定主管业务部门办理。

各省、自治区、直辖市公安机关根据本地实际情况，就需要外省、自治区、直辖市公安机关协助对犯罪嫌疑人采取强制措施或者查封、扣押、冻结涉案财物事项制定相关审批程序。

第五十九条 协作地公安机关应当对委托地公安机关出具的法律文书和手续予以审核，对法律文书和手续完备的，协作地公安机关应当及时无条件予以配合，不得收取任何形式的费用。

第六十条 委托地公安机关派员赴异地公安机关请求协助查询资料、调查取证等事项时，应当出具办案协作函件和有关法律文书。

委托地公安机关认为不需要派员赴异地的，可以将办案协作函件和有关法律文书寄送协作地公安机关，协作地公安机关协查不得超过十五日；案情重大、情况紧急的，协作地公安机关应当在七日以内回复；因特殊情况不能按时回复的，协作地公安机关应当及时向委托地公安机关说明情况。

必要时，委托地公安机关可以将办案协作函件和有关法律文书通过电传、网络等保密手段或者相关工作机制传至协作地公安机关，协作地公安机关应当及时协查。

第六十一条 委托地公安机关派员赴异地公安机关请求协助采取强制措施或者搜查，查封、扣押、冻结涉案财物等事项时，应当持办案协作函件、有关侦查措施或者强制措施的法律文书、工作证件及相关案件材料，与协作地县级以上公安机关联系，协作地公安机关应当派员协助执行。

第六十二条 对不及时采取措施，有可能导致犯罪嫌疑人逃匿，或者有可能转移涉案财物以及重要证据的，委托地公安机关可以商请紧急协作，将办案协作函件和有关法律文书通过电传、网络等保密手段传至协作地县级以上公安机关，协作地公安机关收到协作函件后，应当及时采取措施，落实协作事项。委托地公安机关应当立即派员携带法律文书前往协作地办理有关事宜。

第六十三条　协作地公安机关在协作过程中，发现委托地公安机关明显存在违反法律规定的行为时，应当及时向委托地公安机关提出并报上一级公安机关。跨省协作的，应当通过协作地的省级公安机关通报委托地的省级公安机关，协商处理。未能达成一致意见的，协作地的省级公安机关应当及时报告公安部。

第六十四条　立案地公安机关赴其他省、自治区、直辖市办案，应当按照有关规定呈报上级公安机关审查批准。

第八章　保障诉讼参与人合法权益

第六十五条　公安机关办理经济犯罪案件，应当尊重和保障人权，保障犯罪嫌疑人、被害人和其他诉讼参与人依法享有的辩护权和其他诉讼权利，在职责范围内依法保障律师的执业权利。

第六十六条　辩护律师向公安机关了解犯罪嫌疑人涉嫌的罪名以及现已查明的该罪的主要事实，犯罪嫌疑人被采取、变更、解除强制措施，延长侦查羁押期限、移送审查起诉等案件有关情况的，公安机关应当依法将上述情况告知辩护律师，并记录在案。

第六十七条　辩护律师向公安机关提交与经济犯罪案件有关的申诉、控告等材料的，公安机关应当在执法办案场所予以接收，当面了解有关情况并记录在案。对辩护律师提供的材料，公安机关应当及时依法审查，并在三十日以内予以答复。

第六十八条　被害人、犯罪嫌疑人及其法定代理人、近亲属或者律师对案件管辖有异议，向立案侦查的公安机关提出申诉的，接受申诉的公安机关应当在接到申诉后的七日以内予以答复。

第六十九条 犯罪嫌疑人及其法定代理人、近亲属或者辩护人认为公安机关所采取的强制措施超过法定期限，有权向原批准或者决定的公安机关提出申诉，接受该项申诉的公安机关应当在接到申诉之日起三十日以内审查完毕并作出决定，将结果书面通知申诉人。对超过法定期限的强制措施，应当立即解除或者变更。

第七十条 辩护人、诉讼代理人认为公安机关阻碍其依法行使诉讼权利并向人民检察院申诉或者控告，人民检察院经审查情况属实后通知公安机关予以纠正的，公安机关应当立即纠正，并将监督执行情况书面答复人民检察院。

第七十一条 辩护人、诉讼代理人对公安机关侦查活动有异议的，可以向有关公安机关提出申诉、控告，或者提请人民检察院依法监督。

第九章　执法监督与责任追究

第七十二条 公安机关应当依据《中华人民共和国人民警察法》等有关法律法规和规范性文件的规定，加强对办理经济犯罪案件活动的执法监督和督察工作。

上级公安机关发现下级公安机关存在违反法律和有关规定行为的，应当责令其限期纠正。必要时，上级公安机关可以就其违法行为直接作出相关处理决定。

人民检察院发现公安机关办理经济犯罪案件中存在违法行为的，或者对有关当事人及其辩护律师、诉讼代理人、利害关系人的申诉、控告事项查证属实的，应当通知公安机关予以纠正。

第七十三条 具有下列情形之一的，公安机关应当责令依法纠正，或者直接作出撤销、变更或者纠正决定。对发生执法过错的，应当根据办案人员在办案中各自承担的职责，区分不同情况，分别追究案件审批人、审核人、办案人及其他直接责任人的责任。构成犯罪的，依法追究刑事责任。

（一）越权管辖或者推诿管辖的；

（二）违反规定立案、不予立案或者撤销案件的；

（三）违反规定对犯罪嫌疑人采取强制措施的；

（四）违反规定对财物采取查封、扣押、冻结措施的；

（五）违反规定处置涉案财物的；

（六）拒不履行办案协作职责，或者阻碍异地公安机关依法办案的；

（七）阻碍当事人、辩护人、诉讼代理人依法行使诉讼权利的；

（八）其他应当予以追究责任的。

对于导致国家赔偿的责任人员，应当依据《中华人民共和国国家赔偿法》的有关规定，追偿其部分或者全部赔偿费用。

第七十四条　公安机关在受理、立案、移送以及涉案财物处置等过程中，与人民检察院、人民法院以及仲裁机构发生争议的，应当协商解决。必要时，可以报告上级公安机关协调解决。上级公安机关应当加强监督，依法处理。

人民检察院发现公安机关存在执法不当行为的，可以向公安机关提出书面纠正意见或者检察建议。公安机关应当认真审查，并将结果及时反馈人民检察院。没有采纳的，应当说明理由。

第七十五条　公安机关办理经济犯罪案件应当加强执法安全防范工作，规范执法办案活动，执行执法办案规定，加强执法监督，对执法不当造成严重后果的，依据相关规定追究责任。

第十章　附　则

第七十六条　本规定所称的"经济犯罪案件"，主要是指公安机关经济犯罪侦查部门按照有关规定依法管辖的各种刑事案件，但以资助方式实施的帮助恐怖活动案件，不适用本规定。

公安机关其他办案部门依法管辖刑法分则第三章规定的破坏社会主义市场经济秩序犯罪有关案件的，适用本规定。

第七十七条 本规定所称的"调查性侦查措施"，是指公安机关在办理经济犯罪案件过程中，依照法律规定进行的专门调查工作和有关侦查措施，但是不包括限制犯罪嫌疑人人身、财产权利的强制性措施。

第七十八条 本规定所称的"涉众型经济犯罪案件"，是指基于同一法律事实、利益受损人数众多、可能影响社会秩序稳定的经济犯罪案件，包括但不限于非法吸收公众存款，集资诈骗，组织、领导传销活动，擅自设立金融机构，擅自发行股票、公司企业债券等犯罪。

第七十九条 本规定所称的"跨区域性"，是指涉及两个以上县级行政区域。

第八十条 本规定自 2018 年 1 月 1 日起施行。2005 年 12 月 31 日发布的《公安机关办理经济犯罪案件的若干规定》（公通字〔2005〕101 号）同时废止。本规定发布以前最高人民检察院、公安部制定的关于办理经济犯罪案件的规范性文件与本规定不一致的，适用本规定。

六、公安机关办理刑事案件程序规定（节录）

（根据 2020 年 7 月 20 日公安部令第 159 号《公安部关于修改〈公安机关办理刑事案件程序规定〉的决定》修正）

第三条 公安机关在刑事诉讼中的基本职权，是依照法律对刑事案件立案、侦查、预审；决定、执行强制措施；对依法不追究刑事责任的不予立案，已经追究的撤销案件；对侦查终结应当起诉的案件，移送人民检察院审查决定；对不够刑事处罚的犯罪嫌疑人需要行政处理的，依法予以处理或者移送有关部门；对被判处有期徒刑的罪犯，在被交付执行刑罚前，剩余刑期在三个月以下的，代为执行刑罚；执行拘役、剥夺政治权利、驱逐出境。

第二章 管 辖

第十四条 根据刑事诉讼法的规定，除下列情形外，刑事案件由公安机关管辖：

（一）监察机关管辖的职务犯罪案件；

（二）人民检察院管辖的在对诉讼活动实行法律监督中发现的司法工作人员利用职权实施的非法拘禁、刑讯逼供、非法搜查等侵犯公民权利、损害司法公正的犯罪，以及经省级以上人民检察院决定立案侦查的公安机关管辖的国家机关工作人员利用职权实施的重大犯罪案件；

（三）人民法院管辖的自诉案件。对于人民法院直接受理的被害人有证据证明的轻微刑事案件，因证据不足驳回起诉，人民法院移送公安机关或者被害人向公安机关控告的，公安机关应当受理；被害人直接向公安机关控告的，公安机关应当受理；

（四）军队保卫部门管辖的军人违反职责的犯罪和军队内部发生的刑事案件；

（五）监狱管辖的罪犯在监狱内犯罪的刑事案件；

（六）海警部门管辖的海（岛屿）岸线以外我国管辖海域内发生的刑事案件。对于发生在沿海港岙口、码头、滩涂、台轮停泊点等区域的，由公安机关管辖；

（七）其他依照法律和规定应当由其他机关管辖的刑事案件。

第十五条　刑事案件由犯罪地的公安机关管辖。如果由犯罪嫌疑人居住地的公安机关管辖更为适宜的，可以由犯罪嫌疑人居住地的公安机关管辖。

法律、司法解释或者其他规范性文件对有关犯罪案件的管辖作出特别规定的，从其规定。

第十六条　犯罪地包括犯罪行为发生地和犯罪结果发生地。犯罪行为发生地，包括犯罪行为的实施地以及预备地、开始地、途经地、结束地等与犯罪行为有关的地点；犯罪行为有连续、持续或者继续状态的，犯罪行为连续、持续或者继续实施的地方都属于犯罪行为发生地。犯罪结果发生地，包括犯罪对象被侵害地、犯罪所得的实际取得地、藏匿地、转移地、使用地、销售地。

居住地包括户籍所在地、经常居住地。经常居住地是指公民离开户籍所在地最后连续居住一年以上的地方，但住院就医的除外。单位登记的住所地为其居住地。主要营业地或者主要办事机构所在地与登记的住所地不一致的，主要营业地或者主要办事机构所在地为其居住地。

第十七条　针对或者主要利用计算机网络实施的犯罪，用于实施犯罪行为的网络服务使用的服务器所在地，网络服务提供者所在地，被侵害的网络信息系统及其管理者所在地，以及犯罪过程中犯罪嫌疑人、被害人使用的网络信息系统所在地，被害人被侵害时所在地和被害人财产遭受损失地公安机关可以管辖。

第十八条　行驶中的交通工具上发生的刑事案件，由交通工具最初停靠地公安机关管辖；必要时，交通工具始发地、途经地、目的地公安机关也可以管辖。

第十九条　在中华人民共和国领域外的中国航空器内发生的刑事案件，由该航空器在中国最初降落地的公安机关管辖。

第二十条　中国公民在中国驻外使、领馆内的犯罪，由其主管单位所在地或者原户籍地的公安机关管辖。

中国公民在中华人民共和国领域外的犯罪，由其入境地、离境前居住地或者现居住地的公安机关管辖；被害人是中国公民的，也可由被害人离境前居住地或者现居住地的公安机关管辖。

第二十一条　几个公安机关都有权管辖的刑事案件，由最初受理的公安机关管辖。必要时，可以由主要犯罪地的公安机关管辖。

具有下列情形之一的，公安机关可以在职责范围内并案侦查：

（一）一人犯数罪的；

（二）共同犯罪的；

（三）共同犯罪的犯罪嫌疑人还实施其他犯罪的；

（四）多个犯罪嫌疑人实施的犯罪存在关联，并案处理有利于查明犯罪事实的。

第二十二条 对管辖不明确或者有争议的刑事案件，可以由有关公安机关协商。协商不成的，由共同的上级公安机关指定管辖。

对情况特殊的刑事案件，可以由共同的上级公安机关指定管辖。

提请上级公安机关指定管辖时，应当在有关材料中列明犯罪嫌疑人基本情况、涉嫌罪名、案件基本事实、管辖争议情况、协商情况和指定管辖理由，经公安机关负责人批准后，层报有权指定管辖的上级公安机关。

第二十三条 上级公安机关指定管辖的，应当将指定管辖决定书分别送达被指定管辖的公安机关和其他有关的公安机关，并根据办案需要抄送同级人民法院、人民检察院。

原受理案件的公安机关，在收到上级公安机关指定其他公安机关管辖的决定书后，不再行使管辖权，同时应当将犯罪嫌疑人、涉案财物以及案卷材料等移送被指定管辖的公安机关。

对指定管辖的案件，需要逮捕犯罪嫌疑人的，由被指定管辖的公安机关提请同级人民检察院审查批准；需要提起公诉的，由该公安机关移送同级人民检察院审查决定。

第二十四条 县级公安机关负责侦查发生在本辖区内的刑事案件。

设区的市一级以上公安机关负责下列犯罪中重大案件的侦查：

（一）危害国家安全犯罪；

（二）恐怖活动犯罪；

（三）涉外犯罪；

（四）经济犯罪；

（五）集团犯罪；

（六）跨区域犯罪。

上级公安机关认为有必要的，可以侦查下级公安机关管辖的刑事案件；下级公安机关认为案情重大需要上级公安机关侦查的刑事案件，可以请求上一级公安机关管辖。

第二十五条　公安机关内部对刑事案件的管辖，按照刑事侦查机构的设置及其职责分工确定。

第二十六条　铁路公安机关管辖铁路系统的机关、厂、段、院、校、所、队、工区等单位发生的刑事案件，车站工作区域内、列车内发生的刑事案件，铁路沿线发生的盗窃或者破坏铁路、通信、电力线路和其他重要设施的刑事案件，以及内部职工在铁路线上工作时发生的刑事案件。

铁路系统的计算机信息系统延伸到地方涉及铁路业务的网点，其计算机信息系统发生的刑事案件由铁路公安机关管辖。

对倒卖、伪造、变造火车票的刑事案件，由最初受理案件的铁路公安机关或者地方公安机关管辖。必要时，可以移送主要犯罪地的铁路公安机关或者地方公安机关管辖。

在列车上发生的刑事案件，犯罪嫌疑人在列车运行途中被抓获的，由前方停靠站所在地的铁路公安机关管辖；必要时，也可以由列车始发站、终点站所在地的铁路公安机关管辖。犯罪嫌疑人不是在列车运行途中被抓获的，由负责该列车乘务的铁路公安机关管辖；但在列车运行途经的车站被抓获的，也可以由该车站所在地的铁路公安机关管辖。

在国际列车上发生的刑事案件，根据我国与相关国家签订的协定确定管辖；没有协定的，由该列车始发或者前方停靠的中国车站所在地的铁路公安机关管辖。

铁路建设施工工地发生的刑事案件由地方公安机关管辖。

第二十七条 民航公安机关管辖民航系统的机关、厂、段、院、校、所、队、工区等单位、机场工作区域内、民航飞机内发生的刑事案件。

重大飞行事故刑事案件由犯罪结果发生地机场公安机关管辖。犯罪结果发生地未设机场公安机关或者不在机场公安机关管辖范围内的，由地方公安机关管辖，有关机场公安机关予以协助。

第二十八条 海关走私犯罪侦查机构管辖中华人民共和国海关关境内发生的涉税走私犯罪和发生在海关监管区内的非涉税走私犯罪等刑事案件。

第二十九条 公安机关侦查的刑事案件的犯罪嫌疑人涉及监察机关管辖的案件时，应当及时与同级监察机关协商，一般应当由监察机关为主调查，公安机关予以协助。

第三十条 公安机关侦查的刑事案件涉及人民检察院管辖的案件时，应当将属于人民检察院管辖的刑事案件移送人民检察院。涉嫌主罪属于公安机关管辖的，由公安机关为主侦查；涉嫌主罪属于人民检察院管辖的，公安机关予以配合。

公安机关侦查的刑事案件涉及其他侦查机关管辖的案件时，参照前款规定办理。

第三十一条 公安机关和军队互涉刑事案件的管辖分工按照有关规定办理。

公安机关和武装警察部队互涉刑事案件的管辖分工依照公安机关和军队互涉刑事案件的管辖分工的原则办理。

第七章 立案、撤案

第一节 受 案

第一百六十九条 公安机关对于公民扭送、报案、控告、举报或者犯罪嫌疑人自动投案的，都应当立即接受，问明情况，并制作笔录，经核对无误后，由扭送人、报案人、控告人、举报人、投案人签名、捺指印。必要时，应当对接受过程录音录像。

第一百七十条　公安机关对扭送人、报案人、控告人、举报人、投案人提供的有关证据材料等应当登记，制作接受证据材料清单，由扭送人、报案人、控告人、举报人、投案人签名，并妥善保管。必要时，应当拍照或者录音录像。

第一百七十一条　公安机关接受案件时，应当制作受案登记表和受案回执，并将受案回执交扭送人、报案人、控告人、举报人。扭送人、报案人、控告人、举报人无法取得联系或者拒绝接受回执的，应当在回执中注明。

第一百七十二条　公安机关接受控告、举报的工作人员，应当向控告人、举报人说明诬告应负的法律责任。但是，只要不是捏造事实、伪造证据，即使控告、举报的事实有出入，甚至是错告的，也要和诬告严格加以区别。

第一百七十三条　公安机关应当保障扭送人、报案人、控告人、举报人及其近亲属的安全。

扭送人、报案人、控告人、举报人如果不愿意公开自己的身份，应当为其保守秘密，并在材料中注明。

第一百七十四条　对接受的案件，或者发现的犯罪线索，公安机关应当迅速进行审查。发现案件事实或者线索不明的，必要时，经办案部门负责人批准，可以进行调查核实。

调查核实过程中，公安机关可以依照有关法律和规定采取询问、查询、勘验、鉴定和调取证据材料等不限制被调查对象人身、财产权利的措施。但是，不得对被调查对象采取强制措施，不得查封、扣押、冻结被调查对象的财产，不得采取技术侦查措施。

第一百七十五条 经过审查，认为有犯罪事实，但不属于自己管辖的案件，应当立即报经县级以上公安机关负责人批准，制作移送案件通知书，在二十四小时以内移送有管辖权的机关处理，并告知扭送人、报案人、控告人、举报人。对于不属于自己管辖而又必须采取紧急措施的，应当先采取紧急措施，然后办理手续，移送主管机关。

对不属于公安机关职责范围的事项，在接报案时能够当场判断的，应当立即口头告知扭送人、报案人、控告人、举报人向其他主管机关报案。

对于重复报案、案件正在办理或者已经办结的，应当向扭送人、报案人、控告人、举报人作出解释，不再登记，但有新的事实或者证据的除外。

第一百七十六条 经过审查，对告诉才处理的案件，公安机关应当告知当事人向人民法院起诉。

对被害人有证据证明的轻微刑事案件，公安机关应当告知被害人可以向人民法院起诉；被害人要求公安机关处理的，公安机关应当依法受理。

人民法院审理自诉案件，依法调取公安机关已经收集的案件材料和有关证据的，公安机关应当及时移交。

第一百七十七条 经过审查，对于不够刑事处罚需要给予行政处理的，依法予以处理或者移送有关部门。

第二节　立　案

第一百七十八条 公安机关接受案件后，经审查，认为有犯罪事实需要追究刑事责任，且属于自己管辖的，经县级以上公安机关负责人批准，予以立案；认为没有犯罪事实，或者犯罪事实显著轻微不需要追究刑事责任，或者具有其他依法不追究刑事责任情形的，经县级以上公安机关负责人批准，不予立案。

对有控告人的案件，决定不予立案的，公安机关应当制作不予立案通知书，并在三日以内送达控告人。

决定不予立案后又发现新的事实或者证据，或者发现原认定事实错误，需要追究刑事责任的，应当及时立案处理。

第一百七十九条　控告人对不予立案决定不服的，可以在收到不予立案通知书后七日以内向作出决定的公安机关申请复议；公安机关应当在收到复议申请后三十日以内作出决定，并将决定书送达控告人。

控告人对不予立案的复议决定不服的，可以在收到复议决定书后七日以内向上一级公安机关申请复核；上一级公安机关应当在收到复核申请后三十日以内作出决定。对上级公安机关撤销不予立案决定的，下级公安机关应当执行。

案情重大、复杂的，公安机关可以延长复议、复核时限，但是延长时限不得超过三十日，并书面告知申请人。

第一百八十条　对行政执法机关移送的案件，公安机关应当自接受案件之日起三日以内进行审查，认为有犯罪事实，需要追究刑事责任，依法决定立案的，应当书面通知移送案件的行政执法机关；认为没有犯罪事实，或者犯罪事实显著轻微，不需要追究刑事责任，依法不予立案的，应当说明理由，并将不予立案通知书送达移送案件的行政执法机关，相应退回案件材料。

公安机关认为行政执法机关移送的案件材料不全的，应当在接受案件后二十四小时以内通知移送案件的行政执法机关在三日以内补正，但不得以材料不全为由不接受移送案件。

公安机关认为行政执法机关移送的案件不属于公安机关职责

范围的，应当书面通知移送案件的行政执法机关向其他主管机关移送案件，并说明理由。

第一百八十一条 移送案件的行政执法机关对不予立案决定不服的，可以在收到不予立案通知书后三日以内向作出决定的公安机关申请复议；公安机关应当在收到行政执法机关的复议申请后三日以内作出决定，并书面通知移送案件的行政执法机关。

第一百八十二条 对人民检察院要求说明不立案理由的案件，公安机关应当在收到通知书后七日以内，对不立案的情况、依据和理由作出书面说明，回复人民检察院。公安机关作出立案决定的，应当将立案决定书复印件送达人民检察院。

人民检察院通知公安机关立案的，公安机关应当在收到通知书后十五日以内立案，并将立案决定书复印件送达人民检察院。

第一百八十三条 人民检察院认为公安机关不应当立案而立案，提出纠正意见的，公安机关应当进行调查核实，并将有关情况回复人民检察院。

第一百八十四条 经立案侦查，认为有犯罪事实需要追究刑事责任，但不属于自己管辖或者需要由其他公安机关并案侦查的案件，经县级以上公安机关负责人批准，制作移送案件通知书，移送有管辖权的机关或者并案侦查的公安机关，并在移送案件后三日以内书面通知扭送人、报案人、控告人、举报人或者移送案件的行政执法机关；犯罪嫌疑人已经到案的，应当依照本规定的有关规定通知其家属。

第一百八十五条 案件变更管辖或者移送其他公安机关并案侦查时，与案件有关的法律文书、证据、财物及其孳息等应当随案移交。

移交时，由接收人、移交人当面查点清楚，并在交接单据上共同签名。

第三节　撤　案

第一百八十六条　经过侦查，发现具有下列情形之一的，应当撤销案件：

（一）没有犯罪事实的；

（二）情节显著轻微、危害不大，不认为是犯罪的；

（三）犯罪已过追诉时效期限的；

（四）经特赦令免除刑罚的；

（五）犯罪嫌疑人死亡的；

（六）其他依法不追究刑事责任的。

对于经过侦查，发现有犯罪事实需要追究刑事责任，但不是被立案侦查的犯罪嫌疑人实施的，或者共同犯罪案件中部分犯罪嫌疑人不够刑事处罚的，应当对有关犯罪嫌疑人终止侦查，并对该案件继续侦查。

第一百八十七条　需要撤销案件或者对犯罪嫌疑人终止侦查的，办案部门应当制作撤销案件或者终止侦查报告书，报县级以上公安机关负责人批准。

公安机关决定撤销案件或者对犯罪嫌疑人终止侦查时，原犯罪嫌疑人在押的，应当立即释放，发给释放证明书。原犯罪嫌疑人被逮捕的，应当通知原批准逮捕的人民检察院。对原犯罪嫌疑人采取其他强制措施的，应当立即解除强制措施；需要行政处理的，依法予以处理或者移交有关部门。

对查封、扣押的财物及其孳息、文件，或者冻结的财产，除按照法律和有关规定另行处理的以外，应当解除查封、扣押、冻结，并及时返还或者通知当事人。

第一百八十八条　犯罪嫌疑人自愿如实供述涉嫌犯罪的事

实，有重大立功或者案件涉及国家重大利益，需要撤销案件的，应当层报公安部，由公安部商请最高人民检察院核准后撤销案件。报请撤销案件的公安机关应当同时将相关情况通报同级人民检察院。

公安机关根据前款规定撤销案件的，应当对查封、扣押、冻结的财物及其孳息作出处理。

第一百八十九条 公安机关作出撤销案件决定后，应当在三日以内告知原犯罪嫌疑人、被害人或者其近亲属、法定代理人以及案件移送机关。

公安机关作出终止侦查决定后，应当在三日以内告知原犯罪嫌疑人。

第一百九十条 公安机关撤销案件以后又发现新的事实或者证据，或者发现原认定事实错误，认为有犯罪事实需要追究刑事责任的，应当重新立案侦查。

对犯罪嫌疑人终止侦查后又发现新的事实或者证据，或者发现原认定事实错误，需要对其追究刑事责任的，应当继续侦查。

七、公安机关办理刑事复议复核
案件程序规定（节录）

（根据 2014 年 9 月 13 日公安部令第 133 号公布，2014 年 11 月 1 日起施行）

第二条　刑事案件中的相关人员对公安机关作出的驳回申请回避、没收保证金、对保证人罚款、不予立案决定不服，向公安机关提出刑事复议、复核申请，公安机关受理刑事复议、复核申请，作出刑事复议、复核决定，适用本规定。

第六条　在办理刑事案件过程中，下列相关人员可以依法向作出决定的公安机关提出刑事复议申请：

（一）对驳回申请回避决定不服的，当事人及其法定代理人、诉讼代理人、辩护律师可以提出；

（二）对没收保证金决定不服的，被取保候审人或者其法定代理人可以提出；

（三）保证人对罚款决定不服的，其本人可以提出；

（四）对不予立案决定不服的，控告人可以提出；

（五）移送案件的行政机关对不予立案决定不服的，该行政机关可以提出。

第十六条　收到控告人对不予立案决定的刑事复议、复核申请后，公安机关应当对控告人是否就同一事项向检察机关提出控告、申诉进行审核。检察机关已经受理控告人对同一事项的控告、申诉的，公安机关应当决定不予受理；公安机关受理后，控告人就同一事项向检察机关提出控告、申诉，检察机关已经受理的，公安机关应当终止刑事复议、复核程序。

第二十二条　对受理的不予立案决定的刑事复议、复核案件，刑事复议、复核机构应当重点审核下列事项：

（一）是否符合立案条件；

（二）是否有控告行为涉嫌犯罪的证据；

（三）适用依据是否正确；

（四）是否符合法定程序；

（五）是否属于不履行法定职责。

前款第二项规定的"涉嫌犯罪"，不受控告的具体罪名的限制。

办理过程中发现控告行为之外的其他事实，可能涉嫌犯罪的，应当建议办案部门进行调查，但调查结果不作为作出刑事复议、复核决定的依据。

第二十八条　移送案件的行政执法机关对不予立案决定申请刑事复议的，公安机关应当在收到申请后三个工作日以内作出决定并书面告知移送案件的行政执法机关。

第三十条　控告人对不予立案决定申请刑事复议、复核的，公安机关应当在收到申请后三十日以内作出决定并书面告知申请人。

案情重大、复杂的，经刑事复议、复核机构负责人批准，可以延长，但是延长时限不得超过三十日，并书面告知申请人。

第三十三条　原决定或者刑事复议决定认定的主要事实不清、证据不足、依据错误、违反法定程序、超越职权或者滥用职权的，公安机关应当作出撤销、变更原决定或者刑事复议决定的复议、复核决定。

经刑事复议，公安机关撤销原驳回申请回避决定、不予立案决定的，应当重新作出决定；撤销原没收保证金决定、对保证人罚款决定的，应当退还保证金或者罚款；认为没收保证金数额、罚款数额明显不当的，应当作出变更原决定的复议决定，但不得提高没收保证金、罚款的数额。

经刑事复核，上级公安机关撤销刑事复议决定的，作出复议决定的公安机关应当执行；需要重新作出决定的，应当责令作出复议决定的公安机关依法重新作出决定，重新作出的决定不得与原决定相同，不得提高没收保证金、罚款的数额。

八、侦查监督部门实施刑事诉讼法若干问答

（2014 年 1 月 21 日公布）

问 1. 对逮捕的社会危险性条件应当如何审查判断？

答：各级人民检察院侦查监督部门应加强与公安机关的沟通协调，建立对社会危险性的证明和双向说理机制，要求公安机关提请逮捕时说明犯罪嫌疑人有法定的某种社会危险性的理由并提供相关证明材料。承办人对案件应进行全案审查，对于公安机关没有说明具有社会危险性的理由和提供相关证明材料的，应当要求其补充说明和提供。经审查不能证明和认定犯罪嫌疑人有法定的社会危险性的，应当作出不批准逮捕的决定。

问 2. 对刑诉法第 79 条第二款规定的"可能判处十年有期徒刑以上刑罚的"，应当如何理解和把握？

答：对"可能判处十年有期徒刑以上刑罚的"，应理解为宣告刑可能为十年有期徒刑以上刑罚。在实践中，应根据案件性质、情节、法定刑并参考人民法院量刑指导意见和以往判例等进行综合判断，不能因法定刑中包含十年有期徒刑就予以批捕。经审查，认为只能判处不满十年有期徒刑的，应看其是否符合社会危险性条件，如有社会危险性，则应根据刑诉法第 79 条第一款予以批捕。

问 3. 对于公安机关以犯罪嫌疑人违反取保候审、监视居住规定情节严重为由提请审查逮捕的，应当如何审查把握？

答：对该类犯罪嫌疑人，要严格审查是否符合刑诉法第79条第三款规定的逮捕条件。经审查，没有证据证明有犯罪事实或者犯罪嫌疑人的行为不构成犯罪、不应追究刑事责任的，无论是否违反取保候审、监视居住规定，均不应批准逮捕。对于涉嫌罪行轻微，不可能判处徒刑以上刑罚的犯罪嫌疑人，如果违反取保候审、监视居住规定情节严重，且具有较大社会危险性的，可以予以批准逮捕。

问4. 对于公安机关因监视居住期满而提请审查逮捕的，应当如何审查把握？

答：要区分情况依法作出决定。对于符合逮捕条件而予以监视居住的犯罪嫌疑人，在监视居住期间未违反规定，期满后公安机关提请逮捕的，应当要求其提供犯罪嫌疑人有社会危险性的证明材料，如果能够证明有社会危险性的，应当予以批捕；如果不能证明有社会危险性的，则不予批捕；采取取保候审措施可以防止社会危险性发生的，可以变更为取保候审。对于涉嫌罪行可能判处十年有期徒刑以上刑罚的，应当批捕。对于根据刑诉法第72条第二款之规定予以监视居住的犯罪嫌疑人，期限届满后提请逮捕的，应审查是否符合刑诉法第79条规定的逮捕条件，符合条件的可以批准逮捕。

问5. 人民检察院作出不批准逮捕决定的案件，公安机关直接变更为监视居住是否合法？

答：刑诉法修改后，监视居住成为逮捕的替代措施，因此，除刑诉法第72条第二款规定的情形外，适用监视居住的前提条件是符合逮捕条件。如果人民检察院认为不符合逮捕条件而决定不批准逮捕，公安机关就不能直接变更为监视居住。如果案件经进一步侦查取得新的进展，已符合逮捕条件，公安机关可以重新提请审查逮捕或者依法决定监视居住。发现公安机关对不符合逮捕条件的犯罪嫌疑人违反法律规定直接予以监视居住的，人民检察院应当监督纠正。

问 6. 对于有刑讯逼供、暴力取证等非法取证嫌疑，但在审查逮捕期限届满前不能查实的，应当如何处理？

答：审查逮捕时发现可能存在刑讯逼供、暴力取证等非法取证行为的，应当立即进行调查核实。经调查，确定言词证据系采取刑讯逼供或者暴力取证等非法手段获取的，应当依法予以排除。审查逮捕期限届满前，经审查无法确定存在上述非法取证行为，但也不能排除非法取证嫌疑的，该言词证据不作为逮捕的依据，而应根据全案的其他证据认定案件事实和决定是否逮捕，并在作出决定后继续对可能存在的非法取证行为进行调查核实。在侦查终结前经调查确认违法的，应当向侦查机关提出纠正意见。侦查监督部门应当将证据存疑或者纠正违法情况及时通报公诉部门。

问 7. 对于以冻、饿、晒、烤、疲劳审讯等非法方法收集的犯罪嫌疑人供述，应当如何处理？

答：根据修改后刑事诉讼法、中央政法委《关于切实防止冤假错案的规定》和"两高三部"《关于办理刑事案件排除非法证据若干问题的意见》等有关规定，"采取刑讯逼供等非法方法收集的犯罪嫌疑人供述，应当予以排除，不得作为定案的根据"。审查逮捕环节发现以冻、饿、晒、烤、疲劳审讯等非法方法收集的犯罪嫌疑人供述，不能一概予以排除，应当审查"冻、饿、晒、烤、疲劳审讯等"违法和强迫的程度，只有在违法程度和强迫程度达到与刑讯逼供相当，迫使犯罪嫌疑人违背意愿供述时，由此而收集的供述应当予以排除。

问 8. 对职务犯罪案件，下级人民检察院在执行逮捕后予以释放或者变更强制措施而不及时报告的，应当如何处理？

答：下级人民检察院对于上级人民检察院决定逮捕的案件，执行逮捕后予以释放或变更强制措施的，应当及时向上级人民检察院报告。上级人民检察院侦查监督部门应当认真审查下级人民检察院的报告。下级人民检察院不及时报告或报告后经审查发现其释放或变更强制措施违法的，应当报告检察长予以纠正。

问 9. 自侦部门在犯罪嫌疑人被拘留期间认为不需要逮捕，但拘留期限即将届满时又报请或者移送审查逮捕的，应当如何处理？

答：对于自侦部门在犯罪嫌疑人被拘留期间认为不需要报请或移送审查逮捕，但在拘留期限即将届满时又报请或移送审查逮捕的，受理案件的侦查监督部门应按照《人民检察院刑事诉讼规则（试行）》第 329 条和第 343 条规定的期限审查逮捕，因自侦部门占用审查逮捕时间而在拘留期限届满时不能作出决定的，应当报检察长决定依法变更强制措施。

问 10. 公安机关受理当事人报案、控告、举报后长期不作出是否立案决定的，如何开展立案监督？

答：公安机关对当事人的报案、控告、举报受理后长期不作出是否立案决定，当事人向人民检察院提出的，人民检察院应当受理并进行审查，认为符合刑事立案条件的，应当将案件线索移送有管辖权的公安机关，并要求公安机关及时书面回复审查处理情况。公安机关未在合理期限内作出立案或者不立案决定，也未向人民检察院说明情况的，人民检察院应当进行立案监督。

上述"合理期限"可参考《公安机关办理经济犯罪案件的若干规定》（公通字〔2005〕101 号）中关于立案审查期限的规

定，即：对于涉嫌经济犯罪的报案、控告、举报、自首，一般线索为 7 日；重大、复杂线索可延长至 30 日；特别重大、复杂线索可延长至 60 日。对于涉嫌其他犯罪的报案、控告、举报、自首，公安机关立案审查期限也不应超过上述期限。

问 11. 如何理解《人民检察院刑事诉讼规则（试行）》第 555 条第 2 款规定的"等违法立案情形"？

答：该"等违法立案情形"是指除了该条列举的插手经济纠纷、报复陷害、敲诈勒索、谋取非法利益四种严重违法立案情形外，还包括其他明显违反法律规定予以刑事立案的情形，如没有证据证明有犯罪事实发生或虽有犯罪事实发生但不是犯罪嫌疑人所为，公安机关仍予以立案的，或者对明显不构成犯罪或者依法不应追究刑事责任的人立案的，等等。

问 12.《人民检察院刑事诉讼规则（试行）》和高检院、公安部《关于刑事立案监督有关问题的规定（试行）》对于监督撤案问题的规定有所不同，如何理解适用？

答：《人民检察院刑事诉讼规则（试行）》未吸收高检院、公安部《关于刑事立案监督有关问题的规定（试行）》第 6 条中"且已采取刑事拘留等强制措施或者搜查、扣押、冻结等强制性侦查措施"的内容，应理解为开展监督的条件有所修改。侦查监督部门在监督公安机关不应立案而立案时，应当适用《人民检察院刑事诉讼规则（试行）》，即不再以"已采取刑事拘留等强制措施或者搜查、扣押、冻结等强制性侦查措施"为前提条件。

问 13. 人民检察院以不构成犯罪或者依法不应追究刑事责任为由作出不批准逮捕决定后，公安机关仍不撤案的，是否可以监督撤案？

答：根据《公安机关办理刑事案件程序规定》第 183 条之规定，对于不构成犯罪或者符合刑诉法第 15 条规定而不追究刑事责任的，公安机关应当撤销案件。对于公安机关提请批准逮捕的犯罪嫌疑人，人民检察院经审查认为符合上述条件而作出不批准逮捕决定的，公安机关即应撤销案件，不予撤销的，人民检察院应当通知公安机关撤销案件。开展这项监督工作，不另行计入立案监督工作统计台账。

问 14. 在审查逮捕过程中发现公安机关遗漏犯罪事实或者遗漏同案人的，应当如何处理？

答：在审查逮捕中发现遗漏犯罪事实或者同案人的，侦查监督部门不另行进行侦查，而应对报捕的案件事实进行审查，并依法作出是否批准逮捕的决定，同时对漏罪漏犯区分情况进行处理。所遗漏的犯罪事实与公安机关立案侦查的犯罪属于同一性质的，应通过《补充侦查提纲》或者《提供法庭审判所需证据材料意见书》引导公安机关补充侦查取证，并向本院公诉部门通报；所遗漏的犯罪事实与立案侦查的犯罪属于不同种类犯罪的，应当将线索移送公安机关，按照立案监督程序办理。遗漏涉嫌犯罪的同案人的，应当将线索移送公安机关，并向公诉部门通报情况；如果现有事实、证据证明该同案人符合逮捕条件的，应当按照《人民检察院刑事诉讼规则（试行）》第 321 条规定的纠正漏捕程序办理。

问 15. 当事人及其辩护人、诉讼代理人、利害关系人依据刑诉法第 115 条的规定，就相关行为直接向人民检察院提出申诉或者控告的，如何受理和开展监督？

答：对于申诉或者控告的违法行为属于刑诉法第 115 条规定的五种情形之一的，适用公安机关先行处理前置程序，应告知申诉人、控告人先向公安机关提出申诉或者控告。根据《公安机关办理刑事案件程序规定》第 191 条第二款之规定，公安机关受理申诉或者控告后应当在 30 日以内作出处理决定，书面回复申诉人、控告人。申诉人、控告人对公安机关的处理不服或者公安机关未在上述时间内答复的，可以向同级人民检察院申诉。人民检察院侦查监督部门对于受理的申诉应当在 15 日以内提出审查意见，其中属于刑诉法第 115 条第一款（三）至（五）项的申诉，经审查需要公安机关说明理由的，应当书面要求其说明，并在收到理由说明后 15 日以内提出审查意见，报检察长决定。

问 16. 侦查监督部门能否对刑诉法第 55 条规定的"对侦查人员以非法方法收集证据的行为"以外的侦查违法行为进行调查核实？

答：对违法事实是否存在进行调查核实，是人民检察院履行监督职能、纠正违法的前提条件，因此，在侦查阶段凡是发现可能存在侦查违法行为或者接到相关申诉、控告的，侦查监督部门均应当及时进行调查核实，其中侦查人员以非法方法收集证据的行为，是开展调查核实的重点。

问 17. 侦查监督部门如何启动捕后羁押必要性审查？

答：有两种启动方式。一是被动式启动，主要针对以下两种情形启动审查工作：犯罪嫌疑人及其法定代理人、近亲属、辩护人提出申请，并说明不需要继续羁押的理由、提供相关证明材料的；监所检察部门在工作中发现不需要继续羁押犯罪嫌疑人，提出羁押必要性审查建议的。二是主动式启动，即侦查监督部门对一些可能存在羁押必要性丧失情形的案件主动进行审查，其中，捕后可能达成刑事和解的，涉嫌犯罪情节比较轻微、案情比较简单、证据较为充分的，犯罪嫌疑人是未成年人或者在校学生、老年人、严重疾病患者、盲聋哑人的，对是否可能判处徒刑以上刑罚或具有社会危险性存在较大争议的，以及继续羁押将超出可能判处的刑期的案件，是主动审查的重点。

问 18. 对于经羁押必要性审查认为不需要或者不适宜继续羁押，提出释放或者变更强制措施建议后公安机关不予采纳也不通知人民检察院的，可否提出纠正？

答：依据刑诉法第 93 条之规定，公安机关对于人民检察院提出释放或者变更强制措施的建议，应当在 10 日以内将处理情况通知人民检察院。按照《人民检察院刑事诉讼规则（试行）》第 621 条的规定，如公安机关不采纳建议，应当要求其说明理由和依据。公安机关不按规定时限通知人民检察院，属于违法行为，侦查监督部门可以以口头方式提出纠正意见，经口头纠正仍不反馈处理情况的，可以报检察长批准后向公安机关发出纠正违法通知书。对于自侦部门办理的案件，侦查监督部门提出释放或者变更强制措施建议后，如果自侦部门不采纳且不说明理由和根据的，可以直接报请检察长决定是否予以释放或者变更强制措施。

问 19. 对侦查阶段指定居所监视居住的决定，如何启动监督？监督的重点是什么？

答：启动监督的方式有两种。一是依申请启动监督。侦查阶段被指定居所监视居住人及其法定代理人、近亲属或者辩护人向人民检察院提出控告或举报的，作出决定的侦查机关的同级人民检察院侦查监督部门应当向侦查机关调取相关法律文书和案件材料并进行审查，认为指定居所监视居住决定违法的，应当提出纠正意见。二是依职权启动监督。侦查监督部门通过办案等发现指定居所监视居住的决定可能违法的，应当要求侦查机关提供指定居所监视居住决定书和相关案件材料，并进行审查和必要的调查，发现指定居所监视居住决定违法的，应当依法予以纠正。监督工作的重点是审查指定居所监视居住决定是否存在下列违法情形：（1）不符合适用条件而决定指定居所监视居住的；（2）未按法定程序报上一级公安机关或者人民检察院批准的；（3）在决定过程中有其他违反刑诉法规定的行为。

问 20. 修改后刑诉法实施以来，一些地方由于公安机关和人民检察院对逮捕条件的认识和把握不一致，出现报捕案件增加而不捕率明显上升的情况，应当如何看待和应对？

答：是否批准逮捕应根据个案是否符合逮捕条件而定，逮捕率和不捕率高低并不表明审查逮捕案件质量优劣。如果公安机关提请逮捕质量不高而造成不捕率升高，说明侦查监督部门尽到了审查把关责任；反之，如果报捕质量较高而不捕率上升，则表明审查把关过于苛严。各级侦查监督部门要在逐案分析不捕原因的基础上，找出问题症结，提出应对措施，与公安机关加强沟通，以统一执法尺度，共同解决办案质量问题。

问 21. 捕后因刑事和解而决定不起诉或者判决免予刑事处罚的案件，是否属于批捕质量有缺陷案件？

答：对审查逮捕质量的评价应以审查逮捕时在案的证据和事实、情节为依据。对于涉嫌犯罪情节轻微并在审查逮捕之前或者期间达成刑事和解的案件，可以不批准逮捕。审查逮捕时并未达成刑事和解，且符合逮捕条件的案件，批准逮捕后经公安机关、公诉部门或者人民法院进一步做工作最终达成刑事和解，而依法决定不起诉或者判决免予刑事处罚的，不应认定为批捕质量有缺陷。

问 22. 在立案监督和侦查活动监督统计考评工作中应注意哪

些问题？

答：各级人民检察院侦查监督部门要坚持数量、质量和效率、效果相统一的原则，依法、规范开展立案监督和侦查活动监督工作，严禁在统计工作中弄虚作假。上级人民检察院侦查监督部门要抓好督导检查，对有下列情形之一的，应当要求下级人民检察院侦查监督部门纠正，并视情节予以通报批评或者建议有关部门给予纪律处分：（1）对共同犯罪案件按犯罪嫌疑人人数拆分为多个案件进行立案监督和统计的；（2）对同一个犯罪嫌疑人按涉嫌不同罪名分别进行立案监督和统计的；（3）与侦查人员串通制作虚假立案监督文书的；（4）对同一犯罪行为重复进行立案监督的；（5）书面纠正轻微违法的；（6）对同一案件中的同一性质侦查违法情形，按照犯罪嫌疑人人数分别发出纠正违法通知书的；（7）对同一案件中的多个违法情形，同时发出多份纠正违法通知书的；（8）与公安人员串通虚增数据、弄虚作假的；（9）其他监督和统计不规范的情况。

九、人民检察院立案监督工作问题解答

（2000 年 1 月 13 日公布）

1. 修改后的刑事诉讼法第 87 条规定："人民检察院认为公安机关应当立案侦查而不立案侦查的，或者被害人认为公安机关对应当立案侦查的案件而不立案侦查，向人民检察院提出的，人民检察院应当要求公安机关说明不立案的理由。"对"公安机关应当立案侦查而不立案侦查"应如何理解？

答："应当立案侦查"的案件，是指属于公安机关（包括国家安全机关、军队保卫部门、监狱，下同）管辖且符合刑事诉讼法第 83 条和第 86 条规定的立案条件的刑事案件。"不立案侦查"，是指公安机关没有依照法律规定对应当立案侦查的案件进行立案侦查。没有向公安机关报案或者公安机关没有掌握、发现犯罪事实的案件不属于刑事诉讼法第 87 条规定的立案监督的范围。人民检察院受理的这类案件应当按照刑事诉讼法第 83、84 条的规定移送有管辖权的公安机关或者人民法院，不应作为立案监督案件办理。

2. 立案监督与侦查监督有何区别？

答：立案监督和侦查监督都是检察机关刑事诉讼法律监督权的重要组成部分。立案监督是人民检察院对公安机关的立案活动是否合法进行的监督；侦查监督是人民检察院对公安机关的侦查活动是否合法进行的监督。二者的主要区别在于监督的客体不同和监督的手段不同。立案监督的客体是公安机关的立案活动,它主要发现和纠正以下违法行为:应当立案侦查而不立案侦查的;立案后又作行政处罚或者劳动教养等降格处理的;不应当立案而立案侦查的。立案监督的手段主要是要求公安机关说明不立案理由和通知公安机关立案;对于公安机关不应当立案侦查而立案侦查的,向公安机关提出纠正违法意见。而侦查监督的客体是公安机关的侦查活动。侦查监督的手段是向公安机关发出《纠正违法通知书》。根据《人民检察院刑事诉讼规则》第381条的规定,侦查监督主要发现和纠正以下违法行为:对犯罪嫌疑人刑讯逼供、诱供的;对被害人、证人以体罚、威胁、诱骗等非法手段收集证据的;伪造、隐匿、销毁、调换或者私自涂改证据的;徇私舞弊、放纵、包庇犯罪分子的;故意制造冤、假、错案的;在侦查活动中利用职务之便谋取非法利益的;在侦查过程中不应当撤案而撤案的;贪污、挪用、调换所扣押、冻结的款物及其孳息的;违反刑事诉讼法关于决定、执行、变更、撤销强制措施规定的;违反羁押和办案期限规定的;在侦查过程中有其他违反刑事诉讼法有关规定的行为的。

3. 公安机关刑事立案后作治安处罚或者劳动教养处理的案件能否作为立案监督案件办理?

答:可以。根据刑事诉讼法的规定,公安机关对符合刑事立案条件的案件立案后,应当进行侦查,发现不应对犯罪嫌疑人追究刑事责任的,应当撤销案件。公安机关已经立案但又作治安处罚或者劳动教养处理的案件,其实质是把刑事案件作为非刑事案件处理。检察机关经审查认为公安机关作治安处罚或者劳动教养不当,应当追究犯罪嫌疑人刑事责任的,可以按照立案监督程序办理。

4. 何谓涉嫌徇私舞弊的立案监督案件?

答:涉嫌徇私舞弊的立案监督案件,是立案监督的重点。涉嫌徇私舞弊的案件是指因公安民警等国家机关工作人员徇私舞弊而导致该立不立的案件,包括两种情况:一是检察机关在办理立案监督案件的过程中,发现徇私舞弊线索的;二是办理徇私舞弊案件过程中发现立案监督线索的。根据刑法的规定,徇私舞弊犯罪包括国家机关工作人员徇私舞弊罪、徇私舞弊不移交案件罪、帮助犯罪分子逃避处罚罪等10余个罪名。涉嫌上述各罪名的案件,应当作为立案监督的重点。审查逮捕部门在办理立案监督案件的过程中,发现徇私舞弊线索的,应当移交给法纪部门办理。

5. 要求公安机关说明不立案理由,是否是通知立案前的必经程序?

答:根据刑事诉讼法第87条的规定,要求公安机关说明不立案理由应当是通知立案前的必经法定程序。无论是检察机关发现公安机关应当立案侦查而不立案侦查的,还是被害人认为公安机关对应当立案侦查的案件而不立案侦查,向人民检察院提出的,人民检察院都应首先要求公安机关说明不立案的理由,经审查不立案理由不成立的,才能通知公安机关立案。

6. 向公安机关发出《要求说明不立案理由通知书》后,公安机关在规定时限内拒不说明不立案理由的,如何办理?

答:根据最高人民法院、最高人民检察院、公安部、国家安全部、司法部、全国人大常委会法制工作委员会《关于刑事诉讼法实施中若干问题的规定》(以下简称六部委规定),公安机关在收到人民检察院《要求说明不立案理由通知书》后7日内应当将说明情况书面答复人民检察院。人民检察院向公安机关发出《要求说明不立案理由通知书》后,在上述时限内公安机关没有说明不立案理由的，人民检察院可以发出纠正违法通知书予以纠正，如现有材料证明确属应当立案侦查的，也可以直接向公安机关发出《通知立案书》。

7. 要求公安机关说明不立案理由和通知公安机关立案，应采取何种形式？

答：根据六部委的规定，要求公安机关说明不立案理由和通知公安机关立案都应当采取书面形式。要求公安机关说明不立案理由，应当向公安机关发出《要求说明不立案理由通知书》；通知公安机关立案，应当向公安机关发出《通知立案书》。不能采取口头通知的形式。

8. 在办理审查批捕案件过程中，发现公安机关对某同案犯没有提请逮捕的，能否适用立案监督程序予以纠正？

答：在办理审查批捕案件过程中，发现公安机关应当提请检察机关批准逮捕而没有提请的，应通过追捕予以解决，不适用立案监督程序。

9. 共同犯罪案件中，部分被告人已被判决有罪；另一部分共同犯罪人公安机关应当立案侦查而不立案侦查的，能否适用立案监督程序？

答：共同犯罪案件中，部分被告人已被判决有罪且判决已经生效的，如果审查逮捕部门认为还应当追究其他共同犯罪人的刑事责任，但公安机关应当立案侦查而不立案侦查的，应当要求公安机关说明不立案的理由，经审查认为不立案理由不成立的，通知公安机关立案。

10. 通知立案的条件应如何掌握？

答：根据刑事诉讼法第83条和第86条的规定，具有下列条件之一的，公安机关应当立案：（1）公安机关发现了犯罪事实；

（2）公安机关发现了犯罪嫌疑人；（3）公安机关对于报案、控告、举报和自首的材料，经审查，认为有犯罪事实需要追究刑事责任。一般情况下，通知立案的条件即是刑事诉讼法规定的立案条件。但是，由于通知立案具有指令性，为了确保立案监督的质量和效果，人民检察院通知公安机关立案的案件，应当从严掌握，一般应是能够逮捕、起诉、判刑的案件。

11. 立案监督中的调查应如何进行？

答：根据刑事诉讼法和《人民检察院刑事诉讼规则》的规定，人民检察院在立案监督过程中，应进行必要的审查和调查。调查的重点是查明是否存在公安机关应当立案侦查而不立案侦查的事实。要求公安机关说明不立案理由之前和审查公安机关说明的不立案理由，都应当进行必要的调查，以保证立案监督的准确性。在要求公安机关说明不立案理由之前，应当查明：（1）是否符合刑事诉讼法规定的刑事立案条件；（2）是否属于公安机关管辖；（3）公安机关是否立案。在收到公安机关说明的不立案理由之后，应当围绕公安机关说明的不立案理由是否成立进行调查。需要调查时，调查的方案要报审查逮捕部门负责人和主管检察长批准；调查要严格依法进行，严禁使用强制措施；调查要秘密进行，不暴露意图，一般不接触犯罪嫌疑人。

12. 公安机关接到检察机关《要求说明不立案理由通知书》后，即主动纠正予以立案的，人民检察院是否还要发《通知立案书》？

答：不必再发《通知立案书》。如果公安机关没有将《立案决定书》送达人民检察院的，应当要求公安机关将立案决定书送达检察机关。

13. 立案监督过程中检察机关收集调取的有关证明应该立案

的材料，在通知公安机关立案时，是否移送给公安机关？

答：根据六部委规定，立案监督过程中检察机关调查获取的证明应该立案的有关材料，在通知公安机关立案时，应同时移送给公安机关。

14. 公安机关接到"通知立案书"后，在规定时限内不予立案的如何办理？

答：根据六部委规定，人民检察院通知公安机关立案的，公安机关在收到《通知立案书》后，应当在 15 日内决定立案，并将立案决定书送达人民检察院。在上述时限内不予立案的，人民检察院应当发出纠正违法通知书予以纠正。公安机关仍不予纠正的，报上一级检察机关商同级公安机关处理，或者报告同级人大常委会。如果属于刑事诉讼法第 18 条第 2 款规定的国家机关工作人员利用职权实施的其他重大犯罪，通知立案后公安机关不予立案的，应报请本院检察长提交检察委员会讨论，决定是否层报省级检察院批准直接受理。

15. 公安机关接《通知立案书》后虽已立案，但立案后立而不查、久拖不决的怎么办？

答：对于通知公安机关立案的案件，检察机关应加强跟踪监督，防止监督流于形式。对于公安机关接《通知立案书》后虽已立案，但立而不查、久拖不决的，人民检察院应当分别原因，有针对性地跟踪监督公安机关侦查活动，对公安机关久侦不结的，要加强联系，经常督促，必要时报告上一级检察院，由上一级检察院督促同级公安机关纠正。符合逮捕条件的，要建议公安机关提请逮捕。对有意阻挠查处的，要建议有关部门严肃查处，追究有关人员的责任。对犯罪嫌疑人在逃的，要结合公安机关开展的破大案追逃犯等专项斗争，督促公安机关加大追逃力度；还可以发动群众提供线索，协助公安机关抓捕在逃犯罪嫌疑人。对侦查工作已有重大突破的案件，批捕部门要适时介入公安机关的侦查活动，促使公安机关加快办案进度。

16. 人民检察院通知公安机关立案的案件有多名犯罪嫌疑人，而公安机关接通知后只对部分犯罪嫌疑人立案的，如何办理？

答：人民检察院通知公安机关立案的案件有多名犯罪嫌疑人，而公安机关只对部分犯罪嫌疑人立案的，人民检察院应当发出纠正违法通知书予以纠正。

17. 人民检察院通知立案的案件，公安机关立案后撤销案件怎么办？

答：根据刑事诉讼法第130条的规定，在侦查过程中，发现不应对犯罪嫌疑人追究刑事责任的，应当撤销案件。这当然包括公安机关依检察机关的通知而立案的案件。但是对于检察机关通知公安机关立案的案件，公安机关立案后又撤销案件的，检察机关经审查认为撤销案件不当的，应当发出纠正违法通知书，通知公安机关予以纠正。

18. 需要由人民检察院直接受理的国家机关工作人员利用职权实施的其他重大犯罪案件，是否属于立案监督案件？

答：需要由人民检察院直接受理的国家机关工作人员利用职权实施的其他重大犯罪案件属于立案监督案件。对于由公安机关管辖的上述案件，人民检察院可以根据案件的具体情况，决定是否报请省级检察院批准直接立案侦查或者适用立案监督程序。如果选择适用立案监督程序，人民检察院通知立案后公安机关不予立案的，审查逮捕部门可以按照办案程序进行审查，提出是否直接立案侦查的意见，报请检察长提交检察委员会讨论决定是否提请省级院批准直接受理。

19. 对于公安机关不应当立案而立案侦查的，应如何予以监督？

答：人民检察院发现公安机关不应当立案而立案侦查的，应当认真慎重地审查，公安机关确属不应当立案而立案的，根据《人民检察院刑事诉讼规则》第 378 条的规定，对公安机关没有提请批准逮捕的，可以向公安机关提出纠正违法意见。在办理此类案件时，要从严掌握。

20. 审查逮捕部门发现本院侦查部门对应当立案侦查的案件而不立案侦查的，如何予以监督？

答：审查逮捕部门发现本院侦查部门对应当立案侦查的案件不报请立案侦查的，应当写出《建议立案侦查书》报主管检察长审批后转侦查部门。建议不被采纳的，应当报检察长决定。

21. 各地开展立案监督工作的情况应如何上报？

答：各省级院审查逮捕部门每季度应对本省（自治区、直辖市）检察机关开展立案监督工作情况进行汇总分析，分别写出第一季度、半年度、1—9 月份工作小结和全年工作总结，于下季度第一个月底前报高检院审查批捕厅。工作小结和总结的主要内容应包括：办理立案监督案件的具体数字、公安机关已立案案件的处理情况（如批捕、起诉、判决的具体件数、人数）、开展立案监督工作的经验、存在的问题、意见、建议及对策等。其他方面的立案监督工作信息，要及时上报。